„Fische, Strömungen, Wellen und Wind richten sich nicht nach den Grenzen, die der menschliche Geist sich ausgedacht hat."

Elisabeth Mann Borgese (1918–2002)

Inhalt

Vorwort 11

1. **Die Meere verstehen** 27

2. **Der unbekannte Lebensraum** 38
   Blicke in die Tiefe
       Fundamentales über die Ozeane 38
   Zwischen Atmosphäre und Ozean
       Das Meereis 44
   Unendliche Kommunikation
       Die Meeresströmungen 51
   Wissen ist Macht
       Ozeanbeobachtungen 74
   Virtuelle Meereswelten
       Computermodelle 93

3. **Das Leben in den Ozeanen** 100
   Ozeanische Volkszählung
       Der Census of Marine Life 100
   Leben in der Finsternis
       Erkundung der Tiefsee 113

4. **Die Vergiftung der Ozeane** 125
   Lizenz zur Katastrophe
       Ölverschmutzung 125
   Die große Deponie
       Plastikmüll 150

Strahlende Strömungen
    Radioaktivität 161
Das andere CO_2-Problem
    Kohlendioxid und die Ozeanversauerung 174

5. Die Ozeane und das Klima 182
Die große Klimaanlage
    Der Einfluss der Meere 182
Langsame Riesen
    Die Trägheit der Ozeane 190
Motor für Klimaschwankungen
    Die Ozeane als Schwungrad 194

6. Der gegenwärtige Zustand der Meere 200
Langsam, aber gewaltig
    Die Ozeane im Klimawandel 200
Zeitbomben im Meer
    Die Ozeane und das Kohlendioxid 204
Im Treibhaus
    Die Erwärmung der Erdoberfläche 212
Der große Wärmespeicher
    Die tieferen Meeresschichten 228
Der große Rückzug
    Das Arktiseis 234
Aufnahme begrenzt
    Der Ozean und das Klima während dieses
    Jahrtausends 243
Kollaps der Ökosysteme?
    Langfristige Konsequenzen der Ozean-
    versauerung 251

7. Die Zukunft der Ozeane 260
Das Klima von morgen
Mögliche Szenarien 260
Eine Erde ohne Meere
Ein Gedankenexperiment 264
Canfield-Ozeane
Der Kollaps der Meere 265
Triumph der Mikroben
Die Medea-Hypothese 273
Schlafende Klimakiller?
Methanhydrate 276
Die Zukunft ist ungerecht
Regionale Klimaänderungen und ihre Folgen ... 279
Sauerstoffproduktion am Ende?
Die Zusammensetzung der Luft 287
Maritime Massentierhaltung
Nahrungsquelle Ozean 291

8. Wo stehen wir heute? 296

Dank 308

Anmerkungen 309

Vorwort

Dieses Buch über die Ozeane ist als Weckruf gedacht. Als Mahnung an uns alle, die Meere endlich zu schützen. Denn wir behandeln die Ozeane schlecht. So schlecht, dass die Meere inzwischen ächzen. Und wir Menschen bürden ihnen immer mehr Lasten auf: Die Ozeane leiden unter dem Klimawandel, unter den Auswirkungen der globalen Erwärmung. Sie leiden zudem unter einem Gas, das wir unentwegt in die Luft blasen, wenn wir zur Energiegewinnung Kohle, Öl oder Gas verbrennen. Ich meine den Hauptverursacher der Erderwärmung, das Kohlendioxid (CO_2), das die Meere versauern lässt und somit als Umweltgift wirkt.

Wir beuten die Meere ohne Gnade aus. Ein prominentes Beispiel hierfür ist die Überfischung. Mit unseren modernen Fangmethoden haben wir die globalen Fischbestände in einer Größenordnung dezimiert, womit noch vor ein paar Jahrzehnten niemand gerechnet hätte. Mindestens ein Drittel der weltweiten Fischbestände ist überfischt oder zusammengebrochen.[1,2] Es könnten aber auch fünfzig Prozent sein. Die Datenlage ist schlecht, und die einschlägigen Studien widersprechen sich zum Teil. Es ist aber müßig, darüber zu streiten. Der Fakt der Überfischung bleibt. Mitte der 1970er-Jahre waren es Schätzungen zufolge „nur" etwa zehn Prozent der weltweiten Fischbestände, die überfischt waren. Heute gelten fast neunzig Prozent der Bestände zumindest als gefährdet. Nach Angaben der Deutschen Umwelthilfe (DUH) waren im Jahr 2012 47 Prozent der untersuchten Fischbestände im Atlantik und achtzig Prozent der Bestände im

Mittelmeer überfischt.[3] Eine Folge: In den vergangenen fünfzehn Jahren ist der Fischfang in den EU-Ländern um ungefähr vierzig Prozent zurückgegangen. Außerdem verenden überflüssigerweise jedes Jahr Millionen Tonnen Jungfische und andere Meeresbewohner als Beifang. Und man dringt immer mehr in die Tiefsee vor, um auch diese zu befischen. Noch vor wenigen Jahrzehnten war es technisch kaum möglich, Netze tiefer als 500 Meter hinabzulassen. Heute fischt man schon bis in 2000 Metern Tiefe. Die Fangflotten der Industrieländer sind mittlerweile gezwungen, weite Reisen zu unternehmen, um die enorme Nachfrage in ihren Heimatländern zu bedienen. Ihre eigenen Gewässer geben nicht mehr viel Fisch her. Damit besteht die Gefahr, dass man vielen Millionen Küstenbewohnern, etwa vor den Küsten Westafrikas, die Existenzgrundlage entzieht. Aufgrund dessen würde sich der Nord-Süd-Konflikt verschärfen, der große Unterschied im Wohlstand zwischen den Industrie- und den Entwicklungsländern. Worin man eine Form des modernen Kolonialismus erkennen kann. Die Überfischung der Weltmeere ist ein ökologisches Desaster und eine ökonomische Sackgasse. Darüber sind sich die Experten einig. Wir versuchen, den Verlust der Nahrung aus dem Meer durch Aquakultur zu kompensieren, durch Farmen im Meer in küstennahen Gewässern. Dabei begehen wir die gleichen Fehler wie bei der Massentierhaltung auf Land. Die Tiere werden auf viel zu engem Raum gehalten, und Krankheiten wird mit Tonnen von Antibiotika vorgebeugt. Eine nicht nachhaltige Aquakultur verseucht die Meere, das sollten wir bedenken, wenn wir spottbillige Meeresfrüchte kaufen.

Wir benutzen die Ozeane zudem als riesige Müllkippe. Ein spektakuläres Beispiel aus der jüngeren Vergangenheit: die

Dreifach-Katastrophe aus Seebeben, Tsunami und Kernschmelze in Fukushima im März 2011. Seit der Reaktorkatastrophe sind Millionen Tonnen hoch verstrahlten Kühlwassers aus der japanischen Atomanlage in den Pazifischen Ozean gelangt. Niemand weiß genau, wie viel dieser Brühe bis jetzt ins Meer geflossen ist und womöglich immer noch fließt. Von den Verantwortlichen wird gelogen, dass sich die Balken biegen. Die Betreiberfirma Tepco ist inzwischen zum Sinnbild einer Wirtschaftsweise geworden, die auf nichts und niemanden Rücksicht nimmt. Schon gar nicht auf die Ozeane. Frei nach dem Motto: „Nach uns die Sintflut." Über die Langzeitfolgen der Radioaktivität wissen wir nur sehr wenig.

Die Menschen betreiben mit den Meeren in gewisser Weise ein gigantisches Experiment. Wie es ausgehen wird, können wir nicht vorhersehen. Wir kennen ja noch nicht einmal alle Lebewesen im Meer. Vermutlich birgt die Tiefsee Millionen noch unentdeckter Spezies, wenn man die Mikroben mit einrechnet. Die Zusammenhänge sind außerdem viel zu komplex. So kennen wir beispielsweise die Auswirkungen der Überfischung auf die gesamte marine Lebewelt nicht in Gänze. Fische sind schließlich Teil von Ökosystemen. Vorsicht ist bekanntlich die Mutter der Porzellankiste. Es sollte also stets das Vorsorgeprinzip gelten. Wenn die Wissenschaft nicht ganz genau weiß, wie die Meeresökosysteme auf die vielen menschlichen Einflüsse reagieren werden, dann ist das schon für sich genommen ein sehr guter Grund dafür, die Ozeane nicht weiter dermaßen zu schinden, wie wir es während der letzten Jahrzehnte getan haben. Die Belastbarkeit der Ozeane hat Grenzen. Wir sind dabei, sie auszuloten. Zum Teil haben wir sie schon längst überschritten.

Egal ob Radioaktivität, Öl, Gifte, Plastik, Kunstdünger oder Abwässer: „Immer rein ins Meer" – dieser Parole folgen wir unbeirrt. Das Meer erscheint uns eben unermesslich groß. Was kann da schon das bisschen Abfall anrichten? Die Ozeane werden damit schon irgendwie fertig werden. Das glauben wir jedenfalls. Ihre Hilferufe hören wir nicht. Das können wir auch gar nicht. Das Meer macht sich nicht durch Geräusche bemerkbar, wenn es leidet. Nein, es akkumuliert still unsere Sünden und ändert sich nur ganz allmählich, sodass wir es kaum wahrnehmen können.

Was sich ändert, ist seine Temperatur. Sie steigt langsam, aber kontinuierlich. Was sich ändert, sind die chemischen und biologischen Eigenschaften der Ozeane. So erhöht sich stetig der Säuregrad der Meere, weil wir pausenlos riesige Mengen Kohlendioxid in die Luft blasen und die Meere einen beträchtlichen Teil des Stoffes aufnehmen, aus dem bekanntermaßen die globale Erwärmung hervorgeht. Was sich ändert, sind, für uns kaum spürbar, die Meeresströmungen. Unsere Unvernunft kann vielleicht sogar dazu führen, dass langsam einigen Meeresregionen buchstäblich die Luft ausgeht. Die Todeszonen der Meere, die Sauerstoffminimumzonen, wie die Wissenschaftler sie in ihrer langweiligen und nichtssagenden Sprache nennen, könnten sich ausdehnen. Weil sich das Wasser erwärmt oder die Meeresströmungen wegen der globalen Erwärmung vielleicht des Öfteren einen etwas anderen Weg nehmen könnten und dann die sauerstoffarmen Meeresgebiete noch seltener oder überhaupt nicht mehr aufsuchen würden, um das lebenswichtige Gas dorthin zu schaffen. Oder weil die Menschen wegen der Art und Weise, wie sie Landwirtschaft betreiben, immer mehr Salze wie Nitrat oder Phosphat in die Küstengewässer einleiten – die Wissenschaft spricht treffenderweise von Nährstoffen –, die gigantische Algenblüten auslösen können. Denn wenn tote Algen absinken und sich in ihre Bestandteile auflösen, wird enorm viel Sauerstoff verbraucht. Und der fehlt dann den anderen Meeresbewohnern. Jede(r) kennt die dadurch bedingten Ereignisse von gelegentlich auftretendem, massenhaftem Fischsterben, nicht nur in entlegenen Regionen der Welt, sondern auch in unseren heimischen Küstengewässern.

Wir machen außerdem eine Menge Lärm im Meer. Ja, wir lassen sogar Sprengsätze explodieren. Verursachen damit einen derart hohen Lärmpegel, den wir uns selbst niemals zumuten würden. Wie etwa bei der Suche nach den noch verbleibenden fossilen Energiereserven. Bei seismischen Untersuchungen des Meeresbodens werden „Schallwellen" eingesetzt, die über mögliche Erdgas- und Erdölvorkommen Auskunft geben sollen. Wir Wissenschaftler haben eine seltsam abwiegelnde Sprache. Auf gut Deutsch würde man einfach nur von unerträglichem Krach sprechen, mit dem die Industrie den Meeresboden kilometertief erkundet. Diese Experimente werden mit sogenannten „Airguns" durchgeführt, Druckluftkanonen also, mit denen man zeitlich aufeinander abgestimmte, extrem laute Explosionen erzeugt. Dabei handelt es sich um Druckluftknalle mit bis zu 265 Dezibel. In Wohngebieten sind in Deutschland nachts gerade mal 35 Dezibel erlaubt.[4] Die enormen Druckwellen werden typischerweise alle zehn Sekunden abgefeuert, 24 Stunden am Tag, und das über Wochen oder sogar Monate. Das verletzt oder tötet auf der Stelle viele Lebewesen in der unmittelbaren Nähe der Detonationen, führt dazu, dass viele Meeresbewohner ihre Habitate verlassen, und beeinträchtigt natürlich auch den Fischfang in diesen Gewässern. Der Lärm kann zudem das Gehör von Walen beeinträchtigen, als wären sie nicht schon genug gebeutelt. Für die Wale ist das Gehör das wichtigste Sinnesorgan. Die Fähigkeit zu hören ist für alle Schlüsselfunktionen ihres Lebens wie etwa die Nahrungssuche, die Orientierung und das Sozialverhalten unersetzlich. Lärm kann auch dazu führen, dass die Wale ihre natürlichen Lebensräume verlassen und vielleicht an Küsten stranden, um dann elendig zugrunde zu gehen. Jegliche Beeinträchtigung des Hörvermögens, sei es durch physischen Schaden oder durch die Überlagerung mit anderen Geräuschen, kann die Lebensfähigkeit einzelner Wale und selbst ganzer Walpopulationen stark herabsetzen. Der durch den Menschen verursachte Lärm trägt in der marinen Umwelt bereits zu einem recht hohen Hintergrundlärmpegel bei, und der nimmt stetig zu. Die menschgemachte Hintergrundlärmbelastung hat sich in einigen Regionen in den letzten fünfzig Jahren verdoppelt bis verdreifacht.[5]

Aber die ohrenbetäubende Suche nach den Rohstoffen ist immer nur der Anfang. Findet man das ersehnte Öl oder Gas, geht die Umweltzerstörung erst richtig los. Dann nimmt der Wahnsinn seinen Lauf. Wen stört schon der Austritt von Öl am Meeresboden. Wir sehen es ja schließlich nicht. Und erzählen wird es uns auch niemand, zumindest nicht freiwillig. Es sei denn, das Öl kommt an die Oberfläche und verschmiert ganze Küsten, wie zuletzt 2010 im Golf von Mexiko. Auf hoher See lassen Schiffe pausenlos illegal Öl ab. Das ist ein offenes Geheimnis. Zuletzt wurde uns dieser Sachverhalt im März 2014 vor Augen geführt, als man nach der verschollenen Boeing der Malaysia Airlines im Indischen Ozean suchte und eine kilometerlange Ölspur sichtete, von der man anfänglich annahm, dass es sich um die Absturzstelle des Jets handeln könnte. Wie sich allerdings schnell herausstellte, stammte das Öl von einem Schiff, ein alltäglicher Vorgang, der sich vermutlich jedes Jahr tausendfach im offenen Ozean wiederholt, ohne dass es jemand mitbekäme.

Die Ozeane und ihre Bewohner leiden unter den Menschen, das wissen wir schon lange. Wir verdrängen es aber und wollen es nicht wahrhaben. Die industrielle Ausbeutung der Ozeane hat ein Ausmaß erreicht, das die marinen Ökosysteme aufs Äußerste beansprucht oder ganz zerstört. Die Küstengebiete sind enormen Belastungen ausgesetzt, gerade dort tritt die Funktion der Ozeane als Mülldeponie deutlich hervor. Heute schon kann man Weltkarten zeichnen, auf denen die extrem gefährdeten Gebiete zu sehen sind. Viele Meeresgebiete sind bereits ziemlich gestresst. Über vierzig Prozent der Ozeane unterliegen einem starken menschlichen Einfluss. Es sind zwar nur 0,5 Prozent aller Meeresgebiete extrem stark belastet, die Fläche ist mit ca. 2,2 Millionen Quadratkilometern (km^2) jedoch sechsmal größer als die Fläche Deutschlands. Und es sind eben nicht nur die chinesischen Randmeere, die uns Sorgen bereiten. Das denken wir doch insgeheim. Die Dinge passieren doch immer nur ganz weit weg. Die Menschen in der alten Welt und gerade wir in Westeuropa sind doch die Guten, die Vorreiter für eine saubere Umwelt.

Weit gefehlt. Ein Beispiel: Das Bundesamt für Naturschutz (BfN) hat 2013 die neue Rote Liste der Meeresorganismen publiziert.[6] Die Roten Listen beschreiben die Gefährdungssituation der Tier-, Pflanzen- und Pilzarten und stellen mit ihren Gesamtartenlisten eine Inventur der Artenvielfalt dar. Etwa alle zehn Jahre werden sie unter Federführung des BfN für ganz Deutschland herausgegeben. Die aktuelle Rote Liste ist die bisher umfassendste nationale Gefährdungsanalyse für Meeresorganismen. Sie entstand in sechsjähriger Arbeit und beruht auf den Analyseergebnissen für gut 1700 Arten. Von allen untersuchten, in den deutschen Küsten- und Meeresgebieten vorkommenden Fischarten, bodenlebenden Wirbellosen – das sind Tiere ohne Wirbelsäule – und Großalgen wie Seetang stehen inzwischen dreißig Prozent auf der Roten Liste und sind damit als gefährdet einzustufen. Lediglich 31 Prozent sind nachweislich nicht gefährdet. Vor allem die Fischerei und Nährstoffeinträge beeinträchtigen die Arten und Lebensgemeinschaften in Nord- und Ostsee. Darüber hinaus zerstören Abbau- und Baggerarbeiten den Lebensraum festsitzender Arten. Von den 94 untersuchten Fischarten stehen schon 22 auf der Roten Liste, vier weitere auf der sogenannten Vorwarnliste. Für 21 Arten liegen nicht genug Daten für eine sichere Einordnung vor. Auf der neuen Roten Liste stehen auch Knorpelfische wie der Dornhai und der Glattrochen. Ihre Lage ist laut BfN als kritisch zu bewerten. Hauptursache für ihren Schwund sei die übermäßige Fischerei mit Grundschleppnetzen, die selbst in den Meeresschutzgebieten weitgehend unkontrolliert stattfinde.

Einige deutsche Küstengewässer gehören auch schon zu den stark gefährdeten Zonen, zu den Gebieten, die kurz vor dem Umkippen stehen, genauer gesagt vor dem ökologischen Super-GAU. Wissenschaftler um den im kalifornischen Santa Barbara forschenden Benjamin Halpern haben eine Grafik erstellt, die die Belastung der marinen Ökosysteme im Weltozean zeigt, gewissermaßen ein Atlas des menschlichen Einflusses auf die Weltmeere. Dieser Atlas entstand durch Überblenden mehrerer Karten. Zunächst unterteilten die Wissenschaftler die Meeresgebiete in Ökosysteme. Sie unterschieden zwanzig verschiedene

Varianten, darunter Korallenriffe, Seegrasbereiche, Meeresberge, Mangrovenwälder und Lebensgemeinschaften in einigen Schelfmeeren. Die Forscher wählten siebzehn ganz unterschiedliche menschliche Einflüsse oder Eingriffe aus und analysierten, wie sich diese auf die Ökosysteme auswirken.[7] Zu den Stressfaktoren zählten beispielsweise die Verschmutzung mit Chemikalien, die Überdüngung mit Nährstoffen, der Temperaturanstieg durch den Klimawandel und die Versauerung durch die marine Kohlendioxidaufnahme, wie auch die Fischerei und Schifffahrt.

Heraus kam eine Karte, die in einer sechsstufigen Farbskala von sehr gering bis sehr hoch den menschlichen Einfluss illustriert. Für diesen Zweck entwickelten die Wissenschaftler eine Art Stressindex, der summarisch die Belastung der Ökosysteme in den verschiedenen Meeresregionen beschreibt. Je größer der Wert des Indexes ist, umso belasteter sind die Gebiete. Die Karte ist zugegebenermaßen auch etwas irreführend, weil sie vorgaukelt, dass es aus allen Meeresgebieten genügend Informationen gibt, die belastbare Aussagen erlauben. Und zudem weiß kein Mensch, wie sich multiple Stressfaktoren tatsächlich auf die Ökosysteme auswirken. Trotzdem war und ist die Karte der bisher einzige Versuch, die ziemlich flächendeckende Belastung der Meere durch die Menschen darzustellen. Kritisieren lässt sich immer etwas. Aber es ist offenkundig, dass Stressfaktoren wie die Erwärmung, die Versauerung oder die jahrzehntelange Verschmutzung der Ozeane nicht ohne Folgen bleiben können. Ich begrüße deswegen den Versuch der Kartierung ausdrücklich, lässt sie doch schon heute einige wichtige Schlussfolgerungen zu.

Die Autoren der Studie wählten braune Farbe, um die am meisten gefährdeten Meeresgebiete darzustellen. Ich nehme an, weil man mit ihr üblicherweise schmutziges Wasser in

Verbindung bringt. Ja, es stimmt, die Ökosysteme an einigen Küsten Chinas stehen schon kurz vor dem Kollaps. Teile der Nordsee sind in der Grafik allerdings ebenfalls bräunlich eingefärbt: an der norwegischen Küste, vor Schottland und im Ärmelkanal. Die unglaubliche Belastung der Meere vollzieht sich also auch schon vor unserer Haustür. Die Ölförderung in der Nordsee ist einer der Hauptgründe. Unter dem Titel „License to Spill"[8], auf Deutsch „Die Lizenz zum Verschütten", hat der deutsche Politologe Steffen Bukold im Auftrag der Bundestagsfraktion Bündnis 90/Die Grünen eine Studie über die Ölverschmutzungen in der Nordsee erstellt und im April 2014 vorgestellt.[9] Der Kernsatz zu Beginn der Studie lautet: „Die Offshore-Ölförderung in der Nordsee ist und bleibt riskant. Das belegen die Unfälle und Beinahe-Katastrophen der letzten Jahre. Fast täglich wird die Nordsee mit Öl und schädlichen Chemikalien verschmutzt, sei es durch Unfälle, Unachtsamkeiten oder Materialermüdung."

Zu den bisher am wenigsten gefährdeten Gebieten zählen die polaren Ozeane, die vermutlich deswegen in der von Benjamin Halpern und seinen Kollegen erstellten Abbildung blau sind, weil wir uns gedanklich so die unbelasteten Ozeane vorstellen. Aber das kann sich schnell ändern, wie wir weiter unten noch sehen werden, wenn wir uns mit dem Meereis der Arktis befassen werden. Denn der Wettlauf um die in der Arktis schlummernden Rohstoffe hat schon längst begonnen.

An dieser Stelle sei noch auf eines ausdrücklich hingewiesen. Die menschlichen Eingriffe mögen hinsichtlich bestimmter Aspekte als klein erscheinen. Trotzdem sind die Folgen gravierend. Das beste Beispiel ist das Klimaproblem in Form der globalen Erwärmung. Die sogenannten Spurengase wie Wasserdampf (H_2O), Kohlendioxid (CO_2) oder Methan

(CH_4) besitzen einen Anteil an der Erdatmosphäre von noch nicht einmal einem Zehntel Prozent. Stickstoff dagegen hat einen Anteil von 78 Prozent und Sauerstoff von 21 Prozent. Zusammen machen die beiden Hauptgase also 99 Prozent unserer Lufthülle aus. Und dennoch bestimmen die Spurengase unser Klima durch den sogenannten Treibhauseffekt, der die Erdoberfläche um ungefähr 33 °C erwärmt und damit die Erde überhaupt erst bewohnbar macht. Bei einer Verdopplung des heutigen Kohlendioxid-Gehalts in der Atmosphäre wäre das CO_2 zwar immer noch ein Spurengas, mit einem Anteil von nur ca. 0,08 Prozent. Die globale Erwärmung läge allerdings im Bereich von mehreren Grad Celsius. Das sind Welten im Klima! Darauf kommen wir weiter unten noch zurück, wenn wir auf den Klimawandel zu sprechen kommen und seine Auswirkungen auf die Meere. Oft hört man als Argument dafür, dass der Mensch das Klima gar nicht nennenswert beeinflussen könne: „Was kann eine solch kleine Störung durch den Menschen schon anrichten?" Das Beispiel der Spurengase zeigt, dass es eben nicht auf die absoluten Mengen ankommt. Ein wenig Arsen kann uns schließlich auch umbringen. Und nur ein einziger Tropfen Öl kann bis zu 600 Liter Trinkwasser ungenießbar machen. So viel zu diesem Scheinargument.

Wir wissen bestimmt nicht alles, was durch unser Zutun in den Weiten der Ozeane vor sich geht. Höchstwahrscheinlich ändert sich durch unsere Aktivitäten sehr Vieles in den Meeren, von dem wir noch gar nicht wissen, dass es sich überhaupt ändert. Etwa in der Tiefsee, wo wir nicht schnell einmal vorbeischauen oder unsere Messinstrumente hinnavigieren können. Wir Wissenschaftler sind nicht allwissend und haben bei weitem nicht alle Zusammenhänge in den Ozeanen verstanden. Wir können deswegen auch nicht ohne weiteres die Folgen des menschlichen Handelns auf die Meere antizipieren. Erinnern wir uns kurz: Kein Wissenschaftler hat das Ozonloch über dem Südpol vorhergesagt, obwohl man die ozonschädliche Wirkung der zu den Fluorchlorkohlenwasserstoffen (FCKW) gehörenden Treibgase in den Sprayflaschen und die anderer FCKW-enthaltender Produkte schon lange kannte. Überraschungen sind programmiert, wenn es um die Auswirkungen unserer Aktivitäten auf die Umwelt geht.

Zurück zu den Ozeanen: CO_2, das wichtigste Gas für die Erderwärmung, das durch den Menschen bei der Verbrennung der fossilen Brennstoffe zur Energiegewinnung in die Luft geblasen wird, können wir in einigen Meeresgebieten wie dem Nordatlantik schon in 3000 Metern Tiefe messen. Wir wissen aber nicht genau, was das CO_2 da unten anrichtet. Stellen Sie sich mal vor, das CO_2 sollte unter Ihrem Haus gelagert werden. Auch wenn Sie nicht genau wüssten, was das im Detail für Sie bedeuten würde, könnte ich mir gut vorstellen, dass Sie sich dagegen mit Händen und Füßen sträuben würden. Die Meeresbewohner dort unten fragt keiner, ob sie das Zeug haben möchten, und wehren können sie sich auch nicht dagegen. Sie müssen es klaglos ertragen.

Die wenigen verfügbaren Messungen aus den Ozeanen sprechen bereits heute eine eindeutige Sprache: die des Ozeanwandels. Und diese Sprache sollten wir schleunigst verstehen lernen, denn es steht nicht weniger als das Wohlergehen der Menschheit auf dem Spiel. Irgendwann werden uns die Meere die Rechnung für unsere Hybris präsentieren, eine wahrscheinlich ziemlich saftige Rechnung. Eine, die wir nicht ohne weiteres werden begleichen können. Eine schnelle „Reparatur" der Meere wird dann nicht mehr möglich sein. Die

Artenvielfalt wird zurückgehen und die Zusammensetzung der Spezies sich ändern. All das zeichnet sich heute schon ab. Viele Vorgänge werden vielleicht sogar irreversibel sein, unumkehrbar. Oder eine Erholung der Ozeane wird sehr lange Zeit in Anspruch nehmen, Jahrhunderte oder auch Jahrtausende, Zeit, die wir dann nicht mehr hätten. Ökosysteme können schnell kippen, erholen sich aber nur sehr langsam, wenn denn überhaupt. Noch einmal: Niemand kann sicher vorhersagen, wie sich die Ozeane unter dem Einfluss der Menschen ändern werden. Wollen wir das Wagnis aber wirklich eingehen und einfach so weitermachen wie bisher, um herauszufinden, wie das Ergebnis ausfallen wird?

Wir stehen am Scheideweg. Einige Meeresregionen werden vermutlich schon bald die Grenzen ihrer Belastbarkeit erreichen, in einigen Gebieten ist dies bereits der Fall, wie Benjamin Halpern und seine Kollegen unlängst gezeigt haben. Schaffen wir es, den eingeschlagenen Weg zu verlassen und die Meere vor uns selbst zu schützen? Oder sind wir in unserer Selbstüberschätzung tatsächlich nicht mehr lernfähig und werden den Ozeanen endgültig den Garaus machen? Und damit langfristig auch uns? Denn das wäre die ultimative Konsequenz. Eigentlich sollte den Menschen die Wichtigkeit der Meere stets bewusst sein, zu offensichtlich ist die Rolle, die die Ozeane im Erdsystem spielen. Doch obwohl wir alle direkt oder indirekt von gesunden Meeren abhängen, scheint das nicht der Fall zu sein. Das Bewusstsein unserer Abhängigkeit ist uns mit der Zeit abhandengekommen. Die Gründe sind vielfältig. Einer lautet: Die industrielle Ausbeutung der Ozeane hat uns in zunehmendem Maße von den Meeren entfremdet. Viele Menschen haben einfach keine Beziehung mehr zu den

Ozeanen. Dem Benzin sieht man schließlich nicht an, wie viele Liter Meerwasser bei der Erdölförderung und dem anschließenden Transport des „schwarzen Goldes" verseucht worden sind. Man könnte bestenfalls ahnen, dass es große Mengen sein müssen, würde man denn überhaupt darüber nachdenken. Solche Gedanken verbannen wir allerdings sehr schnell in die hinterste Ecke unseres Gehirns. Wenn ein Tankerunglück passiert, dann ist die Empörung groß. Aber Schwamm drüber. Ein Geländewagen will schließlich mit ausreichend Sprit versorgt sein, denn im Stadtverkehr ist er besonders durstig. Und es werden immer mehr.

Die Trägheit des Erdsystems und die Möglichkeit der Irreversibilität, d. h. der Unumkehrbarkeit von erst einmal eingetretenen Änderungen, sind wichtige Gründe für vorausschauendes Handeln. So zeigen die Messungen der Lufttemperatur in keiner Weise das volle Ausmaß der bisher durch den Menschen verursachten Klimaänderung. Die Meere sind eine Art Puffer, sie nehmen große Mengen an Wärme und Kohlendioxid auf und verlangsamen dadurch die Erwärmung der Erdoberfläche. Wir sollten aber das Schicksal nicht herausfordern und die Meere nicht vor unlösbare Aufgaben stellen. Irgendwann werden sie es nicht mehr schaffen, uns zu helfen. Wenn wir heute handeln, werden wir wegen der langsamen Reaktionszeit der Ozeane, die Früchte unseres Tuns erst in einigen Jahrzehnten ernten können. Langfristiges Denken und konsequentes Handeln über mehrere Generationen hinweg sind aus diesem Grund unerlässlich. Die Zeit, in der wir heute leben, ist allerdings durch Kurzatmigkeit geprägt. Politiker haben oft nur die nächsten Wahlen im Blick. Konzernchefs die nächsten Quartalszahlen. Und Geld regiert sowieso die Welt.

Und wir selbst? Jede(r) von uns hat viele „gute" Gründe, sich nicht anders zu verhalten. Warum können wir eigentlich nicht mehr ohne Plastiktüten auskommen? Benötigen wir wirklich Salzstreuer mit Licht? Oder Erdbeeren zu Weihnachten? Darüber sollte es endlich eine gesellschaftliche Debatte geben. Unser Wertesystem gehört neu justiert. Wir sollten darüber nachdenken, was die Menschen wirklich glücklich macht. Wissenschaftliche Studien zeigen, dass es jedenfalls nicht die materiellen Dinge sind, wenn man einen gewissen Wohlstand erreicht hat. Familie, Freunde, Liebe, das sind die wahren Glücksbringer.

Wir Menschen behandeln die Ozeane äußerst sorglos. Gerade so, als wären sie nichts wert. Sie sind aber von unschätzbarem Wert, viel mehr wert als alles Geld der Welt. Wäre das Meer eine in Not geratene Bank, dann hätten die Politiker überhaupt keinen Zweifel daran, dass man es umgehend retten muss. Der Meeresschutz besäße absolute Priorität, auch vor den heute alles dominierenden kurzfristigen wirtschaftlichen Interessen. Denn die Meere wären „systemrelevant", wie es so schön im Politikerdeutsch heißt. Sie *sind* systemrelevant, und das ohne Wenn und Aber. Leider haben wir das mit der Zeit vergessen oder auch verdrängt. Und die Meere sind tatsächlich so etwas wie eine Bank, eine Ressourcenbank. Wir heben pausenlos Beträge von unserem Ressourcenkonto ab. Die Schätze der Erde, auch die marinen Ressourcen, sind aber endlich. Das ist eine Binsenweisheit. Irgendwann wird das Ressourcenkonto leer sein. Rücklagen wird es keine geben. Und was ist dann? Geld kann man im Gegensatz zu Fisch bekanntenmaßen nicht essen.

Es ist fünf vor zwölf. Die Ozeane haben sich während der letzten Jahrzehnte in einer Art und Weise verändert, die großen Anlass zur Sorge bietet. Der Wissenschaftliche Beirat der Bundesregierung Globale Umweltveränderungen (WBGU) überschrieb sein Sondergutachten zu den Meeren aus dem Jahr 2006 mit „Die Zukunft der Meere – zu warm, zu hoch, zu sauer".[10] Was uns die Messungen über die Ozeane sagen, können wir nicht mehr als natürliche Schwankungen abtun, als eine Laune der Natur. Nicht als etwas, das man einfach weiter ignorieren könnte. Es besteht die Gefahr, dass die Meeresökosysteme in vielen Regionen noch in diesem Jahrhundert kippen werden, mit unabsehbaren Folgen für das Leben auf der Erde. Die Ozeane müssen endlich eine Stimme bekommen.

Noch einmal: Man kann den Wert der Ozeane gar nicht hoch genug bemessen. Denn stirbt das Leben im Meer, verschwinden auch früher oder später die Menschen von diesem Planeten. Der Wecker klingelt, schrill und laut. Wir wollen den Alarm jedoch nicht hören. Denn es ist einfach zu bequem, liegen zu bleiben. Nichts zu ändern. Wann werden wir endlich auf die Warnsignale aus dem Meer reagieren? Wenn es zu spät ist? Wenn es fünf nach zwölf ist? Wenn der Zug schon abgefahren ist? Wenn die Meere nur noch eine dreckige und übelriechende Brühe sind? Wenn sie durch den Klimawandel über Gebühr geschunden sind? Wenn wir gemerkt haben, dass wir ohne intakte Meere auf dieser Erde doch nicht leben können? Wenn wir viel zu spät unsere Grenzen aufgezeigt bekommen? Wann, wenn nicht jetzt, wollen wir eigentlich aufwachen? Wir alle können sofort aufstehen und den Meeren eine Stimme verleihen. Ich tue es mit diesem Buch.

1. Die Meere verstehen

Um die Gefahren für die Ozeane besser bewerten zu können, müssen wir die Meere verstehen. Die Ozeane bestehen aus vielen, ganz unterschiedlichen Komponenten oder Kompartimenten, die unter einander in wechselseitiger Beziehung stehen: die Wassersäule, die Meeressedimente, das auf dem Meer schwimmende Eis, die Meeresflora und -fauna. Und die Zahl der Prozesse in jeder der einzelnen Komponenten und derjenigen, die zwischen ihnen ablaufen, übersteigt bei weitem unsere Vorstellungskraft. Wir kennen nur einen Bruchteil dieser Vorgänge, aber alleine dieser Bruchteil enthält schon so viele Informationen, dass diese nicht in einem einzigen Buch zusammengefasst werden können. Wir werden uns im Folgenden mit den verschiedenen Meeresschichten befassen, immer wieder auch mit der Tiefsee; mit den aus meiner Sicht wichtigen physikalischen, chemischen, biologischen und geologischen Vorgängen; mit einigen Wechselwirkungen zwischen den verschiedenen Ozeanteilsystemen und den Interaktionen zwischen den Meeren und den angrenzenden Erdsystemkomponenten, von denen die Atmosphäre eine ist; und durchgängig damit, wie die Menschen auf die Ozeane einwirken und welche Folgen das haben könnte. Einiges im Ursache-Wirkung-Geflecht ist zwangsläufig spekulativ. Ich werde viele Fragen rund um die Meere auch nur anreißen können. Auf einige spannende Themen werde ich überhaupt nicht eingehen. Zum Beispiel nicht darauf, wie und wo das Leben in den Ozeanen entstanden ist und wie es sich im Laufe der Erdgeschichte entwickelt hat. Im Zentrum des vorliegenden Buches steht vor allem der menschliche Einfluss auf die Meere.

Das Meer hält sich, was seinen eigenen Einfluss anbelangt, nicht an seine eigentlichen Grenzen. Der Einfluss der Ozeane reicht sehr viel weiter, er bezieht sich auf die ganze Erde. Denn Änderungen an einer Stelle in den Ozeanen, etwa in der Meereschemie, können Auswirkungen außerhalb der Ozeane haben, zum Beispiel auf die Zusammensetzung der Luft und damit auf den Strahlungshaushalt der Atmosphäre, der ganz wesentlich die klimatischen Bedingungen auf unserem Planeten bestimmt. Und Änderungen außerhalb der Meere wiederum können verblüffende Auswirkungen auf das gesamte Ozeansystem mit sich führen. Eine vom Menschen durch den Ausstoß von Spurengasen wie Kohlendioxid angestoßene Erwärmung beispielsweise kann vielfältige Implikationen für die Meere haben, und all das wird sich wieder irgendwann auf die Erderwärmung und damit auch auf den Menschen auswirken. Eine eindimensionale Sicht, die nur auf die Meere allein fokussiert, ist ganz und gar nicht angebracht. Wir müssen die Dinge immer im Kontext der ganzen Erde betrachten, insbesondere auch im Zusammenhang mit den vielen menschlichen Aktivitäten. Denn wir leben inzwischen im Anthropozän, ein Ausdruck, den der niederländische Chemienobelpreisträger Paul Crutzen vor gut einem Jahrzehnt zu verwenden begann und populär machte.[11] Danach hat mit dem Beginn der Industrialisierung ein neues Erdzeitalter begonnen, in dem der Mensch einen ähnlich großen Einfluss auf das Erdsystem ausübt wie die Natur selbst. Und das gilt natürlich auch für die Ozeane.

Da die vielen Prozesse im Meer sehr eng miteinander verflochten sind, ist eine stringente Gliederung dieses Buches sehr schwierig, ja fast unmöglich. Ich werde auch nur einige wenige Themen aufgreifen können. Ich werde auf die Rolle der Meere im Erdsystem eingehen und anhand einiger Beispiele darauf, wie einmalig das Leben im Meer ist. Ich werde auf die Belastungen eingehen, die wir den Ozeanen zumuten, und auf deren mögliche Auswirkungen für die Meeresökosysteme. Hin und wieder werde ich auch Geschichten erzählen, wahre Geschichten über bestimmte Phänomene und Ereignisse, weil ich glaube, dass dieser Weg besser geeignet ist, die komplexen Zusammenhänge im Meer und seine Wechselwirkungen mit den Menschen aufzuzeigen, als nur nüchtern Fakten aufzuzählen. Das sind zum Teil auch Geschichten über spannende Forschungsarbeiten aus den Meereswissenschaften. Dabei sind Wiederholungen nicht nur nicht zu vermeiden, sondern sogar gewünscht, denn: Was wichtig ist, darf man auch mehrmals lesen. Ein Beispiel ist die zunehmende Erwärmung der Meere. Sie spielt in verschiedener Hinsicht eine herausragende Rolle. Die steigenden Ozeantemperaturen beeinflussen unmittelbar das Leben im Meer, wie etwa die tropischen Korallen, die sich nur schwer an dauerhaft wärmere Verhältnisse anpassen werden können. Die Erwärmung der Ozeane führt daneben auch zu Migrationsbewegungen, was wir heute schon anhand der Wanderung von einigen Fischarten feststellen können. So finden wir inzwischen in Nord- und Ostsee Arten, die eigentlich weiter südlich zuhause sind. Andererseits beeinflussen die steigenden Ozeantemperaturen indirekt auch das Leben auf den Landregionen, die Menschen, Tiere und Pflanzen – zum Beispiel über die Änderung der weltweiten Niederschlagsmuster.

Ein anderes Beispiel für ein Thema, das des Öfteren Erwähnung finden wird, ist die heute schon messbare Ozeanversauerung im Zuge der unvermeidbaren Aufnahme von anthropogenem, also vom Menschen in die Luft emittiertem Kohlendioxid. Auch die Meeresversauerung besitzt auf der einen Seite eine direkte Relevanz für die marine Lebewelt. Kalk löst sich bekanntermaßen auf, wenn das Wasser einen bestimmten Säuregrad übersteigt. Und viele Meereslebewesen wie Korallen, Muscheln oder Krebse sind auf die Bildung von Kalkschalen oder -skeletten angewiesen. Auf der anderen Seite beeinflusst die Versauerung der Meere auch das Klima der Erde, wenngleich indirekt. Denn wenn durch die Übersäuerung gestresste Meeresorganismen zu ihren Lebzeiten insgesamt weniger Kohlendioxid aufnehmen, das sie nach ihrem Absterben mit in die Tiefe nehmen, dann steigen das Kohlendioxid in der Luft und damit die Erdtemperatur umso schneller. Wegen ihrer überragenden Bedeutung für das gesamte Erdsystem kehren die beiden Probleme Meereserwärmung und -versauerung wie auch einige andere Sachverhalte an verschiedenen Stellen des Buches wieder.

Das Leben ist vor etwa 3,4 Milliarden Jahren höchstwahrscheinlich in den Ozeanen entstanden. Deswegen werden wir uns immer wieder auch der Frage widmen, wie sich die vielfältigen menschlichen Aktivitäten auf das Leben im Meer auswirken. Hier steht die Wissenschaft erst am Anfang, insbesondere, weil es sich um viele Stressfaktoren handelt, die gleichzeitig auf die marinen Ökosysteme einwirken. Man weiß zwar einiges darüber, wie die Meeresorganismen auf einzelne Stressfaktoren wie etwa die Erwärmung reagieren könnten. Die Frage, wie das Leben im Meer auf die Vielzahl der anthropogenen Stressfaktoren reagiert, ist allerdings weitgehend unbeantwortet. Die Forschung zu multiplen Stressoren, wie man in der Wissenschaft sagt, beginnt gerade erst. Im

Moment können wir nur spekulieren. Viele Dinge passieren derzeit, die wir noch nicht richtig einordnen können. Jeremy Jackson von der kalifornischen Scripps Institution of Oceanography hat den Begriff des „tapferen neuen Ozeans" geprägt[12], um die allmählich zu Kloaken verkommenden Küstengewässer in zahlreichen Regionen der Erde zu charakterisieren. Wir wissen nicht, wie lange die Ozeane das noch aushalten werden. Aus diesem Grund lautet mein Plädoyer: Auch wenn wir die Vorgänge in den Ozeanen nicht im Detail verstehen, gut sein können die vielen menschlichen Eingriffe für die Meere nicht. Und deswegen sollten wir schleunigst damit aufhören, sie dermaßen zu belasten.

Jackson war es auch, der die Zunahme des Schleims in den Ozeanen thematisierte und den Menschen dafür verantwortlich machte. Er spricht von einem Siegeszug des Schleims aus Mikroben, giftigen Algenblüten und Quallen.[13] Gerade die Zahl der Quallen nimmt in einigen Regionen außergewöhnlich schnell zu. Global gesehen scheint es allerdings keinen statistisch signifikanten Trend zu geben. Die Quallen zählen zu den ältesten Tieren der Erdgeschichte und sind in allen Meeren zu Hause. Die zu den Nesseltieren zählenden Quallen sind wahre Lebenskünstler. Wegen ihrer enormen Anpassungsfähigkeit waren sie in der Lage, sich seit vielen Millionen Jahren im Kampf der Arten zu behaupten. Vielleicht hat der Mensch unabsichtlich ein großes „Quallen-Förderprogramm" in die Wege geleitet, wie es die Online-Ausgabe der *Frankfurter Rundschau* formulierte.[14] So könnten die Quallen von der Überfischung profitieren, unter der inzwischen viele Meeresgebiete leiden. In den riesigen Netzen der Fangflotten landen zusehends auch die wenigen natürlichen Gegenspieler der Quallen. Ihre Fressfeinde wie Schwertfische, Thunfische oder auch Meeresschildkröten sind vielerorts einfach zu selten geworden, um die Medusen noch merklich zu dezimieren. Schwertfisch & Co. halten die Tiere normalerweise in Schach, weil sie mit ihnen um Nahrung konkurrieren und sie auch jagen. Außerdem transportieren die Flüsse heutzutage große Mengen von Nährstoffen in Form von Abwässern und in der Landwirtschaft eingesetztem Kunstdünger ins Meer. Algen und andere Kleinstlebewesen gedeihen unter solchen Verhältnissen vorzüglich, und diese haben die Quallen buchstäblich zum Fressen gern. Das entspricht in etwa einem „All You Can Eat"-Angebot für die Quallen. Sie kennen sicherlich solche Fresstempel, in denen man zu einem Einheitspreis so viel Essen darf, wie man möchte.

Hinzu kommt, dass die Quallen mit den Schattenseiten der Überdüngung gut zurechtkommen. Den in überdüngten Gewässern häufig auftretenden Sauerstoffmangel vertragen sie besser als die meisten Fische. Der Klimawandel ist für sie auch kein großes Problem. Die steigenden Wassertemperaturen jedenfalls scheinen ihnen nicht viel auszumachen. Sogar die zunehmende Bebauung an den Küsten gereicht den Quallen zum Vorteil. Viele Arten machen zu Beginn ihres Lebens ein Polypenstadium durch. Die Jungquallen benötigen während dieser Zeit einen festen Untergrund, an dem sie sich heften können. Je mehr Hafenanlagen und Küstenbefestigungen es gibt, umso besser. Das Fazit: Die menschlichen Einflüsse können zumindest das natürliche Anwachsen der Quallenpopulationen beschleunigen. So viel wissen wir. Dadurch begünstigt der Mensch das Auftreten von regelrechten Plagen in der Nähe der Küsten, wie etwa vor der Küste Namibias im südwestlichen Afrika. Im Januar 2014 war dort das Baden an einigen Stränden unmöglich.[15] Tausende Quallen schwammen im Meer und übersäten die Strände. Auf die Küste Namibias werden wir weiter unten noch zu sprechen kommen, wenn wir uns mit den Zukunftsszenarien befassen werden.

Ich möchte Ihnen im Folgenden einen Eindruck von der Komplexität und von der Fragilität der Meere geben. Aber auch von der Faszination, die die Ozeane auf uns alle ausüben. Bei der Recherche zu diesem Buch bin ich immer wieder auf spannende Sachverhalte gestoßen, die ich Ihnen nicht vorenthalten möchte. Natürlich werden wir ausführlich auf den Klimawandel zu sprechen kommen und wie er sich auf die Meere auswirkt. Die Folgen der Erderwärmung betreffen selbstverständlich nicht nur die Menschen, Pflanzen und Tiere an Land, sondern auch die vielen Lebewesen in den Ozeanen. Umgekehrt werden wir uns aber auch damit befassen, wie die Änderungen in den Meeren auf den Klimawandel und die menschliche Gesellschaft zurückwirken. Wir werden auf die vielfältige Verschmutzung eingehen, die wir den Meeren zumuten. Das Öl ist ein Beispiel, der Plastikmüll ein weiteres. Und wir müssen uns mit der Radioaktivität befassen. Den Ort Fukushima kennt inzwischen jede(r). Diese unfassbare, aber irgendwie doch vorhersehbare nukleare Katastrophe. Fukushima ist aber nur die Spitze des Eisbergs. Es gibt seit vielen Jahren eine schleichende Verseuchung der Meere mit Radioaktivität. Über die Auswirkungen weiß man bisher kaum etwas. Ich habe versucht, die wenigen verfügbaren Informationen über die Folgen der Radioaktivität im Meer zusammenzutragen.

Und schließlich werden wir uns an verschiedenen Stellen des Buches mit nachhaltigem Ozeanmanagement befassen, ein ziemlich neues Feld interdisziplinärer Forschung. Diese neue Wissenschaftsdisziplin sucht Antworten auf die Frage:

„Wie können wir die Meere auch weiterhin zu unserem Vorteil nutzen, ohne sie gleichzeitig zu zerstören?" Inzwischen macht der Begriff „Blue Growth" die Runde, von einem blauen Wachstum ist also die Rede. Ich bin mir allerdings nicht ganz sicher, was sich hinter dem Ausdruck verbirgt. Handelt es sich hierbei zum wiederholten Male nur um eine Phrase, um eine Art Deckmantel, den man über die Nachhaltigkeitsdiskussion legt, um sie schon im Keim zu ersticken? Nur mit dem Ziel, die gegenwärtigen Verhaltensmuster nicht ändern zu müssen? Oder um ernsthafte Anstrengungen in Richtung einer sorgsamen Nutzung der Weltmeere? Ich bin da zugegebenermaßen ein gebranntes Kind. So wird inzwischen zu Vieles mit dem Etikett „grün" versehen. Aber nicht überall, wo grün draufsteht, ist auch grün drin. Brauchen wir wirklich eine neue Farbenlehre? Benötigen wir noch mehr Phrasendrescherei? Sollten wir nicht endlich einfach nur dem gesunden Menschenverstand folgen und vorsichtiger mit den Ozeanen umgehen? Der gesunde Menschenverstand ist doch eigentlich immer der beste Ratgeber. Studiert haben muss man nicht, um zu erkennen, dass die Meere in großer Gefahr sind und wir das blaue Juwel vor uns selbst beschützen müssen.

Das dämmert inzwischen auch so langsam den Politikern. Selbst der US-amerikanische Außenminister John Kerry hat im Juni 2014 zum Auftakt einer zweitägigen Konferenz zum Schutz der Ozeane in Washington eine internationale Zusammenarbeit im Kampf gegen Überfischung, Verschmutzung und die Folgen des Klimawandels gefordert. „Als Menschen teilen wir nichts so sehr wie die Ozeane, die fast drei Viertel unseres Planeten bedecken", sagte Kerry. „Und jeder von uns teilt die Verantwortung, sie zu schützen."[16] US-Präsident Barack Obama wollte im Pazifik auf drei Millionen Quadratkilometern das weltweit größte Meeresschutzgebiet einrichten. Dort sollten neben der Fischerei auch Öl- oder Gasbohrungen verboten sein. „Wenn wir unseren Meeren die Ressourcen rauben, dann zerstören wir nicht nur einen der größten Schätze der Menschheit", sagte Obama in einer Videobotschaft für die zweitägige Konferenz. Und weiter: „Dann schneiden wir auch eine der größten Quellen für Nahrung und Wirtschaftswachstum ab."[17] Bei dem angedachten Vorhaben ging es um die Ausweitung des „Marine National Monument Program" im tropischen Pazifik.[18] Dort verwalten die USA ein riesiges Hoheitsgebiet. Präsident Bush hatte am Ende seiner Amtszeit im Januar 2009 das „Marine National Monument Program" ins Leben gerufen. National Monument heißen in den Vereinigten Staaten durch die Bundesregierung ausgewiesene Schutzgebiete oder Gedenkstätten. In der Industrie regt sich schon Widerstand gegen die von Obama angestrebte Erweiterung des Meeresschutzgebietes, obwohl es weit entfernt von den USA in der Südsee liegt. Die Region ist noch weitgehend unberührt und beherbergt einige der fantastischsten Korallenriffe auf der Erde. Wird der neue Präsident Donald Trump das Vorhaben stoppen? Zu befürchten ist es.

Die Wissenschaft liefert Antworten auf die drängenden Fragen in Sachen Meeresschutz. Politik und Wirtschaft müssen die Vorschläge aber auch umsetzen. Immerhin, einige wenige positive Beispiele gibt es, und diese möchte ich Ihnen nicht vorenthalten. So beginnt die Europäische Union, die Warnungen der Wissenschaft im Bereich der Fischerei ernst zu nehmen und deren Vorschläge aufzugreifen. Mit einer Ende 2013 beschlossenen Reform soll in den EU-Staaten erstmals das Problem der Überfischung konsequent angegangen werden. Schärfere Fangquoten greifen seit 2015, Ausnahmen sollen unter strengen Auflagen nur noch bis spätestens 2020 gelten. Dann sollen die Fischbestände ein Niveau erreicht haben, auf dem sie langfristig stabil sind. Unter anderem dürfen ungewollt gefangene Fische nicht mehr einfach ins Meer zurückgeworfen werden. Das Abkommen ist eine kleine Revolution in Sachen europäische Fischereipolitik. Selbst Umweltverbände können den eingeleiteten Schritten etwas abgewinnen. Wir stehen allerdings erst ganz am Anfang des Weges in eine nachhaltige Fischereiwirtschaft, und die Widerstände sind groß. Es gilt, noch sehr viel mehr Maßnahmen zu implementieren, um die Fischbestände zu stabilisieren und die Meeresumwelt zu schützen. Einigen konnten sich die EU-Staaten beispielsweise nicht auf ein grundsätzliches Verbot der Tiefseefischerei mit Grundschleppnetzen für den Fang von sogenannten Grundfischen wie Schollen, die – deswegen ihr Name – auf dem Meeresgrund leben. Damit dürfen die Fischereiflotten auch weiterhin den Meeresboden mit riesigen Netzen rücksichtslos umpflügen. Diese als besonders schädlich geltende Fangmethode will man nur in bisher gar nicht befischten Gebieten untersagen.

Zu allererst aber müssen wir die Vorgänge in den Ozeanen verstehen, denn nur dann können wir sinnvolle Strategien zu ihrem Schutz entwickeln. Das erfordert ein globales Monitoring, das man nur zwischenstaatlich organisieren kann. Erste Schritte in diese Richtung gibt es. Wir müssen geeignete Messinstrumente und Beobachtungssysteme entwickeln und die Technologie allen Ländern zur Verfügung stellen. Die Meeresforscher bedienen sich ausgeklügelter Messsysteme, von denen ich Ihnen auch erzählen möchte. Hightech hält auch Einzug in die Meereswissenschaften. Das Internet ist nicht mehr aus der Meeresbeobachtung wegzudenken. Und was wir alles während der letzten Jahre durch die neuen Technologien über die Ozeane erfahren haben, ist zum Teil spektakulär und auch verblüffend. In vielen Fällen müssen wir Forscher das bisherige Wissen anpassen oder sogar korrigieren. Die neuen Einsichten in die Meere geben – wie so oft in der Forschung – den Wissenschaftlern aber auch neue Rätsel auf. Aber davon lebt die Wissenschaft schließlich. Und das macht Forschung so spannend.

2. Der unbekannte Lebensraum

Blicke in die Tiefe
Fundamentales über die Ozeane

Es ist relativ unkompliziert, die Oberfläche des Mondes zu erkunden, obwohl er im Vergleich zum Meeresboden ziemlich weit entfernt ist. Der Erdtrabant ist trocken, und das macht vieles einfacher. Seine Oberfläche versteckt sich nicht unter dicken Wolken, und seine Täler sind nicht mit Ozeanen gefüllt. Dennoch bezeichnet man die lunaren Tiefebenen als Mare, dem lateinischen Ausdruck für Meer. Die Erde dagegen ist der Wasserplanet schlechthin. Einen vergleichbaren Planeten gibt es in unserem Sonnensystem nicht. Alle drei Formen oder Aggregatzustände des Wassers kommen bei uns vor, die man als die drei Phasen des Wassers bezeichnet. Erstens: seine gasförmige Phase, das ist der sich in der Luft befindende Wasserdampf. Der Wasserdampf ist als Gas unsichtbar. Zweitens: die feste Phase des Wassers, das Eis, das auf Land hauptsächlich in Form von Gletschern und kontinentalen Eisschilden vorkommt, auf den polaren Ozeanen als Meereis schwimmt oder von den Landeismassen als Schelfeis ins Meer ragt. Und natürlich drittens: das flüssige Wasser. Und das findet sich vor allem in den Ozeanen.

Knapp 97 Prozent des gesamten Wassers auf unserem Planeten befindet sich als Salzwasser in den Ozeanen. Die Meere bedecken mit 71 Prozent über Zweidrittel der Erdoberfläche. Das entspricht einer Fläche von fast 362 Millionen Quadratkilometern (km^2). Die Ozeane sind im Schnitt etwa 3700 Meter tief. Damit beträgt das Volumen gut 1,3 Milliarden Kubikkilometer (km^3). Ein Kubikkilometer entspricht einem imaginären Wasserwürfel mit einer Kantenlänge von einem Kilometer. Im Vergleich dazu ist die Nordsee wahrlich eine kleine Pfütze. Ihre Fläche beträgt gerade mal 575 000 km^2 bei einer durchschnittlichen Tiefe von gerade mal 94 Metern. Das ergibt ein Wasservolumen von rund 54 000 km^3. Damit fände das Volumen der Nordsee im Weltozean ungefähr 25 000 Mal Platz. Und schließlich: Im Ozean liegen über neunzig Prozent des Lebensraums auf der Erde. Die Weltmeere bedecken nämlich nicht nur den größten Teil unseres Planeten. Wegen ihrer enormen durchschnittlichen Tiefe von 3700 Metern stellen sie fast das gesamte Volumen des Lebensraums, setzt man die belebte Höhe in der Atmosphäre mit etwa 100 Metern an, wo sich der überwältigende Teil des Lebens befindet. Die Ozeane sind bis zum Meeresgrund voll mit Leben und damit die eigentliche Heimat des Lebens auf der Erde.

Die Meere sind unermesslich groß. Deswegen haben wir bisher auch nur einen winzig kleinen Teil von ihnen gesehen. Trotz der Technik, die uns heute zur Verfügung steht, mit der wir sogar das ferne Universum erkunden können und schon auf dem Mond gelandet sind. Aber warum ist das so? Warum wissen wir nur so wenig über die Ozeane? Vielleicht verdeutlichen das die folgenden Zahlen. Ungefähr sechzig Prozent des Meeresbodens liegen unterhalb von 2000 Metern Tiefe. Die tiefste Stelle im Weltozean ist der Marianengraben, der eine Tiefe von ungefähr 11 000 Metern misst. Der Marianengraben liegt im westlichen tropischen Pazifischen Ozean etwa zwischen 12° und 25° nördlicher Breite und ca. 2000 Kilometer östlich der Philippinen. Er hat eine Länge von etwa 2400 Kilometern. Das entspricht ungefähr der Entfernung von Kopenhagen nach Lissabon. Die tiefste Stelle des Meeres hat schon immer eine Faszination auf die Menschen ausgeübt. Bereits im Jahr 1899 hat man den Marianengraben mit dem US-amerikanischen Schiff Nero erkundet und per Drahtlotung eine Meerestiefe von 9660 Meter ermittelt, eine für damalige Verhältnisse ziemlich gute Messung. Die Maximaltiefe im Marianengraben beträgt nach neusten Messungen etwas mehr als 11 034 Meter. Zum Vergleich: Der Mount Everest misst nur eine Höhe von 8848 Metern.

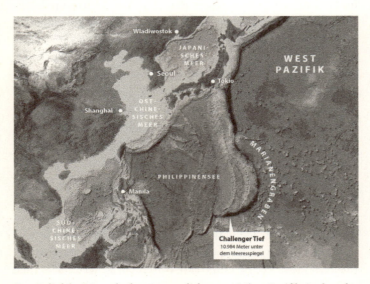

Das Relief des Meeresbodens im westlichen tropischen Pazifik, in dem der Marianengraben liegt. Quelle: GEBCO world map.

Bisher sind nur drei Menschen mit U-Booten zum tiefsten Punkt der Meere vorgedrungen. Der letzte „Tiefsee-Tourist" war im März 2012 der Star-Regisseur James Cameron mit dem Tauchboot Deepsea Challenger. Cameron erlangte unter anderem durch den Kinofilm *Titanic* Weltruhm. Sein von ihm selbst finanziertes, etwa sieben Meter langes Tauchboot steht inzwischen in Diensten der Woods Hole Oceanographic Institution, eines der weltweit führenden Meeresforschungsinstitute, das an der Nordostküste der USA im Bundesstaat Massachusetts beheimatet ist. Cameron hatte es nach seinem spektakulären Tauchgang zum tiefsten Punkt des Ozeans dem Institut zur weiteren Nutzung vermacht. Wir werden uns weiter unten noch einmal mit den Tiefseegräben beschäftigen, denn sie sind Orte regen Lebens und spielen selbst für den globalen Kohlenstoffkreislauf und damit für das Klima der Erde eine Rolle.

Wasser ist im Vergleich zu Luft ziemlich schwer, wenn man gleiche Volumina miteinander vergleicht. Das Wasser besitzt eine relativ große Dichte, wie man in der Wissenschaft sagt. Eine Welle kann einen Menschen aus diesem Grund ziemlich schnell umhauen, was Sie vermutlich schon am eigenen Leib erfahren haben. Der Druck nimmt wegen der großen Dichte des Meerwassers mit der Tiefe schnell zu, weswegen wir uns in großen Tiefen nur noch mit Tauchbooten aufhalten können. Das ist einer der Gründe dafür, warum sich die Tiefsee, im Allgemeinen definiert als die Meeresschichten unterhalb von 800 Metern, unseren neugieren Blicken weitgehend entzogen hat. Der enorme Druck wie auch die dort herrschende Dunkelheit erschweren eine systematische Untersuchung der tiefen Meeresschichten. Der Druck auf Meereshöhe beträgt etwa ein Bar, was dem Gewicht der darüberliegenden Luftsäule entspricht. Je zehn Meter Tiefe nimmt er um ungefähr ein weiteres Bar zu. Der Wasserdruck beträgt demnach am tiefsten Punkt des Marianengrabens ungefähr 1100 Bar. Damit ist er über tausendmal höher als der Druck bei uns auf der Erdoberfläche. So ein enormer Druck würde uns Menschen schlicht zerquetschen. Für normale Menschen ist schon nach ein paar Metern die Grenze der Belastbarkeit erreicht. Sporttaucher schaffen gerade mal um die vierzig Meter. Im Vergleich dazu halten sich viele Tiere in weit größeren Tiefen auf. Die Pottwale halten mit ca. 3000 Metern den Tauchrekord unter den Säugetieren. Um Sauerstoff zu sparen, können sie die Organe abschalten, die sie während des Tauchganges gerade nicht benötigen. Tiefseefische oder Kalmare, die in mehreren Kilometern Tiefe leben, sind an die extremen Druckverhältnisse perfekt angepasst. Deswegen kann man sie auch nicht so ohne weiteres an die Oberfläche bringen. In den unteren Etagen der Tiefsee herrscht Eiseskälte mit Temperaturen von nur einigen wenigen Grad Celsius. Und dennoch ist der Meeresboden der Ort mit der höchsten Artenvielfalt auf der Erde, wenn man die Mikroorganismen mitzählt. Allerdings sind bisher weit weniger als ein Prozent des Meeresbodens biologisch erforscht. Dort lauern bestimmt noch so manche Überraschungen für meine Kollegen von der Meeresbiologie.

Die Zusammensetzung des Meerwassers ist ebenfalls außergewöhnlich und überrascht so manchen. Denn der Ozean enthält jedes natürliche Element unseres Planeten in reiner Form oder als chemische Verbindung, entweder gelöst oder in Form von Partikeln. Schätzungsweise fünfzig Billiarden Tonnen $(50 \cdot 10^{15}\,t)$[19] gelöster Verbindungen sind im Meerwasser enthalten. Es handelt sich hierbei vor allem um Salze, in erster Linie um Natriumchlorid (NaCl). Wäre es möglich, die Salze aus dem Meerwasser auf den Kontinenten abzulagern, so würde eine etwa 166 Meter dicke Schicht die Landoberflächen bedecken. Der Salzanteil spielt in den Ozeanen eine herausragende Rolle, weil er viele Eigenschaften des Meerwassers und die Meeresströmungen beeinflusst. Deswegen wird uns das Salz im Folgenden auch immer wieder begegnen. Neben den Salzen befinden sich viele Elemente und Substanzen in nur äußerst geringen Konzentrationen als Spurenbestandteile im Meerwasser. Gerade diesen kommen jedoch häufig wichtige biologische oder chemische Funktionen zu. Ein bekanntes Beispiel ist das Eisen, das Algen für die Photosynthese benötigen. Große Gebiete des Ozeans wie der Südliche Ozean leiden unter extremem Eisenmangel, was das Wachstum einzelliger Algen in diesen Regionen behindert. Meeresalgen nehmen zwischen tausend und einer Million Mal weniger Eisen als Kohlenstoff auf. Schon äußerst geringe Eisenmengen würden demnach genügen, um das Algenwachstum zu stimulieren.

Indirekt beeinflussen die Spurenstoffe aus dem Meer auch die klimatischen Bedingungen auf der Erde. Die Entstehung und das weitere Schicksal von aus dem Meer stammenden Spurengasen, die in der Atmosphäre wirksam werden können, sind aus diesem Grund ein wichtiger Zweig der Meeres- und Klimaforschung. Dabei kann es sich um Treibhausgase wie Kohlendioxid handeln, die zur Erwärmung der unteren Luftschichten beitragen, um Spurengase aus biologischer Aktivität, aus denen Partikel, Aerosole genannt, entstehen, die die Wolkenbildung beeinflussen, oder auch um sogenannte Halogenverbindungen, Substanzen, die aus den Meeren entweichen und das Potenzial besitzen, das Ozon hoch oben in der Stratosphäre abzubauen. Die Atmosphärenforscher suchen beispielsweise immer noch nach einer Quelle für ozonabbauende Gase, denn die durch den Menschen ausgestoßenen FCKWs allein können nicht alle Abbauprozesse in der Stratosphäre erklären. In Frage kommt hier insbesondere der tropische Westpazifik, eine der wärmsten Meeresregionen, in der im Meer gebildete Gase durch hochreichende Wolkentürme rasch in die Stratosphäre vordringen können.

Zwischen Atmosphäre und Ozean
Das Meereis

Die polaren Meere sind teilweise mit einer dünnen Eisschicht bedeckt, die man im Volksmund auch als Packeis bezeichnet. Die Wissenschaft spricht von Meereis. Wie die offenen Ozeane spielen auch die mit Meereis bedeckten Ozeanregionen eine wichtige Rolle hinsichtlich des Erdklimas und dessen globalen Wandel. Mit Sorge müssen wir zusehen, wie sich gegenwärtig das Arktiseis mit einer rasenden und anhand der Klimamodellvorhersagen nicht erwarteten Geschwindigkeit zurückzieht. Das Meereis erfüllt viele wichtige Funktionen im Erdsystem. So reguliert es nicht nur das Klima, sondern spielt auch eine wichtige Rolle für die Ökosysteme in den polaren Ozeanen. Das Meereis bedeckt im Jahresmittel etwa 6,5 Prozent der Meere, das sind ungefähr 23 Millionen Quadratkilometer und entspricht ungefähr der 65-fachen Fläche Deutschlands. Dabei handelt es sich nicht immer um eine geschlossene Eisdecke. Das ist so wie mit den Wolken, die mal ganz und mal nur teilweise den Himmel bedecken.

Inzwischen können die Eisforscher diverse Meereisparameter mittels Satelliten aus dem Weltall messen, eine enorme Erleichterung für die Wissenschaft. Sowohl die mit Meereis bedeckte Fläche als auch die Dicke des Meereises ändern sich mit den Jahreszeiten sehr stark. Dabei gibt es auch große Unterschiede zwischen der Nord- und Südhalbkugel. Die Ausdehnung des arktischen Meereises betrug im März im Langzeitmittel der Jahre 2002 bis 2011 ca. 15 Millionen Quadratkilometer (15×10^6 km^2) und nur ca. 5×10^6 km^2 im September. Also um zwei Drittel geringer. Das antarktische Meereis schwankt noch stärker mit der Jahreszeit, zwischen typischerweise 17×10^6 km^2 im September und ca. $2,5 \times 10^6$ km^2 im März[20], was einem Faktor von fast sieben entspricht. Damit stellt die Meereisbedeckung neben der jahreszeitlich schwankenden Bedeckung der Landregionen mit Schnee eine der veränderlichsten Oberflächenerscheinungen der Erde überhaupt dar.

Und noch eine wichtige Information zum Meereis: Die Arktis ist im Wesentlichen ein mit Eis bedeckter Ozean und der Nordpol fast immer mit Meereis bedeckt. Im Gegensatz hierzu ist die Antarktis ein Kontinent mit einem kilometerdicken Eisschild, sodass sich der Südpol auf Land befindet. Wegen ihres ozeanischen Charakters ist die Arktis im Vergleich zur kontinentalen Antarktis besonders anfällig für den globalen Klimawandel. Die Auswirkungen der Erderwärmung der letzten Jahrzehnte sind aus diesem Grund in der Arktis in Form des Schwundes des arktischen Meereises ganz besonders deutlich zu Tage getreten, mit einem Verlust im Spätsommer von ca. vierzig Prozent seit Beginn der Satellitenmessungen 1979.

Zusammen mit dem Schelfeis – die ins Meer ragenden Teile der kontinentalen Eisschilde – bildet das Meereis die schwimmende Komponente der als Kryosphäre bezeichneten Eissphäre auf der Erde. Änderungen der Ausdehnung, des Bedeckungsgrads, der Dicke und der Bewegung des Meereises werden durch thermodynamische und dynamische Prozesse verursacht, die den physikalischen Gesetzen folgen und in den Klimamodellen in Form mathematischer Gleichungen Berücksichtigung finden. Die Thermodynamik des Meereises, d. h. das Gefrieren und Schmelzen, wird durch Strahlungsprozesse sowie die Wärmeübertragung beeinflusst. Der Austausch von Wärme findet zwischen dem Meer und dem Meereis und zwischen dem Meereis und der Atmosphäre statt. Veränderungen in der Meereisgrenze gehören zu den bedeutendsten Merkmalen von Klimaschwankungen in den Polargebieten und stellen darüber hinaus einen wichtigen verstärkenden Prozess im Klimasystem dar, den wir als positive Rückkopplung bezeichnen. Eine anfängliche Erwärmung zum Beispiel verstärkt das Meereis dadurch, dass es schmilzt, was zu einer zusätzlichen Erwärmung führt, weil dann weniger helle Fläche vorhanden ist, die das Sonnenlicht von der Erdoberfläche zurück in den Weltraum reflektiert, ein Prozess der als Eis-Albedo-Rückkopplung bekannt ist.

Auf der Größenskala der gesamten Erde sind sowohl der Ozean als auch das Meereis hauchdünne Komponenten. Nur zum Vergleich: Der Erdradius beträgt im Mittel rund 6371 Kilometer. Die mittlere Ozeantiefe beträgt dagegen nur etwa 3700 Meter. Im Arktischen Ozean ist das Meereis durchschnittlich gerade mal drei und im Südlichen Ozean einen Meter dick. Das Meereis ist demnach eine hauchdünne Schicht auf den polaren Ozeanen. Winde und Meeresströmungen setzen das Meereis in Bewegung, die Wissenschaftler sprechen in diesem Zusammenhang von der Eisdrift. Die Fram-Expedition unter der Leitung des norwegischen Polarforschers Fridtjof Nansen vor nunmehr über hundert Jahren (1893–1896)[21] war eine inzwischen legendäre Forschungsreise in die Arktis mit dem Ziel, den geographischen Nordpol mithilfe der natürlichen Eisdrift zu erreichen. Die Verdriftung der im Eis gefangenen Fram und der Marsch nach Norden – Nansen verließ das Schiff frühzeitig – lieferten erstmalig die Beweise dafür, dass sich zwischen dem eurasischen Kontinent und dem Nordpol keine größeren Landmassen befinden, die Nordpolarregion im Wesentlichen durch eine vereiste See gekennzeichnet ist und sich die Meereismassen großflächig bewegen. Die Fram-Expedition fand darüber hinaus schon damals schlüssige Anhaltspunkte dafür, dass die Ausläufer des warmen Golfstroms bis weit in die Arktis hineinreichen, was die Wissenschaftler durch Messungen der Wassertemperatur weit unterhalb der dünnen Eisschicht herausfanden.

Das Meereis bildet die Grenze zwischen den beiden viel größeren Komponenten des Erdsystems, der Atmosphäre und dem Ozean, und beeinflusst daher deren Wechselwirkung untereinander in erheblichem Maße. Da das Meereis ziemlich hell ist, auch wenn es nicht von Schnee bedeckt ist, besitzt es ein recht hohes Reflexionsvermögen. Das Meereis beeinflusst damit die Strahlungsbilanz der Erde ganz wesentlich und nimmt im Klimasystem eine sehr wichtige Rolle ein. Diese wird noch dadurch verstärkt, dass das Meereis durch seine isolierende Wirkung den direkten Austausch von Wärme zwischen dem Meer und der darüberliegenden Luft behindert. Über Meereisflächen ist die Atmosphäre deutlich kälter als über dem offenen Ozean. Das Auftreten des arktischen Meereises verstärkt somit den sogenannten „meridionalen Temperaturgradienten" an der Erdoberfläche, wie man den Temperaturgegensatz zwischen den Tropen und den Polargebieten in der Klimaforschung nennt. Dieser Temperaturkontrast ist ein wichtiger Parameter, der die großräumigen

Wetterverhältnisse beeinflusst. Änderungen der Meereisfläche können deswegen über die Änderung des meridionalen Temperaturgradienten auch außerhalb der Arktis zu bedeutsamen Klimaänderungen führen.

Neben dem Wärmeaustausch zwischen dem Ozean und der Atmosphäre beeinflusst das Meereis auch die Konvektion im Meer, das Absinken dichter und damit schwerer Wassermassen, und hierdurch die Bildung von Tiefen- und Bodenwasser. Aus diesem Grund spielt das Meereis zudem eine bedeutende Rolle für die Thermohaline Zirkulation, das globale ozeanische Förderband, dem wir uns im folgenden Kapitel ausführlich widmen werden. Der Salzgehalt des Meerwassers liegt bei durchschnittlich 34,7 Promille, der des Meereises nur bei fünf Promille. Beim Gefrierprozess muss also eine beträchtliche Menge Salz in den Ozean abgegeben werden. Dadurch erhöht sich die Dichte des Meerwassers, es wird schwerer, und so kann bei entsprechend kalten Bedingungen die Konvektion einsetzen. Auf diese Weise kann im Winter außer durch Abkühlung auch durch die Meereisbildung sehr dichtes Wasser in den Polargebieten entstehen, das in tiefe Ozeanschichten gelangen und dadurch zum Antrieb der Ozeanzirkulation beitragen kann. Dieser Prozess spielt vor allem in den antarktischen Gewässern eine wichtige Rolle und trägt maßgeblich zur Bildung des antarktischen Bodenwassers bei, der dichtesten und damit tiefsten Wassermasse im Weltozean überhaupt.

Umgekehrt kann durch eine Erwärmung und das Schmelzen des Meereises Süßwasser ins Meer gelangen, wodurch sich die Konvektion abschwächen oder sogar ganz ausbleiben kann, insbesondere wenn außer dem Meereis auch noch die riesengroßen Gletscher Grönlands und der Antarktis zu schmelzen beginnen. Das große Schmelzen hat schon längst angefangen, wie uns Satellitenmessungen aus den letzten Jahren verraten.[22] Der Eispanzer Grönlands und das Eis der Westantarktis zeigen erschreckende Massenverluste. Die große Eisschmelze, wie ich sie nenne, trägt bereits mehr als die Hälfte zur gegenwärtigen Rate des Meeresspiegelanstiegs von im weltweiten Durchschnitt gut drei Millimeter pro Jahr bei. Allerdings sind die Anfang der 2000er-Jahre beginnenden Satellitenmessungen noch zu kurzfristig, um die beobachteten Trends in die Zukunft extrapolieren zu können. Der Rückzug der kontinentalen Eisschilde passt aber absolut in das Bild einer sich infolge des Anstiegs der atmosphärischen Treibhausgase erwärmenden Welt.

Aber zurück zum Meereis. Nicht nur für das Klima spielt es eine wichtige Rolle, sondern auch in der Nahrungskette. So leben im Meereis Algen, von denen sich u. a. Krill ernährt, womit die nur einige Zentimeter groß werdende Kleinkrebse bezeichnet werden, die in Massen in den polaren Ozeanen vorkommen. Krill ist ein norwegisches Wort und bedeutet übersetzt Walnahrung. Im Sommer lebt der Krill vom pflanzlichen Plankton im Meer, dem Phytoplankton, während sich die Kleinkrebse im Winter vorwiegend von den Algen ernähren, die auf der Unterseite des Meereises leben. An der Meereisgrenze können die Kleinstorganismen ins Wasser gelangen. Krill tritt deswegen gerade hier in riesigen Mengen auf und bietet Pinguinen, Robben, Walen, Fischen und Seevögeln ausreichend Nahrung. Schätzungen zufolge liegt der Krill-Bestand im Südpolarmeer zwischen 100 und 500 Millionen Tonnen.[23] Der Krill schwebt allerdings in großer Gefahr: Zum einen, weil sich das Meereis wegen der Erderwärmung in einigen Gebieten wie in der Arktis schon weit zurückgezogen hat und zukünftig wegen der wohl weiter steigenden Temperaturen sehr wahrscheinlich weiter schwinden wird. Und zum anderen, weil die Meeresversauerung allen kalkbildenden Organismen, zu denen Krill als Krebsart auch zählt, buchstäblich das Leben schwer macht, weil sich Kalk auflöst, wenn das Wasser einen bestimmten Säuregrad übersteigt.

Im südwestlichen Teil des atlantischen Sektors des Südlichen Ozeans, in dem man über fünfzig Prozent des Krill-Bestandes vermutet, ist die Krill-Dichte während der letzten dreißig Jahre in einigen Gegenden um bis zu achtzig Prozent zurückgegangen.[24] Eine Rolle dabei könnte die starke Befischung des Krills spielen.[25] Die Industrie ist außerordentlich stark am Krill interessiert und verarbeitet ihn beispielsweise zu Tiefkühlkost, Kosmetika oder medizinischen Präparaten wie Krillöl-Kapseln. Die beobachtete Abnahme des Krill-Bestands ist wegen der Schlüsselposition des Krills im Nahrungsnetz der polaren Meere alarmierend, ein Warnsignal, das wir nicht ignorieren dürfen. In der Region der westlichen Antarktischen Halbinsel, die eine der sich am schnellsten erwärmenden Regionen der Erde darstellt, hat sich am Beispiel der dort lebenden Pinguine gezeigt, dass der Rückgang des Krills mit einem Rückgang im Bestand der Pinguine einhergeht.[26] Man mag sich die Folgen gar nicht ausmalen, wenn, aus welchen Gründen auch immer, die Krill-Bestände langfristig erheblichen Schaden nehmen würden.

Doch die Menschen setzen dem Krill weiter zu. Eine fortschreitende Meereserwärmung und der weitere Rückzug des Meereises könnten dem Krill ernsthaft schaden. Wie auch die zunehmende Versauerung der Ozeane den Krill-Beständen gefährlich werden kann. Erschwerend kommt noch hinzu, dass beide, die Erwärmung und die Versauerung, gleichzeitig stattfinden. Die Arktis ist davon ganz besonders betroffen, weil gerade hier sowohl die Erwärmung als auch die Versauerung schneller voranschreiten als in den anderen Meeresregionen. Ein riesiges Ökosystem schwebt in großer Gefahr, an dessen Spitze der Eisbär steht.

Unendliche Kommunikation
Die Meeresströmungen

Jetzt wollen wir uns mit den Ursachen der Meeresströmungen beschäftigen und mit ihrer dreidimensionalen räumlichen Struktur. Die Meeresströmungen sind für so viele verschiedene Aspekte auf unserem Planeten wichtig, natürlich auch für das Leben in den Ozeanen, das sich auf die Bewegungen im Meer perfekt angepasst hat. Die Wassermassen bewegen sich in allen Schichten der Ozeane, an der Oberfläche wie auch in der Tiefsee, horizontal und vertikal. Ein riesiges Spektrum von Bewegungen findet in den Meeren statt mit sehr unterschiedlichen Skalen, darunter kleinräumige, mit dem Auge gerade noch wahrnehmbare Turbulenzen bis hin zu einer alle Meeresbecken umfassenden, dreidimensionalen globalen Zirkulation. Die Strömungen vermischen Substanzen und transportieren Stoffe, teilweise über sehr große Entfernungen von vielen tausend Kilometern. Das können Materialien sein wie Plastik oder Gase oder auch Verunreinigungen wie Öl oder Radioaktivität. Es kann sich auch um Eisberge handeln, die auf dem Wasser so lange dahindriften, bis sie geschmolzen sind. Den Untergang der Titanic kennen Sie alle. Der Luxusliner war vor Neufundland mit einem Eisberg kollidiert, der wahrscheinlich vom grönländischen Jakobshavn-Gletscher stammte und mit dem Labradorstrom nach Süden schwamm. Sind die transportierten „Güter" langlebig genug, reisen sie mit den Strömungen sogar um die ganze Welt und durch alle Meeresschichten. Zahlreiche Tierarten nutzen die Meeresströmungen als Transportmittel, wie zum Beispiel die Europäischen Aale den Golfstrom und seine Ausläufer auf ihren Wanderungen von der Sargassosee in der Nähe der Bahamas in die europäischen Habitate. Die Meere sind der Inbegriff der Telekommunikation. Das erklärt die überragende Rolle der Ozeane im Erdsystem. Und genau deswegen wollen wir uns an dieser Stelle ausführlich mit den Meeresströmungen befassen.

Die Bedeutung der Ozeanzirkulation für das Klima ist hinlänglich bekannt. So befördern die Meeresströmungen gewaltige Wärmemengen aus den Tropen polwärts. Der allseits bekannte Golfstrom und seine Ausläufer befördern im Atlantik riesige Wärmemengen nach Norden. Allein dieser Wärmetransport liegt in der Größenordnung von ungefähr einer Milliarde Megawatt, das sind ca. 300 Millionen Kilowattstunden pro Sekunde. Wenn das warme Wasser in den gemäßigten Breiten auf die kalten Wassermassen aus den Polarregionen trifft, werden die Temperaturunterschiede so stark, dass die darüberliegende Luft es nicht mehr „ertragen" kann. Die Luftströmungen verwirbeln, was sich dort in der regelmäßigen Entwicklung von Tiefdruckgebieten äußert. Die Wissenschaft spricht bei diesem Phänomen von „barokliner Instabilität".[27] Dieser Prozess findet beispielsweise im Nordwestatlantik statt, einem Gebiet, das man deswegen des Öfteren auch als die Wetterküche Deutschlands bezeichnet, oder auch im Nordwestpazifik. Insofern bestimmen die Ozeane das Wetter auf den Landregionen selbst dann noch, wenn die für das Wettergeschehen relevanten Meeresregionen viele Tausend Kilometer entfernt liegen. Übrigens: Die Tiefdruckgebiete vermögen Wärme sehr effektiv in Nord-Süd-Richtung umzuverteilen und dadurch Temperaturgegensätze zu glätten. Das ist ihre Existenzberechtigung.

Auch die Ozeanströmungen wie der Golfstrom und seine Verlängerung, der Nordatlantikstrom, verwirbeln und weisen oftmals Mäander auf, die sich sogar von der Hauptströmung abnabeln und eigenständige Ringe bilden können. Diese rotierenden Wirbel, auch Eddies genannt, sind allerdings sehr viel kleiner als die Tiefs in der Atmosphäre und besitzen einen Durchmesser von nur einigen zehn Kilometern. Trotzdem kann man die Ringe problemlos von Satelliten aus „sehen", wenn man in dem von der Temperatur bestimmten nicht sichtbaren, infraroten Teil des elektromagnetischen Spektrums misst, weil die Eddies mit charakteristischen Temperaturmustern eingehen. Die kleinen Wirbel sind der Grund dafür, dass der Golfstrom und seine Ausläufer in einer Momentaufnahme ziemlich chaotisch aussehen. Die Eddies sehen wir in vielen Gebieten der Ozeane. Deren Anwesenheit ist der Normalfall. Nur wenn man die Messdaten über längere Zeiträume mittelt, treten die Meeresströmungen als mehr oder weniger geordnete Strukturen in Erscheinung, so wie wir es aus Atlanten oder von Globussen her kennen. Die Eddies besitzen auch eine Rückwirkung auf die großräumige Ozeanzirkulation und stabilisieren diese. Heutige Klimamodelle beginnen, die Wirbel in ihre Ozeankomponenten aufzulösen, weil die Computer inzwischen so leistungsfähig sind, dass man solche kleinräumigen Strukturen darstellen kann.

Die einzelnen Ozeane sind sehr gut miteinander vernetzt. Kommunikation ist in den Meeren wie schon erwähnt die Regel. Die Strömungen bringen Informationen von einem Ort zum anderen, was aber viele Jahre oder noch länger dauern kann, wenn die Orte weit voneinander entfernt liegen. Das kennen wir ja schon von der Flaschenpost, die Jahrzehnte lang in den Meeren unterwegs sein und Tausende von Kilometern zurücklegen kann, bevor sie jemand findet. Der Informationsaustausch kann also über große Entfernungen von Küste zu Küste erfolgen oder auch zwischen der Meeresoberfläche und dem Meeresboden. Vielleicht kennen Sie die inzwischen legendäre Geschichte der quietschenden Plastikentchen, die viele Jahre lang mit den Meeresströmungen rund um die Ozeane reisten und immer noch reisen. Das unter griechischer Flagge fahrende Containerschiff Ever Laurel geriet am 10. Januar 1992 im Pazifischen Ozean auf dem Weg von Hongkong nach Tacoma im US-Bundesstaat Washington in einen schweren Sturm. Im Nordpazifik in der Nähe der Datumsgrenze verlor es drei seiner Container. Dadurch wurden ungefähr 29 000 Spielzeugtiere aus Plastik ins Meer gespült, darunter gelbe Enten, grüne Frösche und blaue Schildkröten. Man bezeichnet dieses ganz spezielle Treibgut hin und wieder auch als die „Friendly Floatees", auf Deutsch: die freundlichen Treibteilchen.

Das ins Meer gefallene Plastikspielzeug erregte die Aufmerksamkeit des US-amerikanischen Ozeanforschers Curtis Ebbesmeyer, einem der Pioniere in Sachen Plastikmüll in den Ozeanen.[28] Er griff das Thema Plastikmüll im Meer schon sehr früh auf, viele Jahre bevor es in Deutschland ins Bewusstsein der Öffentlichkeit drang. Ebbesmeyer gründete ein Netzwerk von Freiwilligen, die über angespültes Treibgut und andere Verschmutzungen an den Küsten berichten. Er verfolgte auch schon Chargen von Turnschuhen und Eis-

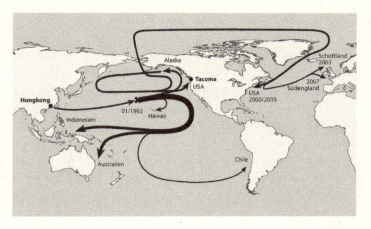

Die Wege der Plastikspielzeuge durch die Meere, die das Frachtschiff Ever Laurel im Januar 1992 auf dem Weg von Hongkong nach Tacoma (Washington, USA) in einem schweren Sturm verlor.
Quelle: CC BY-SA 3.0, NordNordWest.

hockeyhandschuhen, die, wie die Plastiktiere, in Containern verpackt ins Meer fielen. Weil die Container dabei zerbarsten, durften die Gegenstände Freundschaft mit dem Meer schließen. Es waren aber die Kunststoffspielzeuge, die Ebbesmeyer weltweit berühmt werden ließen. Er führte außerdem Simulationen mit Computermodellen durch, um den Weg des Spielzeugs nachzuvollziehen und wo es an Land gespült werden würde. Ebbesmeyer konnte auf diesem Wege die Güte der Ozeanmodelle überprüfen.

Die Ergebnisse zeigten, dass die Rechenmodelle tatsächlich in der Lage waren, die Hauptrouten der Plastiktiere vorherzusagen. Ebbesmeyer sagte einmal, dass er jedes Hilfsmittel nutzen möchte, um den Weg der Meeresströmungen zu untersuchen. Dazu gehören Satellitenaufnahmen, Messdaten von Bojen und auch das, was immer wieder von Schiffen ins Meer gelangt.[29] Den Nachforschungen von Ebbesmeyer zufolge erreichten viele Plastiktiere Australien und Indonesien, einige sogar Chile. Sie folgten damit den bekannten Strömungen des Pazifiks. Im Nordpazifik selbst gibt es den gegen den Uhrzeigersinn rotierenden mächtigen Subpolarwirbel[30], der zwei bis drei Jahre für einen Umlauf benötigt. Südlich davon finden wir den im Uhrzeigersinn drehenden riesigen Subtropenwirbel. Zwischen den beiden großen Stromsystemen bewegten sich die Plastiktiere zunächst nach Osten und dann im weiteren Verlauf der Reise mit dem Subpolarwirbel nach Norden. Die ersten Plastikspielzeuge erreichten bereits nach sieben Monaten die Küste Alaskas. Im Jahr 1995 drifteten die Badewannenutensilien vom Beringmeer durch die Beringstraße ins Nordpolarmeer. Die freundlichen Treibteilchen passierten danach erwartungsgemäß die Ostküste Grönlands, und in den frühen 2000er-Jahren gab es Funde in den US-Bundesstaaten Maine und Massachusetts. Auf den Hebriden, einer Inselgruppe vor der Nordwestküste Schottlands, hat man 2003 einen Plastikfrosch willkommen heißen dürfen. Anderthalb Jahrzehnte nach dem Verlust der Container im Nordpazifik, im August 2007, kam die Meldung der Ankunft einer der Enten an einem Strand in der südenglischen Grafschaft Devon, rund 27 000 Kilometer vom Ursprungsort entfernt.

Diese ganz spezielle Reiseerzählung verleitet uns durchaus zum Schmunzeln. Doch auch Schadstoffe wie radioaktive Substanzen mit einer sehr langen Halbwertszeit von vielen Jahrtausendenden können diese Route nehmen. Zur Reaktorkatastrophe von Fukushima und der Einleitung verstrahlten Wassers in den Nordpazifik werden wir weiter unten noch kommen, wenn wir uns ansehen, wie sich die Radioaktivität entsprechend unserer Berechnungen am GEOMAR in den nächsten Jahren weiter ausbreiten könnte.

Lassen Sie uns an dieser Stelle noch etwas tiefgehender in das Feld der Meeresströmungen einsteigen. Sie vermischen schließlich nicht nur Eigenschaften oder befördern Substanzen und Gegenstände. Die Meeresströmungen selbst können sich auch ändern. Und das tun sie pausenlos auf natürlichem Wege, mal schnell von Monat zu Monat oder ganz langsam von Jahrhundert zu Jahrhundert, aber sie tun es innerhalb bestimmter Grenzen. Und darauf ist das Leben auf der Erde angepasst, sprich an die gegenwärtigen Strömungsmuster und deren Schwankungsbreite. Ändert sich jedoch die Struktur der Ozeanzirkulation infolge menschlicher Aktivität grundlegend, und das auch noch sehr schnell, innerhalb von einigen wenigen Jahren oder Jahrzehnten, kann dies schwerwiegende Folgen haben: für das Klima, aber auch für die Meereschemie, das Leben in den Ozeanen und auf der Erde insgesamt. Und selbst eine nur regional begrenzte Änderung einer Meeresströmung könnte verheerende Auswirkungen nach sich ziehen. Wie zum Beispiel die Ausdehnung einer Sauerstoffminimumzone[31] in einer bestimmten Meeresregion, also eines lebensfeindlichen Gebietes mit extremer Sauerstoffarmut, die wir typischerweise in Tiefen von einigen hundert Metern finden. Diese Regionen sind so etwas wie die Todeszonen in den Meeren. Sie machen zwar nur 0,1 Prozent des gesamten Ozeanvolumens aus, bei einem Gesamtvolumen von gut 1,3 Milliarden Kubikkilometer ist das aber schon ein beträchtlicher Raum. Höhere Organismen meiden diese Gebiete, die hauptsächlich in den tropischen Ozeanen vorkommen. Eine radikale Änderung der Strömungsmuster könnte zu einer Ausweitung der Sauerstoffminimumzonen führen, mit unkalkulierbaren Risiken für die Meeresökosysteme: falls nämlich die Sauerstoffversorgung durch die Strömungen in den Nachbarregionen der heutigen Todeszonen oder in anderen Gebieten auch ausbliebe und sich die bestehenden Sauerstoffminimumzonen weiter ausdehnten oder ganz neue Todeszonen entstünden. Um solche Effekte besser verstehen zu können, müssen wir uns zu allererst damit auseinandersetzen, wie die Meeresströmungen überhaupt funktionieren.

Die Meeresströmungen, auch die in der Tiefe, werden hauptsächlich von der Oberfläche her angetrieben: einerseits durch die Reibung der Winde, die sogenannte Windschubspannung, ein zugegebenermaßen grässlicher Ausdruck, den sich die Wissenschaftler da ausgedacht haben. Hierbei handelt es sich um relativ flache Strömungssysteme, die die Winde entstehen lassen. Andererseits treibt die Atmosphäre die Meeresströmungen in größeren Tiefen durch den Austausch von Wärme und Süßwasser an, der den oberflächennahen Meeresschichten Temperatur- und Salzgehaltsänderungen und damit Dichteänderungen aufprägt.[32] Das erzeugt Vertikalbewegungen im Ozean, die bis in große Tiefen reichen können. Dieses Prinzip ist uns aus der Atmosphäre bekannt. Sie alle wissen, dass warme Luft dazu neigt aufzusteigen. Das tut sie, weil sie eine geringere Dichte als die darüberliegende kalte Luft hat. Eine Erwärmung des Meerwassers, erhöhter Niederschlag oder eine schwächere Verdunstung zum Beispiel lassen die Dichte des Meerwassers sinken; eine Abkühlung, geringerer Niederschlag oder eine stärkere Verdunstung lassen die Dichte steigen. Die Dichteänderungen führen zu Druckunterschieden in der

Wassersäule, und diese führen schließlich zu Ausgleichsbewegungen in den Ozeanen, die wir kollektiv als die Thermohaline Zirkulation bezeichnen. Die Tiefenzirkulation ist Teil dieses dichtegetriebenen Strömungssystems. Eine strikte Trennung in eine rein windgetriebene und eine rein dichtegetriebene Ozeanzirkulation ist aus wissenschaftlicher Sicht nicht möglich, weil sich die beiden Stromsysteme gegenseitig beeinflussen. Trotzdem macht eine solche Trennung konzeptuell einen gewissen Sinn, und deswegen wollen wir hier so verfahren.

Beschäftigen wir uns zunächst etwas näher mit der windgetriebenen Ozeanzirkulation. Die von den Winden verursachten Stromsysteme sind hauptsächlich horizontal und u. a. als riesige, beckenweite Wirbel in den verschiedenen Meeresgebieten zu beobachten. Die gigantischen Wirbel mit Ausmaßen von Tausenden von Kilometern, im Englischen Gyre genannt, erstrecken sich hauptsächlich auf die oberen 1000 Meter der Ozeane. Man unterscheidet je nach geographischer Lage subtropische und subpolare Wirbel, wobei diese einen unterschiedlichen Drehsinn haben. Subtropische Wirbel drehen sich auf der Nordhalbkugel im Uhrzeigersinn, die subpolaren Wirbel gegen den Uhrzeigersinn. Auf der Südhalbkugel sind die Verhältnisse umgekehrt. Eine traurige Berühmtheit hat inzwischen der Subtropenwirbel im Nordpazifik erlangt. In seinem Inneren sammelt sich eine riesige Menge Plastikmüll. Das hat ihm den Beinamen „Great Pacific Garbage Patch" eingebracht, auf Deutsch: großer pazifischer Müllfleck. Zwischen dem subtropischen und subpolaren Wirbel sind die Strömungen besonders stark, und diese haben die oben erwähnten Quietschentchen genutzt, um im Nordpazifik schnell nach Osten voranzukommen. Überhaupt, der von Curtis Ebbesmeyer dokumentierte Weg des Plastikspielzeugs zeichnet ziemlich gut die windgetriebene Ozeanzirkulation nach. Auf den Plastikmüll werden wir weiter unten noch genauer zu sprechen kommen, denn er wird zusehends zu einem Problem für das Leben in den Ozeanen und damit auf lange Sicht auch für den Menschen.

Ein anderes interessantes Charakteristikum der beckenweiten Wirbel sind die schmalen und starken Strömungen längs der westlichen Ränder der Ozeane[33], während die Strömungen an den östlichen Rändern eher breit und schwach sind, ein Phänomen, das unter dem englischen Ausdruck „Westward Intensification" in der Dynamischen Ozeanographie bekannt ist, auf Deutsch: westwärtige Verstärkung. Die westlichen Randströme wie der Floridastrom, der Teil des Golfstromsystems ist, besitzen Geschwindigkeiten im Bereich von typischerweise einem bis zwei Metern pro Sekunde, das entspricht ungefähr vier bis sieben Kilometern pro Stunde. Ein Fußgänger hätte da schon große Schwierigkeiten, Schritt zu halten. Die westlichen Randströme sind wegen ihrer außerordentlichen Stärke in der Lage, eine dort eingebrachte Verschmutzung rasch in Strömungsrichtung zu verteilen. Die Strömungen an den westlichen Rändern der Subtropenwirbel sind außerdem besonders warm, weil sie große Wärmemengen aus den tropischen Meeren mit sich führen. Ein weiteres Beispiel auf der Nordhalbkugel für einen warmen westlichen Randstrom ist der Kuroshio im Nordwestpazifik. Auf ihn werden wir noch zu sprechen kommen, wenn wir uns mit der Ausbreitung des radioaktiv verseuchten Wassers beschäftigen werden, das nach der Nuklearkatastrophe von Fukushima in den Pazifik geflossen ist. Der Brasilstrom vor der Ostküste Südamerikas und der Agulhasstrom im südwestlichen Indischen Ozean vor der Ostküste des südlichen Afrikas sind zwei Beispiele auf der Südhalbkugel. Die westlichen Randströme der subpolaren Wirbel sind dagegen kalte Strömungen, wie zum Beispiel der Labradorstrom im Nordatlantik. Der führt u. a. Eisberge nach Süden, die vom grönländischen Eispanzer abbrechen. Die eisige Fracht des Labradorstroms wurde, wie schon erwähnt, der Titanic zum Verhängnis, die nach einer Kollision mit einem Eisberg sank, obwohl das Schiff damals als unsinkbar galt.

Ändern sich die Winde großflächig, ändern sich die beckenweiten Wirbel und ihre Strömungen. Mit den Strömungen ändern sich dann auch die Wärmetransporte, und das wiederum kann zu Klimaänderungen auf den angrenzenden Kontinenten führen. Die beckenweiten Wirbel reagieren auf die hauptsächlich chaotischen Schwankungen der Winde recht langsam, innerhalb von Jahren und Jahrzehnten, und das sind entsprechend die Zeiträume, in denen die Schwankungen der Wirbel für Klimaänderungen auf den angrenzenden Landregionen verantwortlich zeichnen. Prominentes Beispiel hierfür sind langperiodische Niederschlagsänderungen im Südwesten der USA, die eng mit den Strömungsänderungen und den daraus resultierenden Änderungen der Meeresoberflächentemperatur im Nordpazifik in Zusammenhang stehen. Die dekadischen Änderungen in den Strömungsmustern besitzen daneben einen Einfluss auf die Ökosysteme in bestimmten Küstenregionen und die dortige biologische Produktivität. Mein Kollege Nathan J. Mantua von der University of Washington in Seattle hat gezeigt, dass die Änderungen in der Meeresökologie wiederum die Fischpopulationen beeinflussen. So wie vor der Küste Alaskas, was mit erheblichen Schwankungen im Fang des dort heimischen Lachses einhergeht.[34] Die langsamen Änderungen der windgetriebenen Ozeanzirkulation im Pazifik sind Teil der Pazifischen Dekadischen Oszillation (PDO). Die PDO ist ein Phänomen, das den gesamten Pazifischen Ozean umfasst, auch den Teil auf der Südhalbkugel, und es beeinflusst deswegen sogar die global gemittelte Oberflächentemperatur der Erde. Die PDO war mit für die Stagnation der Erderwärmung verantwortlich, die es vor ein paar Jahren noch gegeben hatte. Seit 1998 stieg die mittlere Erdoberflächentemperatur kaum noch, bevor 2014 ein neuer klarer Rekord gemessen wurde und 2015 und 2016 dieser Höchstwert abermals übertroffen wurde. Das erstaunt einen Klimaforscher wie mich allerdings in keiner Weise, weil ich um die Rolle der Meere weiß. Die Erwärmungspause werde ich weiter unten noch einmal aufgreifen.

Das dichtegetriebene und weltumspannende Netz von Meeresströmungen nennt man in der Dynamischen Ozeanographie, ich habe es oben bereits erwähnt, die Thermohaline Zirkulation. Das ist schon wieder so ein schrecklicher Name. Besser gefällt mir da schon der Ausdruck Globale Umwälzbewegung. Hin und wieder, insbesondere in der Öffentlichkeit, spricht man auch von dem großen ozeanischen Förderband. Der amerikanische Geowissenschaftler Wallace S. – „Wally" – Broecker von der Columbia University hat diesen Begriff vor über einem Vierteljahrhundert geprägt.[35,36] In einem 1987 erschienenen Aufsatz beschrieb er die Thermohaline Zirkulation mithilfe einer groben Schemazeichnung und bezeichnete das dargestellte Stromsystem als „The Great Ocean Conveyor Belt", also als das große ozeanische Förderband. Das von Broecker skizzierte Förderband ist in gewisser Hinsicht die einfachste mögliche Darstellung der Thermohalinen Zirkulation, trifft sie doch den

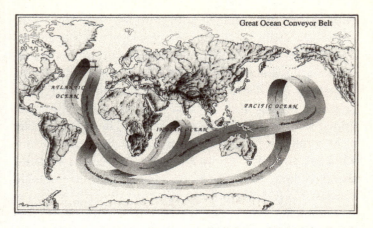

Das große Ozean-Förderband, so wie es „Wally" Broecker im Jahr 1987 in einer Schemazeichnung für eine Arbeit in dem Magazin „Natural History Magazine" entworfen hatte.

Kern der Sache ganz ausgezeichnet. Die Bezeichnung Förderband verweist einerseits auf die globale Natur der Zirkulation, die die Strömungen in den einzelnen Weltmeeren miteinander vernetzt. Der Ausdruck Förderband soll andererseits andeuten, dass die Thermohaline Zirkulation für die Verbindung zwischen den Strömungen im Oberflächenozean und denen in den tieferen Meeresschichten sorgt. Die Zeichnung haben wir an dieser Stelle reproduziert, weil sie so bahnbrechend für unser Verständnis der großräumigen Ozeanzirkulation gewesen ist.

Wally Broecker hat mir einmal erzählt, dass viele seiner damaligen Kollegen der Hypothese des Förderbands ob seiner einfachen Beschreibung der Thermohalinen Zirkulation zunächst ziemlich skeptisch gegenübergestanden haben. Nach und nach mussten sie allerdings einsehen, dass er doch irgendwie den Nagel auf den Kopf getroffen hatte. Nur konnten sie sich letztlich nicht dazu durchringen, den Namen Förderband in wissenschaftlichen Aufsätzen zu verwenden. Schließlich hat man den Namen Globale Umwälzbewegung eingeführt, und der hat sich dann in der wissenschaftlichen Literatur durchgesetzt. Broeckers Mimik und Stimmfall beim Erzählen der Geschichte kann ich Ihnen hier leider nicht vermitteln. Er legt durchaus ein gewisses schauspielerisches Talent an den Tag, wenn er seine damaligen Widersacher verhöhnt. Wally Broecker ist eben in jeder Hinsicht eine faszinierende Persönlichkeit.

Kommen wir nun zum nordatlantischen Teil des Förderbandes. Zwischen Grönland und Island, in der Dänemarkstraße, befindet sich unterhalb der Meeresoberfläche der größte Wasserfall der Erde. Dort stürzen pro Sekunde drei bis vier Millionen Kubikmeter abgekühltes Wasser, das sich weiter nördlich im Europäischen Nordmeer gebildet hat, aus 600 Metern bis zu 4000 Meter hinab in die Tiefe. Das ist ungefähr dreimal so viel Wasser, wie alle Flüsse der Welt zusammen führen, weswegen die Wasserfälle auf den Landregionen im Vergleich zu den Ozeanwasserfällen lächerlich klein wirken. Solch große Wasserfälle unterhalb der Meeresoberfläche findet man auch noch zwischen den Färöer Inseln und Schottland. Das im subpolaren Nordatlantik hinabstürzende Wasser vermischt sich mit dem der Umgebung und fließt nach Süden. Diese als Tiefenwasser bezeichnete Wassermassen treffen sich dann mit dem in der Labradorsee gebildeten Tiefenwasser, wo es in sogenannten Chimneys, auf Deutsch: Kamine, entsteht. Das sind Gebiete mit einem Durchmesser von etwa 50 bis 100 Kilometern, wobei das Absinken selbst in vielen kleinen Schächten erfolgt, die einen Durchmesser von typischerweise nur einem Kilometer besitzen. Infolgedessen erhöht sich das Volumen des Tiefenwassers weiter. Insgesamt verlassen in etwa drei bis vier Kilometern Tiefe sage und schreibe ca. achtzehn Millionen Kubikmeter kaltes Tiefenwasser den Nordatlantik südwärts. Dadurch entsteht eine enorme Sogwirkung, die in den oberen Meeresschichten warmes Wasser aus den Tropen nach Norden und in Richtung Nordeuropa zieht. Dieser atlantische Teil der Globalen Umwälzbewegung wird in der Öffentlichkeit des Öfteren als Golfstromzirkulation oder, wenn es nur um den warmen Ast in den oberen Schichten geht, als Golfstrom bezeichnet. Das ist eine aus wissenschaftlicher Sicht nicht ganz korrekte Ausdrucksweise, weil es schließlich auch einen durch die Winde verursachten Teil der Atlantikzirkulation in Form des subpolaren und subtropischen Wirbels gibt, an deren gemeinsamen Grenze der Golfstrom und sein Ausläufer der Nordatlantikstrom verlaufen.

Die Tatsache, dass es in der Öffentlichkeit überhaupt ein so großes Interesse an den Meeresströmungen im Atlantik gibt, hat damit zu tun, dass es infolge einer rasant fortschreitenden Klimaerwärmung zu einer radikalen Änderung der atlantischen Umwälzbewegung kommen könnte, bis hin zu einem Kollaps des Stromsystems. Selbst Hollywood hat sich schon dieses Themas angenommen. 2004 hat Starregisseur Roland Emmerich in seinem Film *The Day After Tomorrow* das Versiegen der atlantischen Umwälzbewegung thematisiert und eine Eiszeit über die Nordhalbkugel hineinbrechen lassen – innerhalb nur weniger Jahre. So funktioniert eben Hollywood, und man sollte nicht vergessen, dass es sich bei dem Katastrophenfilm nicht um eine Dokumentation handelt. Mein Kollege Stefan Rahmstorf vom Potsdam-Institut für Klimafolgenforschung hat den Film aus wissenschaftlicher Sicht bewertet und den Stand der aktuellen Forschung dargelegt.[37] Wissenschaftler sind sich weitgehend einig, dass ein schneller Kollaps der Umwälzbewegung so wie in Emmerichs Film kein glaubwürdiges Szenario für die nahe Zukunft ist. Verstehen wir die Dinge aber wirklich so gut, dass wir einen Kollaps in den kommenden Jahrzehnten ganz ausschließen können? Selbst wenn das der Fall sein sollte, gilt das dann auch für die etwas fernere Zukunft, sagen wir für die Zeit gegen Ende des Jahrhunderts?

Das langfristige Schicksal der atlantischen Umwälzbewegung ist immer noch Gegenstand kontroverser Diskussionen in der Wissenschaft. Vor kurzem habe ich mich während eines Besuchs in Southampton mit meinen englischen Kollegen ausgetauscht. Deren neuestes Erdsystemmodell scheint deutlich empfindlicher als die meisten anderen Modelle zu sein und simuliert bei vorgegebenen großen Schmelzwassereinträgen einen Zusammenbruch der atlantischen Umwälzbewegung noch in diesem Jahrhundert, wobei sie im Gegensatz zu vielen anderen Modellen für viele Jahrzehnte im sogenannten „Off Modus" bleibt und nicht wieder anspringt. Klar ist aber auf jeden Fall: Die atlantische Umwälzbewegung wird sich infolge der globalen Erwärmung in den kommenden Jahrzehnten abschwächen, da sind sich die Modelle weitgehend einig. Und selbst eine moderate Abschwächung kann schon ernsthafte klimatische und auch ökologische Folgen nach sich ziehen. Ich werde Ihnen weiter unten von Meeresschildkrötenbabys erzählen, die die Strömungen im Atlantik nutzen, um von Nordamerika zu den Azoren zu kommen, wo sie vor Fressfeinden sicher sind und in aller Ruhe heranwachsen können. Werden die Schildkrötenbabys auch dann noch die sicheren Gefilde erreichen können, wenn sich die Strömungen abschwächen, selbst wenn die Abnahme „nur" zwanzig Prozent betragen sollte?

Aber was macht das nordatlantische Stromsystem so speziell, und warum ist es deswegen so interessant für die Öffentlichkeit? Warum spricht eigentlich niemand vom Zusammenbruch der Ozeanzirkulation im Nordpazifik? Die Antwort liefert uns im Prinzip schon die obige Schemazeichnung von Wally Broecker: Es gibt praktisch keine Umwälzbewegung im Nordpazifik. Dort sind die Meeresströmungen hauptsächlich von den Winden verursacht. Theoretische Überlegungen legen aber nahe, dass sich die mittleren Winde in den gemäßigten Breiten wie auch in den Subtropen in der Zukunft nicht grundlegend ändern werden, selbst wenn sich die Erde weiter aufheizen sollte. Das zeigen auch übereinstimmend die Simulationen mit den Klimamodellen, wenn man sie mit mehr CO_2 „füttert". An dieser Stelle halten wir also fest, dass es auch weiterhin die persistenten Westwinde in den gemäßigten Breiten geben wird wie auch die stetigen Passatwinde in den Subtropen. Es sind diese beiden Windregime, die den subpolaren und subtropischen Wirbel im Pazifik antreiben, die die Hauptkomponenten der Meereszirkulation im Nordpazifik bilden.

Die Thermohaline Zirkulation ist mit der Bildung der verschiedenen, durch unterschiedliche Temperatur und Salzgehalt charakterisierten Wassermassen und deren Ausbreitung in der Tiefsee verknüpft. Je dichter das Wasser ist, umso tiefer schichtet es sich im Meer ein. Das ozeanische Förderband reicht in einigen Gegenden um die Antarktis herum sogar bis zum Meeresboden. Dort finden wir die Wassermassen mit der größten Dichte, das antarktische Bodenwasser. Die Globale Umwälzbewegung umfasst das gesamte Volumen des Ozeans und sorgt dafür, dass prinzipiell alle Meeresschichten mit der Atmosphäre in Wechselwirkung treten können. Das Salz spielt eine außerordentlich wichtige Rolle für die Thermohaline Zirkulation, was ihr Name ja bereits andeutet. In dem Adjektiv „thermohalin" stecken die beiden Attribute temperatur- und salzabhängig. Der Salzgehalt beträgt im Durchschnitt aller Meere 34,7 Promille. Der Atlantik besitzt allerdings im Vergleich zum Pazifik einen etwas höheren Salzgehalt, weil die vorherrschenden Winde das über dem Atlantik verdunstende Wasser in Richtung des Pazifiks wehen, wo es als Regen die Luft wieder verlässt. Dadurch würde der Salzgehalt im Atlantik tendenziell immer weiter steigen, der im Pazifik sich stetig verringern. Das verhindert jedoch die globale Ozeanzirkulation. Die Meeresströmungen sorgen dafür, dass es einen Zustand mit einem recht gleichbleibenden Salzgehaltsunterschied zwischen den beiden Ozeanen gibt, in dem sie das weniger salzige Wasser aus dem Pazifik langsam wieder in den salzigeren Atlantik befördern, zum Beispiel durch die Beringstraße, die den Nordpazifik mit dem Arktischen Ozean verbindet. Diesen Weg haben auch die von Curtis Ebbesmeyer dokumentierten Quietschentchen genommen, um über die Arktis in den Nordatlantik zu gelangen. Der höhere Salzgehalt des Atlantiks ist der wichtigste Grund dafür, dass es dort eine ausgeprägte, über den Äquator hinweg- und tiefreichende Umwälzbewegung gibt, im Pazifik jedoch so gut wie gar keine tiefreichende Meereszirkulation.

Wie ermöglicht nun ein hoher Salzgehalt eine Umwälzbewegung? Dazu ein paar einfache physikalische Sachverhalte. Das muss an dieser Stelle leider sein. Bekanntermaßen verringert Salz den Gefrierpunkt des Wassers, der für Süßwasser bei 0 °C liegt. Der Gefrierpunkt salzigen Meerwassers liegt etwas niedriger bei ca. −1,9 °C. Außerdem verschiebt sich bei einem Salzgehalt von 34,7 Promille die Temperatur des Dichtemaximums auf −3,8 °C und fällt damit unter den Gefrierpunkt. Zum Vergleich: Süßwasser besitzt die größte Dichte bei ca. +4 °C. Wegen des vorhandenen Salzes kann somit in den hohen Breiten bei Abkühlung des Wassers im Winter bis zum Einsetzen der Eisbildung das Phänomen der Tiefenkonvektion in den Meeren ablaufen: Sehr kaltes und dichtes und damit schweres Wasser fällt bis in große Tiefen von mehreren Kilometern, wärmeres und weniger dichtes Wasser aus der Tiefe steigt auf, gibt seinen Wärmeinhalt an die kalte Atmosphäre ab und sinkt erneut ab.

Die Tiefenkonvektion in den hohen Breiten der Ozeane ist neben den „Wasserfällen" ein weiterer wichtiger Motor für die Globale Umwälzbewegung. Das Absinken der Wassermassen findet vor allem in Teilen des polaren und subpolaren Nordatlantiks und um die Antarktis herum statt. Sollten sich in der Zukunft die polaren Meere weiter erwärmen oder sich ihr Salzgehalt etwa infolge der Eisschmelze empfindlich verringern, würde das tendenziell den Motor für die Umwälzbewegung ins Stottern bringen und zu einer Abschwächung der Tiefenzirkulation führen können. Das ist der wissenschaftliche Hintergrund für die öffentliche Diskussion über einen möglichen Zusammenbruch der atlantischen Umwälzbewegung, der sich selbst Hollywood angenommen hatte.

Entscheidend für die zukünftige atlantische Umwälzbewegung wird wohl sein, wie schnell sich der grönländische Eispanzer zurückziehen kann und wie viel Süßwasser in der Folge in den Nordatlantik fließen wird. Das ist eine völlig offene Frage, die wir heute nicht beantworten können. Ein

Beispiel für die komplexe Materie möchte ich hier anführen: Früher haben die hellen Eisflächen Grönlands ungefähr die Hälfte des auftreffenden Sonnenlichts reflektiert. Dieser kühlende, sogenannte Albedo-Effekt hat mit dazu beigetragen, das Eis vor der Erwärmung zu schützen. Das hat sich in jüngster Zeit grundlegend geändert. Dafür gibt es mehrere Gründe. Dass die Erwärmung der Arktis mehr Schmelzwasserpfützen auf dem Eis, mehr freiliegende Bodenflächen und eine Zunahme der Vegetation bewirkt, haben die Eisforscher durchaus erwartet. Diese drei Faktoren verringern alle das Reflexionsvermögen und lassen das Eis entlang der grönländischen Küsten schneller schmelzen. Zunächst unerklärlich war jedoch die Abnahme der Albedo fernab der Küsten. Dort ist der Eisschild mehr als zwei Kilometer dick, und bisher gibt es kaum Anzeichen für ein Tauen des Eises in diesen großen Höhen. Jason Box von der Ohio State University hat zusammen mit Kollegen dieses Problem näher untersucht und eine mögliche Antwort gefunden[38]: In den letzten Jahren hat sich offenbar die Art der Schneeflächen verändert. Die Erwärmung lässt vermehrt körnige Strukturen entstehen und den Schnee stärker zusammenklumpen. Diese Art von Schneedecke reflektiert das Sonnenlicht schlechter als eine frische Schneedecke und senkt damit die Albedo des Gletschers. Die Luftverschmutzung könnte das Reflexionsvermögen noch zusätzlich verringern und dadurch das Schrumpfen der Gletscher weiter beschleunigen, falls vermehrt feine Rußpartikel auf das Eis niedergehen sollten. Der grönländische Eispanzer steht auf der Kippe. Seit einigen Jahren messen die Wissenschaftler große Massenverluste, und das Eis fließt in einigen kritischen Gegenden auch immer schneller in Richtung des Meeres, so wie am Jakobshavn Isbræ, der in den Ilulissat Eisfjord kalbt.[39] Der Ausgang unseres gefährlichen Spiels mit dem Grönlandeis ist jedoch ungewiss und damit letztlich auch das Schicksal der atlantischen Umwälzbewegung. Wir spielen Vabanque mit ihr.

Wally Broeckers Motivation für die Beschäftigung mit der Thermohalinen Zirkulation in den 1980er-Jahren war die Suche nach einer Erklärung für die schnellen Klimawechsel während und nach der letzten Eiszeit, die ihren Höhepunkt vor ungefähr 20 000 Jahren erreichte. Damals lagen die global gemittelten Erdoberflächentemperaturen ungefähr 5 °C unter den heutigen. Eines der prominentesten Beispiele der damaligen abrupten Klimaänderungen ist die Jüngere Dryas vor ungefähr 12 000 Jahren[40], ein extrem schneller, etwa ein Jahrtausend lang währender Kälterückfall in den höheren und mittleren Breiten der Nordhalbkugel, nachdem das Klima eigentlich schon in die gegenwärtige Warmzeit, das Holozän, eingeschwenkt hatte. Dieses Ereignis ist auch unter dem Namen „Big Freeze" bekannt, zu Deutsch: der große Frost. Broecker argumentierte, dass der Zusammenbruch der atlantischen Umwälzbewegung die erneute Kältephase ausgelöst hatte, eine noch heute weitgehend gültige Theorie. Die Umwälzbewegung sorgt ja über das Befördern von Wärme aus den Tropen nach Norden maßgeblich für die recht milden Bedingungen im Nordatlantik und in Nordwesteuropa, was uns in Deutschland trotz unserer nördlichen Lage ein moderates Klima mit recht milden Wintern beschert. Ein Ausbleiben der Umwälzbewegung würde logischerweise zu einer massiven Abkühlung im nordatlantischen Raum führen können.

Wenn in der Öffentlichkeit vom Zusammenbruch des Golfstroms oder der Golfstromzirkulation als Folge der globalen Erwärmung die Rede ist, dann ist der Kollaps der Umwälzbewegung im Atlantik gemeint. An dieser Stelle sei noch einmal erwähnt, dass die Golfstromzirkulation sowohl einen windgetriebenen als auch einen thermohalinen, also dichtegetriebenen Anteil besitzt. Der dichtegetriebene Anteil, also der mit der Umwälzbewegung zusammenhängende Teil, liefert im Vergleich zum Wind aber in der Tat den weitaus größeren Beitrag zum Wärmetransport. Das wissen wir aus Experimenten mit unseren Klimamodellen. Wenn man den dichtegetriebenen Teil in den Modellen künstlich unterdrückt – etwa durch das Einleiten großer, sich aus dem grönländischen Eispanzer speisenden Mengen von Schmelzwasser –, kühlt sich der Nordatlantik südlich von Grönland um bis zu 10 °C ab, wobei sich auch noch die Oberflächentemperaturen bis weit nach Eurasien hinein um mehrere Grad Celsius verringern. Aus diesem Grund spiegeln sich starke Änderungen der atlantischen Umwälzbewegung auch in der über die gesamte Nordhalbkugel gemittelten Oberflächentemperatur wider. Das ist aber noch nicht die ganze Geschichte: Die Winde und Niederschläge auf den Kontinenten ändern sich ebenfalls in den Modellen infolge des Kollapses der Umwälzbewegung, wie etwa der Regen in der Sahelzone oder der Indische Sommermonsun.

Die obige Diskussion verdeutlicht einmal mehr, wie wichtig die Meeresströmungen, insbesondere auch die Tiefenströmungen, für das Klima auf den Landregionen sind. Um die regionalen Auswirkungen der globalen Erwärmung zu verstehen, müssen wir die Meeresströmungen begreifen. Das gilt übrigens auch für den Meeresspiegel, der sich ebenfalls in den Regionen ändert, in denen sich die Meeresströmungen ändern. Einen Fehler darf man allerdings bei der Abschätzung der Folgen nicht machen, wenn sich die atlantische Umwälzbewegung wegen der Erderwärmung tatsächlich abschwächen oder gar zusammenbrechen sollte. In diesem Fall müssen wir die schon gestiegenen Temperaturen gegenrechnen, die zur Änderung der Meereszirkulation geführt haben. Erwärmt sich beispielsweise der Nordatlantik durch den Anstieg der Treibhausgase um sagen wir 3 °C und würde sich diese Region durch die schwächer werdende Umwälzbewegung um den gleichen Betrag abkühlen, dann gäbe es am Ende gar keine Änderung der Temperatur im Nordatlantik. Das Verhalten der Meeresströmungen wird also ganz entscheidend das räumliche Muster der Erderwärmung und seiner Folgen mit bestimmen.

Wenn das Meerwasser aus den Oberflächenschichten in die Tiefe stürzt, führt das nicht nur zum Entstehen einer Umwälzbewegung. Das Wasser reißt auch die in ihm enthaltenen Gase mit nach unten und sorgt damit für ihren raschen Transport in die Tiefsee. Diese sehr eng begrenzten Gebiete in den höheren Breiten sind Meeresregionen, die so eine Art Expressfahrstühle von der Meeresoberfläche bis hinab in die Tiefsee bereitstellen. Deswegen sind diese Regionen auch genau diejenigen Meeresgebiete, in denen man den höchsten Gehalt der von den Menschen produzierten Treibhausgase findet. Ein Beispiel dafür ist das durch die Verbrennung der fossilen Brennstoffe in die Luft entweichende Kohlendioxid (CO_2). Im subpolaren Nordatlantik kann man das anthropogene CO_2 inzwischen schon bis in Tiefen von etwas über 3000 Metern nachweisen, viel tiefer als im Mittel aller Ozeane mit einer durchschnittlichen Eindringtiefe von nur etwa 1000 Metern.[41] Die schnelle Entfernung eines Teils des CO_2 aus der Luft durch die Globale Umwälzbewegung dämpft die Erderwärmung einerseits, weil dieser Teil des Gases dann nicht mehr in den Strahlungshaushalt der Atmosphäre eingreifen kann. Andererseits stresst aber die ozeanische CO_2-Aufnahme die marinen Ökosysteme durch die daraus entstehende Versauerung des Meerwassers, ein Prozess, der so lange weitergehen wird, wie die Menschen Kohlendioxid in die Luft blasen werden. Momentan nehmen die Ozeane ungefähr ein Viertel des CO_2 auf, das die Menschen in die Luft entlassen. Die Meeresversauerung ist bereits messbar und gibt Anlass zur Sorge. Deswegen werden wir uns noch eingehend dem Thema der Ozeanversauerung widmen.

Wissen ist Macht
Ozeanbeobachtungen

Die Meereserwärmung wie auch die -versauerung sind nur zwei Gründe, warum wir mehr über die Geschehnisse in den Ozeanen wissen müssen. Denn Wissen ist Macht und der Garant dafür, dass die Meeresforscher geeignete Schutzmaßnahmen entwickeln können, um zumindest einige nachteilige Folgen für die Meeresökosysteme abzumildern. Aber woher stammen eigentlich unsere Informationen über die Ozeane? Und welche Messungen sind notwendig, um den Zustand der Meere im Sinne eines Frühwarnsystems adäquat zu erfassen und belastbare Vorhersagen für die Zukunft treffen zu können? Welche Instrumente, Plattformen und Methoden stehen den Wissenschaftlern zur Verfügung? Diesen Fragen wollen wir uns jetzt zuwenden.

Beim Monitoring der Ozeane gibt es allerdings ein fundamentales Problem: Die Eigenschaften des Meerwassers wie etwa seine Temperatur, sein Salzanteil oder sein Sauerstoffgehalt sind sehr ungleich in den Ozeanen verteilt und zudem zeitlich extrem variabel. Das gilt auch für die Bewegungen im Meer, die unterschiedlicher in den verschiedenen Meeresregionen nicht sein könnten, mit der Tiefe stark variieren und sich ebenfalls pausenlos ändern. Und das trifft natürlich auch auf das Leben im Meer zu. Verschiedene Spezies konkurrieren miteinander. Die Populationen wachsen und schrumpfen unentwegt. Punktuelle und sporadische Messungen reichen aus diesem Grund nicht aus, um den physikalischen, chemischen und biologischen Zustand der Ozeane zu dokumentieren. Was wir benötigen, sind flächendeckende und kontinuierliche Informationen mit hoher Genauigkeit, und zwar aus allen Meeresschichten.

Die komplexen, dreidimensionalen Strömungsmuster der Ozeane beispielsweise sind ein zentraler Schlüsselfaktor für das Klima. So spielen die Änderungen der Ozeanzirkulation, ihre regionalen Einflüsse auf die Meeresoberflächentemperatur und Meereisbedeckung und deren Auswirkungen auf die Vorgänge in der Atmosphäre eine aktive Rolle bei Klimaschwankungen in Zeiträumen von Jahren, Jahrzehnten bis hin zu Jahrhunderten und selbst Jahrtausenden. Auf den noch längeren geologischen Zeitskalen gewinnen die ozeanischen Komponenten der biogeochemischen Kreisläufe, wie zum Beispiel der marine Kohlenstoffkreislauf, eine immer größere Bedeutung. Somit sind die Meere zum einen für das Verständnis der Klimabedingungen in der Erdgeschichte und zum anderen für die Vorhersage zukünftiger natürlicher und vor allem auch anthropogener Klimaänderungen von größter Bedeutung. Aber die Rolle der Meere im Erdsystem geht weit darüber hinaus. So sind die Ozeane auch ein wichtiger Rohstofflieferant für die Menschen, der sie zum Beispiel mit Nahrung versorgt.

Zum anderen unterliegen die Meere und ihre Ökosysteme dem zunehmenden Einfluss menschlicher Aktivitäten. Projektionen für die Zukunft im Sinne einer seriösen Risikoabschätzung hinsichtlich der zahlreichen menschlichen Eingriffe wie auch die Entwicklung von Vorsorgemaßnahmen erfordern ein umfassendes Verständnis der Verletzlichkeit einzelner Arten und der durch sie konstituierten Meeresökosysteme. Wie beim Thema Klima müssen wir auch bei den biologischen Fragen die Reaktion der biogeochemischen Kreisläufe verstehen, sowohl gegenüber natürlichen als auch den menschlichen Einflüssen. Das gilt im Besonderen für den Kohlenstoff- und den Stickstoffkreislauf, die beide einen großen Einfluss auf die im Meer verfügbaren Nährstoffe haben und damit für die Lebewelt im Ozean insgesamt von enormer Bedeutung sind. Wir müssen die Nahrungsketten verstehen und die Frage, welche Glieder am anfälligsten gegenüber bestimmten Störungen wie die zunehmende Verschmutzung der Meere durch Öl reagieren. Wir müssen vor allem das schwächste Glied in der Nahrungskette identifizieren, das, falls es ausfallen sollte, wie ein einzelner Dominostein ein ganzes Meeresökosystem zum Kippen bringen kann. Im Labor können die Wissenschaftler bestenfalls Vorstudien durchführen, die Untersuchungen im tatsächlichen Ozean unter realen Umweltbedingungen müssen folgen. Und dieser „Reality Check" hat schon so manches Mal die Schlussfolgerungen aus den Laborexperimenten auf den Kopf gestellt, denn Laborbedingungen sind immer ein Stück weit idealisierte Bedingungen. Schließlich benötigen wir unbedingt auch die direkten Beobachtungen der Meereslebewesen. Diese Informationen sind unerlässlich. Wie entwickeln sich die Populationen der verschiedenen Arten? Wo halten sich die

Meeresbewohner wann auf? Und für wie lange? Meeresschildkröten, Wale, Krebse oder Fische halten für die Forscher so manche Überraschung bereit. Das macht die Faszination der Ozeane aus. Von einigen Überraschungen werde ich Ihnen weiter unten erzählen.

Noch ist unser Wissen über die Ozeane ziemlich begrenzt. Zu viele Lücken gibt es bislang bei der Meeresbeobachtung. Und aus diesem Grund benötigen die Meereswissenschaftler dringend einen weiteren Ausbau der derzeit existierenden Ozeanbeobachtungssysteme, die den genannten Erfordernissen Rechnung tragen. Trotz des eklatanten Datenmangels konnten die Wissenschaftler während der letzten dreißig Jahre wichtige Einblicke in die Ozeane gewinnen. Eine überschaubare Zahl von Messungen gibt es eben doch, und wenn man alle Beobachtungen im Rahmen einer Synthese zusammenführt, ergibt sich schon ein gewisses Bild von den Vorgängen im Meer. Aber wir wissen immer noch viel zu wenig über das, was sich im Moment in den Ozeanen ereignet. Messungen vor Ort – und das an vielen Stellen – sind durch nichts zu ersetzen! Deswegen sollte man die Messungen da, wo sie schon heute erhoben werden, auf jeden Fall fortsetzen und weitere Beobachtungen vor allem in den bisher fast datenleeren Gebieten ermöglichen. Auch wenn die Gewinnung der Daten teuer ist. Es geht schließlich um unsere Zukunft, weswegen wir hier großzügig sein sollten. Denn die Beobachtungen sind die einzigen belastbaren Indikatoren für den Ozeanwandel. Viel zu kompliziert sind die Vorgänge in den Meeren, als dass man sie ohne weiteres vorausahnen könnte. Und dennoch, anhand der uns schon zur Verfügung stehenden Daten wissen wir inzwischen genug, um einen sorgsamen Umgang mit den Ozeanen anzumahnen. Die oben erwähnte

Weltkarte der Belastung der Meere durch den Menschen, die unter der Federführung von Benjamin Halpern entstanden ist, verdeutlicht diesen Sachverhalt nur zu deutlich und sollte uns allen eine Warnung sein. Auch uns Europäern, klassifiziert die Karte doch auch Teile der Nordsee als schon extrem belastet.

Ökosysteme können fast ohne jede Vorwarnung kippen, wenn man sie über eine lange Zeit belastet. Selbst wenn die externe Störung vermeintlich klein zu sein scheint. Aus diesem Grund müssen wir die längerfristigen Trends der Stressfaktoren erfassen, auch wenn sie für uns selbst nicht spürbar sind oder uns als unwichtig erscheinen. Und wir müssen unbedingt in Zusammenhängen denken. Ein Beispiel: Vielerorts verschwinden aus den Ozeanen die großen Fische. Das gilt auch für die großen Haie. Der inzwischen verstorbene Physiker, Mathematiker und Meeresbiologe Ramson A. Myers von der Dalhousie University in Halifax (Kanada) war eine Art Schutzpatron für die großen Haie und einer der passioniertesten Warner vor den Folgen der Überfischung. Myers und sein damaliger Student Peter Ward untersuchten zum Beispiel die Veränderungen im tropischen Pazifik vom Beginn der Industriefischerei in den 1950er-Jahren bis in die 1990er-Jahre hinein. Dazu werteten sie die Daten über unterschiedliche Hochseefische in einem über 15 000 Quadratkilometer großen Areal zwischen den Hawaii-Inseln und den von ihnen südwestlich gelegenen Fiji-Inseln aus.[42] Die im Jahr 2005 publizierten Ergebnisse der beiden Wissenschaftler waren erschreckend. Die Bestände der großen Raubfische hatten sich in dem Untersuchungsgebiet um fast neunzig Prozent verringert. Zudem wurden die Tiere auch immer kleiner. Blauhaie brachten in den 1950er-Jahren im Schnitt noch 52 Kilogramm auf die Waage. In den 1990er-Jahren waren es nur noch 22 Kilogramm gewesen. Ähnliches berichteten die beiden Forscher auch über den Schwarzen Marlin, eine Schwertfischart. Die Biomasse großer Raubfische war in dem untersuchten Vierzig-Jahres-Zeitraum auf ein Zehntel des Ausgangswertes gesunken. Dem gegenüber war die Häufigkeit vormals kleiner und seltener Fische deutlich angestiegen, was aber den Verlust an Biomasse nicht wettmachen konnte. Natürlich war die Datenbasis alles andere als gut. Trotzdem schlussfolgerten Ward und Myers, dass die Überfischung der Hauptgrund für den Rückgang der großen Räuber gewesen war.

Myers hat mit anderen Kollegen auch die Auswirkungen des Schwunds der großen Haie im küstennahen Nordwestatlantik untersucht und einen Zusammenhang mit den Rückgängen in der Muschelfischerei hergestellt.[43] Weniger große Haie bedeutet, so ihre Schlussfolgerung, dass ihre Beute, die kleinen Hai- und Rochenarten, sich explosionsartig vermehren können und massenweise Muscheln fressen, was schließlich zu den empfindlichen Einbußen in der kommerziellen Muschelfischerei geführt hat. Auch in einigen japanischen Küstengewässern ist das zu beobachten. So vollzieht sich, ausgelöst durch die Ausrottung der großen Haie, eine dramatische Verschiebung im Ökosystem der Ozeane. Die Studie über die Dezimierung der großen Haie und deren Auswirkungen auf die Muschelfischerei ist ein Beispiel dafür, welch unerwartete Folgen menschliche Eingriffe in marine Ökosysteme nach sich ziehen können. Ohne die finanziellen Einbußen der Muschelfischer hätte man diese Verschiebung im Ökosystem vermutlich erst sehr viel später bemerkt.

Wir müssen also alle Informationen zusammenführen, die naturwissenschaftlichen und die sozio-ökonomischen, um den Ozeanwandel so gut wie möglich zu dokumentieren. Das erfordert eine transdisziplinäre Zusammenarbeit der verschiedenen Forschungsfelder. Nur dann wird sich das ganze Bild über den Zustand der Ozeane ergeben.

Vermutungen allein reichen nicht aus, um Maßnahmen zum Schutz der Meere von den Politikern einzufordern, seien die Hypothesen auch noch so plausibel und anhand von Daten entwickelt worden. Wir Wissenschaftler müssen die Veränderungen so genau wie möglich quantifizieren, damit man uns überhaupt Gehör schenkt. Sonst wird man selbst auf Fakten basierende Warnungen immer nur gebetsmühlenartig als reine Spekulation abtun. Es reicht nicht aus, dass es stichhaltige wissenschaftliche Argumente dafür gibt, bestimmte Aktivitäten besser frühzeitig zu unterlassen. Die Überfischung ist das Paradebeispiel für diesen Sachverhalt. Die berechtigten Forderungen der Wissenschaftler nach strikteren Fangquoten wurden in Europa so lange ignoriert, bis klar war, dass die Bestände kurz vor dem Zusammenbrechen stehen. Das ist zwar skandalös, aber so ist die Welt von heute nun einmal. Die Menschen werden die Natur so lange weiter überfordern, bis die Schäden einfach nicht mehr zu leugnen sind, natürliche Ursachen ausgeschlossen werden können und sie selbst unter den Folgen leiden.

Ich finde, dass es anders herum sein müsste. Man sollte die Beweislast umkehren. Wenn sich jemand der Natur im Allgemeinen und der Ozeane im Speziellen zu seinem Vorteil bedient, dann sollte dieser Jemand auch nachweisen müssen, dass seine Aktivitäten für die Umwelt unbedenklich sind. Im Kleinen ist das auch oftmals so. In Deutschland und vielen anderen Ländern gibt es die obligatorische Umweltverträglichkeitsprüfung, die vor der Durchführung von Vorhaben steht. Wenn es aber um Projekte in internationalen Gewässern geht oder um Aktivitäten auf globaler Skala, dann versagt das internationale Regelwerk. Alles scheint erlaubt zu sein. Niemand schaut mehr hin oder hat die Macht, die brachialen Eingriffe in die Umwelt zu unterbinden.

Neben der Neugier der Wissenschaftler ist die Dokumentation der Auswirkungen der menschlichen Aktivitäten auf die Ozeane, speziell auf die Meeresökosysteme, ein sehr gewichtiger Grund für den Ausbau der globalen Beobachtungssysteme. Eine ganze Reihe historischer Messungen aus den Ozeanen haben wir durch die zahlreichen Expeditionen mit Forschungsschiffen gewonnen. So stellen sich viele Menschen die Meeresforschung vor. Was aber kaum jemandem bekannt ist: Eine Vielzahl von Beobachtungen haben auch von Handelsschiffen aus stattgefunden, auf denen die Besatzungen oder mitreisende Meerestechniker die ihnen von den nationalen Ozeanorganisationen zur Verfügung gestellten Geräte ausgebracht haben und immer noch ausbringen. Diese Messungen haben uns Wissenschaftlern seit Jahrzehnten die zeitliche Entwicklung der Temperatur oder des Salzgehalts aus dem oberen Kilometer der Meere und auch der marinen Meteorologie entlang der Routen der Handelsschiffe geliefert.[44] Heute handelt es sich um eine Flotte von etwa fünfzig Handelsschiffen aus über zwei Dutzend Ländern, die mindestens viermal pro Jahr auf ihren Reisen Messungen durchführen. Die Erhebungen von Daten mithilfe der Handelsschiffe sind die wichtigsten instrumentellen Langzeitbeobachtungen, die uns als Meeresforscher für die letzten Jahrzehnte zur Verfügung stehen. Und auch in Zukunft werden die Handelsschiffe ein fester Bestandteil des globalen Ozeanbeobachtungssystems sein, liefern sie doch entlang ihrer Schifffahrtswege in regelmäßigen Abständen wichtige Informationen aus den verschiedenen Ozeanbecken. Wir haben es im Wesentlichen diesen freiwilligen Messungen von Bord der Handelsschiffe aus zu verdanken, dass wir inzwischen wissen, dass sich die Eigenschaften der Ozeane während der letzten Jahrzehnte dramatisch geändert haben. Die bis in viele hundert Meter Tiefe reichende Erwärmung ist ein Beispiel, die zunehmende Meeresversauerung in allen Ozeanen ein anderes.

Einige Jahrzehnte sind jedoch immer noch recht kurz, um den Einfluss des Menschen auf die Meere bewerten zu können. Länger zurückreichende Reihen bekommen die Wissenschaftler mithilfe von sogenannten Proxy-Daten. Meeressedimente oder auch Korallen zum Beispiel können wir als Klimaarchive nutzen. So geben die in Meeressedimenten archivierten Kleinstlebewesen Aufschluss über die Wassertemperatur zu ihren Lebzeiten und erlauben Klimarekonstruktionen über viele Jahrtausende. Mein Kieler Kollege und Korallenspezialist Steffen Hetzinger hat zusammen mit Miriam Pfeiffer aus Aachen und anderen Kollegen, darunter auch ich, die Hurrikan-Aktivität in der Karibik seit 1920 rekonstruiert.[45] Die instrumentellen Messungen der Hurrikane sind erst nach dem Zweiten Weltkrieg einigermaßen belastbar. Durch die Analyse von Steinkorallen in der Karibik konnten wir den Zeitraum verlängern und einen recht langsamen, aber kontinuierlichen Anstieg der Hurrikan-Aktivität während fast des gesamten 20. Jahrhunderts nachweisen. Langlebige Steinkorallen in den Tropen sind aufgrund ihres von der Jahreszeit abhängigen Wachstums – ähnlich wie Bäume – hervorragende Umweltarchive. Während ihres Wachstums bauen die Korallen Spurenstoffe aus dem umgebenden Meerwasser in ihr Kalkskelett ein. Durch die Analyse sogenannter Isotopenverhältnisse[46] lassen sich aus dem Korallenkalk Informationen über die Wassertemperatur, aber auch über den Niederschlag gewinnen. Miriam Pfeiffer hat durch die Analyse von Korallen die Meeresoberflächentemperatur des tropischen Indischen Ozeans zurückverfolgen können, und das für den Zeitraum seit 1840. Ihre Forschungsarbeiten haben mit dazu beigetragen, systematische Fehler in der Entwicklung der global gemittelten Meeresoberflächentemperatur als Folge der spärlichen Abdeckung mit Thermometermessungen vor Beginn der flächendeckenden Satellitenbeobachtungen zu identifizieren und nachträglich zu korrigieren.

Eine Reihe von weiteren Messsystemen ergänzt heutzutage die schiffsbasierten Beobachtungen. Inzwischen existiert tatsächlich so etwas wie ein globales Ozeanbeobachtungssystem[47], das seinen Namen auch verdient, zumindest für einige Parameter. Da gibt es zunächst einmal Tausende von Treib- oder Driftbojen[48], von uns Wissenschaftlern einfach nur Drifter genannt. Diese fünfzehn Meter tief in die Wassersäule reichenden Plattformen sind in gewisser Weise eine moderne Ausführung der Flaschenpost. Wie ihr Name bereits verrät, treiben sie passiv mit den Strömungen. Satelliten verfolgen die Driftbojen auf ihrer Reise durch die Ozeane, wodurch die Forscher in den Besitz der Oberflächenströmungen und der Meeresoberflächentemperaturen wie auch des Luftdrucks kommen, die die Geräte gleich mit messen.

Darüber hinaus schwimmen auch noch Tausende von profilierenden Driftbojen in den Weltmeeren, die die Bedingungen in den oberen Ozeanschichten bis in 2000 Meter Tiefe erkunden. Das als Argo[49] bezeichnete und im Jahr 2000 begonnene internationale Programm ist ein Gemeinschaftsprojekt von Forschungseinrichtungen aus über dreißig Staaten, darunter auch Deutschland. Seine volle Ausbaustufe erreichte das Argo-Programm im November 2007. Am 30. März 2017 waren es genau 3974 Driftbojen, die mehr oder weniger gleich verteilt die Ozeane vermaßen. Die ca. 1,5 Meter langen Sonden messen die Meerestemperatur und liefern auch den Salzgehalt. Meistens befinden sich die Geräte weit unterhalb der Meeresoberfläche. Die Bojen sind so eingestellt, dass sie in bestimmten Tiefen mit der Strömung mitschwimmen. Durch Positionsangaben erhalten die Wissenschaftler dadurch auch Informationen über die tiefen Meeresströmungen. Die Driftbojen übertragen die gemessenen Daten per Satellit, wenn sie nach ihrer typischerweise zehn Tage langen Reise durch die Weiten der Meere an die Meeresoberfläche zurückkehren. Danach tauchen sie wieder ab. Manche Baureihen erfassen weitere Größen, wie zum Beispiel den Sauerstoffgehalt des Wassers oder biologische Parameter. Während des Auf- und Abtauchens der Instrumente bekommen die Forscher zudem Angaben über die vertikale Verteilung der gemessenen Größen. Die profilierenden Driftbojen sind wahre Energiesparmeister und können mit nur einer einzigen Batterieladung bis zu fünf Jahre lang in den Ozeanen unterwegs sein.

Durch das Argo-Programm werden wir Meeresforscher langsam in die Lage versetzt, den Weltozean in Gänze zu untersuchen, zumindest, was die physikalischen und einige wenige chemische und biologische Größen anbelangt. Das Argo-Projekt stellt einen Quantensprung in der Physikalischen Ozeanographie dar. Was uns allerdings noch dringend fehlt, sind profilierende Driftbojen, die auch unterhalb von 2000 Metern Tiefe messen. Dort spielen sich ebenfalls wichtige dy-

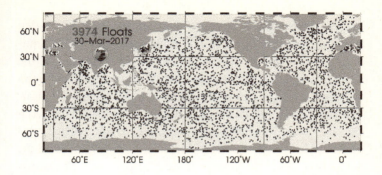

Argo ist ein internationales Programm zur Erforschung der Weltmeere. Es besteht aus vielen einzelnen profilierenden Driftbojen, die Messungen aus den oberen zwei Kilometern des Ozeans praktisch in Echtzeit liefern. Am 30. März 2017 waren es insgesamt 3974 Driftbojen. Quelle: www.argo.ucsd.edu/.

namische, chemische und biologische Vorgänge ab, die unser Klima beeinflussen oder auf anderem Wege unser Leben prägen. Deswegen wäre eine Ausdehnung der Argo-Messungen und der Beobachtungssysteme insgesamt über einen deutlich größeren Teil der Wassersäule bis hinab in eine Tiefe von etwa 6000 Metern und darüber hinaus auch in zeitweise mit Eis bedeckte Regionen hinein wünschenswert.

Die Daten des Argo-Programms sind übrigens im Internet nahezu in Echtzeit frei einsehbar. Eine inzwischen routinemäßige Anwendung der weltweiten Ozeanmessungen ist die kurzfristige Klimavorhersage. Das internationale Programm zur Meeresbeobachtung liefert den Klimawissenschaftlern kontinuierlich den aktuellen physikalischen Zustand der oberen zwei Kilometer des Ozeans, eine wichtige Voraussetzung für Klimavorhersagen über Zeiträume von einigen Monaten bis zu einigen wenigen Jahrzehnten. Denn das Gedächtnis des Klimasystems steckt hauptsächlich in den oberen Ozeanschichten, wenn man diese für uns Klimaforscher „kürzeren" Zeiträume betrachtet. Wir füttern die Klimamodelle mit den gemessenen Temperaturen und Salzgehalten, die aus diesen Informationen die Meeresströmungen berechnen und deren Änderungen vorhersagen wie auch die der Oberflächentemperaturen, der Niederschläge und vieler anderer Klimagrößen. Besonders gut funktioniert die kurzfristige Klimavorhersage in den Tropen, speziell im tropischen Pazifik, wo die Klimaphänomene El Niño und La Niña entstehen. Dabei handelt es sich um außergewöhnlich starke und mehrere Monate andauernde Änderungen der Meeresoberflächentemperatur um mehrere Grad Celsius, die das Weltklima ziemlich durcheinanderbringen können. Doch dazu weiter unten mehr.

Messdaten bekommen die Wissenschaftler außerdem auch noch von einigen Verankerungen[50], womit Messapparaturen gemeint sind, an denen sich selbstregistrierende Sensoren in unterschiedlichen Wassertiefen befinden, die aber an einem Ort fest verankert sind, was den Namen der Messsysteme erklärt. Die Sensoren sind meist an Stahl- oder Plastikseilen angebracht, die an einem am Meeresboden platzierten Gewicht befestigt sind. Damit das Seil nahezu senkrecht im Wasser steht, befestigt man Auftriebskugeln aus Glas oder Schaumstoff zwischen die Sensoren. Über dem Gewicht am Meeresboden befinden sich akustisch ansprechbare Auslöser, die am Ende der geplanten Auslegedauer auf Anforderung die Verbindung mit dem Grundgewicht trennen. Daraufhin steigen die Komponenten mit dem Seil an die Oberfläche und werden dann von einem Forschungsschiff aus eingesammelt. Auf diese Art und Weise betreiben wir am GEOMAR seit

1996 Strömungsmessungen in der Labradorsee.[51] Dort registrieren meine Kollegen aus der Arbeitsgruppe von Martin Visbeck und Peter Brandt in einem Array von Verankerungen die Geschwindigkeiten bis in Tiefen von mehreren Kilometern, u. a. um Aussagen über die Stabilität der atlantischen Umwälzbewegung zu bekommen und Informationen darüber, wie stark die Meeresströmungen von Monat zu Monat und von Jahr zu Jahr schwanken. Ein wichtiges Ergebnis dieser Messungen besteht darin, dass der tiefe Zweig der Umwälzbewegung im Moment jedenfalls keinen Trend zeigt, der auf eine nachhaltige Abschwächung der Atlantikzirkulation schließen ließe.

Ein Messfeld, bestehend aus Verankerungen, gibt es sogar über die gesamte Breite des tropischen Pazifiks, Beobachtungen, die für die Vorhersagen von El Niño- und La Niña-Ereignissen von größter Wichtigkeit sind und deren Erfolge erklären.

Dank der zahlreichen Messungen während der letzten Jahre wissen wir inzwischen, dass die Schwankungsbreite der Strömungen auf den kurzen Zeitskalen erheblich ist, und das selbst in großen Tiefen. Die Strömungsmessungen gerade aus den tiefen Schichten der Meere haben unser Weltbild über die Ozeanzirkulation revolutioniert. Dachte man noch vor einigen wenigen Jahrzehnten, dass in den tiefen Meeresschichten unterhalb des ersten Kilometers strömungsmäßig nicht sehr viel passiere und eine gewisse „Ruhe" herrsche, wissen wir heute, dass sich da unten die Wassermassen ziemlich schnell bewegen können und recht chaotisch sind. Das Magazin *Spektrum der Wissenschaft* hat in diesem Zusammenhang einmal von Wirbel in der Tiefsee gesprochen.[52] Dabei handelt es sich um ein Wortspiel, denkt man doch zunächst an so etwas wie Tumult oder Krawall. Der Ausdruck war aber wörtlich gemeint, denn meine Kieler Kollegen um Marcus Dengler und Friedrich Schott hatten 2004 tatsächlich rotierende Wirbel mit einem Durchmesser von etwa 300 Kilometern vor der Küste Brasiliens in sage und schreibe 2000 Metern Tiefe entdeckt[53], Strömungsmuster, die man bis dahin sonst nur an der Oberfläche beobachtet hatte. Diese Tiefseewirbel sind durchaus klimarelevant und beeinflussen die Stärke der atlantischen Umwälzbewegung. Und die Wissenschaftler entdecken Jahr für Jahr immer neue Phänomene in den Tiefen der Ozeane, die uns dem Verständnis der globalen Ozeanzirkulation immer näher bringen.

Die Wissenschaftler nutzen noch eine Reihe weiterer Messsysteme[54] wie etwa die Tauchroboter, mit denen man das Geschehen im Meer selbst in mehreren Kilometern Tiefe mit Kameras beobachten und dort Proben nehmen kann. Am GEOMAR haben wir einen Tauchroboter, der, an einem Kabel befestigt, bis in Tiefen von 6000 Meter hinabgleiten und damit gut neunzig Prozent des Meeresbodens erreichen kann. Er liefert uns Bilder in hoher Qualität, Messungen sowie Wasser- und Gesteinsproben aus bisher unerforschten Gegenden der Meere, Gegenden die man zu Recht als „Terra Incognita" bezeichnen kann.

Und dann gibt es noch eine Menge anderer, zum Teil autonomer Messsysteme wie beispielsweise die Gleiter. Sie sehen wie Torpedos aus, sind ungefähr zwei Meter lang und besitzen einen Durchmesser von ca. zwanzig Zentimetern. Von Forschungsschiffen aus losgeschickt und ferngesteuert, erkunden Gleiter mit höchster Präzision begrenzte Meeresgebiete, um Prozesse wie die Vermischung von Substanzen in bestimmten Meerestiefen zu untersuchen oder die Konzentration von Gasen wie den Sauerstoff zu messen. Die Messsonden sind batteriebetrieben und benötigen wie die Argo-Bojen relativ wenig Strom. Sie haben keine feste Verbindung mit dem Forschungsschiff und bewegen sich recht langsam, ungefähr mit halber Fußgängergeschwindigkeit. Gleiter können bis zu mehrere Monate unterwegs sein und dabei insgesamt über 2000 Kilometer zurücklegen.

Das globale Ozeanbeobachtungssystem liefert uns darüber hinaus wichtige Informationen über die Bewegungen im Erdinneren. Diese Daten sind für die Erdbebenforschung wichtig und geben beispielsweise Auskunft über die Bewegung der Erdplatten. Drucksensoren am Meeresboden registrieren Seebeben und sind Teil des pazifischen Tsunami-Frühwarnsystems, um vor den zerstörerischen Riesenwellen warnen zu können. Eine Warnung wird aber nicht immer rechtzeitig möglich sein. Wenn sich ein Seebeben direkt vor einer Küste ereignet, ist die Frühwarnzeit einfach zu kurz. Die Tsunamiwellen sind so schnell wie ein Düsenflugzeug und breiten sich mit einer Geschwindigkeit von vielen hundert Kilometern pro Stunde aus. In Küstennähe ausgelöst, sind die Monsterwellen schon in wenigen Minuten da. Man sollte deswegen die ganz einfachen Regeln nicht in Vergessenheit geraten lassen, die einen vor einem Tsunami retten können. Zum Beispiel sollten Sie den Strand sofort verlassen und höher liegendes Gelände aufsuchen, wenn sich das Wasser auf einmal extrem weit zurückzieht. Es könnte sich um ein Wellental handeln, dem ein meterhoher Wellenberg folgt. Einige Tiere scheinen eine nahende Gefahr früher wahrzunehmen als die Menschen. Ich konnte mich selbst davon überzeugen, als etwa eine Minute vor einem Erdbeben in Los Angeles urplötzlich das Singen der Vögel verstummte. Die Wissenschaftler rätseln aber noch über die Ursache für die Feinfühligkeit der Tiere.

Eine große Hilfe für die Meeresforschung sind inzwischen auch die Satelliten[55], mit denen die Wissenschaftler vom Weltall aus flächendeckend und mit hoher räumlicher und zeitlicher Auflösung Größen messen können wie die Meeresoberflächentemperatur, den Oberflächensalzgehalt, die Höhe des Meeresspiegels, die Meereisbedeckung, die Wellenhöhen, die für das Klima der Erde so wichtigen von der Sonne (kurzwelligen) und der Erde (langwelligen) ausgehenden Strahlungsflüsse, die Winde und Meeresströmungen an der Meeresoberfläche oder etwa den Chlorophyllgehalt im oberen Ozean, der uns etwas über die biologische Produktivität in der lichtdurchfluteten Zone erzählt. Kombiniert mit den computergestützten Ozeanmodellen ergeben all die Messungen schließlich eine globale und dreidimensionale Sicht auf die Meere, die der räumlich inhomogenen und zeitlich hoch variablen Struktur der Ozeane Rechnung trägt. So langsam bekommen wir eine solide Datenbasis rund um die Vorgänge im Meer und beginnen die Abläufe in den Ozeanen besser zu begreifen.

Inzwischen gibt es sogar Verfahren, um von Satelliten aus den Meeresboden zu kartieren.[56] Mithilfe der Radartechnik können sich die Forscher einen groben Überblick über das Relief des Meeresbodens verschaffen. Dazu nutzen sie geringe, im Zentimeterbereich liegende räumliche Schwankungen in der Höhe des mittleren Meeresspiegels, die man millimetergenau aus dem All messen kann. Die Ursache für diese Unterschiede ist die Gravitation, also die Anziehungskraft der Landschaft am Meeresgrund auf die Wassermassen. Über Tiefseeerhebungen wie zum Beispiel einem mächtigen Vulkankegel sammelt sich das Wasser, und der Meeresspiegel steigt. Die durch die Anwesenheit der Tiefseeerhebung erhöhte Masse verursacht eine höhere Anziehungskraft an dieser Stelle des Meeresgrunds und zieht daher mehr Wasser aus der Umgebung zu sich; das zusätzliche Wasser lässt schließlich an der Oberfläche einen Wasserberg entstehen. Umgekehrt senkt sich wegen der geringeren Anziehungskraft über Tiefseegräben die Wasseroberfläche ab. Aus den Daten, die der Satellit zur Erde funkt, können die Forscher mit speziellen Programmen am Computer die Strukturen in der Tiefe rekonstruieren, was aus verschiedenen Gründen alles andere als trivial ist. Bei der Satellitenkartierung des Meeresbodens handelt es sich um eine Erfolgsgeschichte. So hat man 2013 mit einer anderen Methode vom Weltall aus erstmals das Great-Barrier-Reef in hoher Auflösung vollständig vermessen.[57] Das größte Korallenriff der Erde erstreckt sich über ungefähr 2300 Kilometer an der Ostküste Australiens und umfasst eine Fläche von knapp 350 000 Quadratkilometern.

Aber man kann es nicht oft genug wiederholen: Es gibt noch erhebliche Lücken in den Ozeanbeobachtungssystemen, die wir unbedingt in den nächsten Jahren schließen sollten. Dazu zählen Informationen über den Einfluss der Ozeanversauerung auf die marinen Ökosysteme, also die biologischen Auswirkungen des Absinkens des pH-Werts im Meerwasser durch die ozeanische Aufnahme von CO_2 aus der Atmosphäre. Die Wissenschaft zu der Versauerungsproblematik ist eine noch recht junge Disziplin der biologischen Meeresforschung. Neue Forschungsfelder erfordern auch neue Mess- und Experimentiermethoden. Für Fragen im Zusammenhang mit der Ozeanversauerung haben Wissenschaftler die sogenannten Mesokosmen[58] entwickelt, die man sich als riesige Reagenzgläser vorstellen kann, welche in die Ozeane ausgebracht werden. Als Mesokosmos bezeichnet man in der Ökologie einen abgegrenzten Lebensbereich, an dem Wissenschaftler Beobachtungen oder experimentelle Untersuchungen vornehmen können. Die von meinen Kollegen in Kiel zum Studium der Ozeanversauerung verwendeten Mesokosmen messen typischerweise zwei Meter im Durchmesser, sind zwischen 15 und 25 Meter tief und schließen somit ein Wasservolumen von ungefähr 50 bis 75 Kubikmeter ein. Man kann die Umweltbedingungen im eingeschlossenen Wasservolumen exakt kontrollieren, wie zum Beispiel den CO_2-Gehalt.

In den vergangenen zehn Jahren zeigten zahlreiche Forschungsarbeiten, dass die Ozeanversauerung Meereslebewesen in vielerlei Art und Weise beeinflussen kann. Laborexperimente und auch Experimente im Meer konzentrierten sich dabei aber vor allem auf einzelne Arten. Hinzu kommt, dass man bisher ihre Reaktionen auf die Ozeanversauerung nur in Kurzzeitexperimenten untersuchte. Doch wie reagieren komplexere, aus vielen Arten bestehenden Lebensgemeinschaften auf die Ozeanversauerung, und können sie sich über längere Zeiträume an die neuen Umweltbedingungen vielleicht sogar anpassen? Mit den Mesokosmen der letzten Generation können nun Wissenschaftler wie mein Kieler Kollege Ulf Riebesell, einer der Pioniere der Ozeanversauerungsforschung, die Reaktionen von Planktongemeinschaften auf den zunehmenden Säuregrad über einen Zeitraum von fünf Monaten verfolgen. In dieser Zeit durchlaufen die mikroskopisch kleinen Lebewesen viele Generationen, wobei sich auch unterschiedliche Artenzusammensetzungen abwechseln können. Die recht kurzen Generationszeiten des Planktons und der schnelle Wandel innerhalb der Lebensgemeinschaft ermöglichen es, genetische Anpassungsprozesse in der natürlichen Umgebung der Lebewesen zu untersuchen, mit dem Ziel, verbesserte Vorhersagen zum Einfluss der Ozeanversauerung auf die marinen Ökosysteme zu erstellen. Denn ein Rückgang des Planktons würde alles beeinflussen, was in der Nahrungskette höher steht, den Menschen eingeschlossen.

Virtuelle Meereswelten
Computermodelle

Um einige Lücken in unserem Verständnis über die Vorgänge in den Meeren zu schließen, stehen uns auch numerische Ozeanmodelle zur Verfügung. Wir haben uns virtuelle Meereswelten im Computer erschaffen, mit denen die Wissenschaftler die Ozeane studieren können und mit denen man auch Experimente anstellen kann.[59] Schließlich ist der Ozean auch ein physikalisches System. Die das System Meer bestimmenden physikalischen Gesetze kennen wir und auch die sie beschreibenden mathematischen Gleichungen. Das erlaubt es uns, mit den Methoden der numerischen Mathematik sowie unter Vorgabe der atmosphärischen Bedingungen an der Meeresoberfläche, wie den Wärmeaustausch, die Verdunstung, den Niederschlag und die Winde, und mit der Spezifikation der Land-Meerverteilung und des Reliefs des Meeresbodens das System der dreidimensionalen Meeresströmungen zu berechnen. Das umfasst die windgetriebene Ozeanzirkulation wie auch die dichtegetriebene Globale Umwälzbewegung. Die Modelle kalkulieren die Temperatur und den Salzgehalt in den verschiedenen Meeresschichten, woraus man die Dichte, die als das Gewicht pro Volumeneinheit definierte Schwere eines Körpers, an jedem Ort berechnen kann und daraus den Druck. Sogar den Sauerstoffgehalt in den verschiedenen Tiefen der Ozeane kann man simulieren, wenn die wesentlichen biogeochemischen Prozesse in den Modellen Berücksichtigung finden.[60]

Um aber realitätsnahe Berechnungen durchführen zu können, die auch die kleinräumigen Verwirbelungen darzustellen vermögen, bedarf es extrem leistungsfähiger Computer mit einer großen Anzahl von Prozessoren, sogenannte Supercomputer. Die können äußerst schnell rechnen. Intelligent sind die „Rechenknechte" jedoch nicht. Sie tun das, was man ihnen sagt. Am Deutschen Klimarechenzentrum (DKRZ) in Hamburg steht uns derzeit ein Supercomputer mit einer Spitzenrechenleistung von 3,6 PetaFlops pro Sekunde zur Verfügung.[61] Ein PetaFlop entspricht einer Rechenleistung von einer Million Milliarden (10^{15}) Gleitkommazahl-Operationen (Additionen oder Multiplikationen) pro Sekunde. Die Weltbevölkerung belief sich 2016 auf rund 7,5 Milliarden Menschen. Wenn es 140 000 Mal mehr Menschen auf der Welt gäbe und sie alle gleichzeitig zwei Zahlen addieren würden, entspräche das gerade mal einem PetaFlop. Wir testen die Computermodelle an den wenigen verfügbaren Messungen aus den unterschiedlichen Meeresregionen. Alleine aus diesem Grund sind die Messungen aus den Ozeanen unverzichtbar, insbesondere die aus der Tiefsee, wohin die Satelliten nicht „hinblicken" können. Und schließlich erlauben uns die Ozeanmodelle, die lückenhaften Beobachtungen sowohl räumlich als auch zeitlich dynamisch konsistent zu interpolieren, um globale Datensätze für längere Zeiträume zu erstellen. Eines sollten wir aber nicht vergessen: Die Modelle werden immer nur eine Annäherung an die Wirklichkeit sein und Messungen niemals ersetzen können.

Trotz alledem kann man sich die Ozeanmodelle aus der Meeresforschung überhaupt nicht mehr wegdenken. Zu vielfältig sind ihre Anwendungsmöglichkeiten, ein Trend, der sich auf die Naturwissenschaften insgesamt bezieht.

Die Computermodelle sind ein wichtiger integrierender Faktor in den Meereswissenschaften, die Forschungen über die traditionellen Disziplingrenzen hinweg ermöglichen. Mithilfe der Modelle können zum Beispiel Wissenschaftler aus der Physikalischen Ozeanographie enger mit ihren Kollegen aus der Meeresbiologie zusammenarbeiten und neue spannende Forschungsfragen wie auch aktuelle politische Themen im Zusammenhang mit den Ozeanen aufgreifen, etwa das Problem der zurückgehenden Fischbestände. Ein Beispiel hierfür ist die Studie zum Europäischen Aal, die 2014 unter Federführung meiner Kieler GEOMAR-Kollegen um den Biologen Christophe Eizaguirre erschienen ist.[62] In vielen Regionen Europas ist der Europäische Aal ökologisch und kulturell von großer Bedeutung, und er galt nicht zuletzt wegen seines hohen Verkaufswertes lange als eine Art „Brotfisch" für die deutsche Binnenfischerei. Das Verbreitungsgebiet des Aals reicht von Nordnorwegen bis nach Nordafrika und umfasst neben Süßwasser- auch Salz- und Brackwasserhabitate. Inzwischen gehört der Europäische Aal zu den stark bedrohten Tierarten. Ein umfassender Schutz des Aals ist allerdings schwierig, weil man viele Details seines Lebenszyklus immer noch nicht kennt. Meereswissenschaftler unterschiedlicher Fachrichtungen haben in der interdisziplinären Studie über den Europäischen Aal den Einfluss der Meeresströmungen auf die Überlebenschancen des Aal-Nachwuchses untersucht. Sie verwendeten dazu ein in Kiel entwickeltes Ozeanmodell der neuesten Generation in Kombination mit genetischen Untersuchungen.

Aale wie auch viele andere Meeresbewohner sind faszinierende Tiere. Zwar verbringen die Fische den größten Teil ihres Lebens in „kontinentalen" Gewässern. Die Fortpflanzung und die Geburt der Larven finden jedoch in der Sargassosee im zentralen Atlantik statt. Die Schwimmstrecke von bis zu 7000 Kilometer bewältigen die Aale nach heutigen Erkenntnissen in einer mehrmonatigen Reise ohne Pause, in deren Verlauf sie keine Nahrung zu sich nehmen und ausschließlich von ihren Energiereserven zehren, die sie während der „kontinentalen" Wachstumsphase angelegt haben. Weil eine kontinuierliche und flächendeckende Beobachtung der Aale in der Sargassosee kaum möglich ist, sind viele Aspekte ihres Lebenszyklus eben auch heute noch unklar. Deshalb gab es auch keine Erklärung für gewisse Schwankungen der Aalbestände während des 20. Jahrhunderts. Mit einem hoch auflösenden Ozeanmodell konnten meine Kollegen unter der Vorgabe der beobachteten Windverhältnisse verfolgen, wie die Larven während des Zeitraums von 1960 bis 2005 von der Saragossasee nach Europa drifteten. Nur diejenigen Larven, die innerhalb von zwei Jahren die europäischen Schelfmeere erreichen, gelten als überlebensfähig. Tatsächlich schwankte im Modell die Zahl der überlebenden Aal-Larven beträchtlich. In den frühen 1980er-Jahren beispielsweise schaffte nur ein geringer Bruchteil der Larven den Weg bis nach Europa. Eine Erklärung fanden die Wissenschaftler in Schwankungen der Meeresströmungen im Atlantik. Diese können aufgrund natürlicher Fluktuationen der Winde zwischen einzelnen Jahren und Jahrzehnten erheblich variieren, was sich entscheidend auf die Reisezeit und damit die Überlebenschancen der Aal-Larven auswirkt.

Ausbreitung virtueller Aale von der Sargassosee nach Europa in einem hochauflösenden Ozeanmodell. Deutlich zu erkennen sind die zwei Wege, die die Larven je nach Windverhältnissen nehmen. Quelle: GEOMAR.

Dieses Resultat kombinierten die Meeresforscher mit genetischen Analysen, um noch mehr über den Lebenszyklus der Aale herauszubekommen. Dabei fanden sie heraus, dass die Aale sich nicht irgendwo in der Sargassosee vermehren, sondern genau in die Region zurückkehren, in der schon ihre Mütter gelaicht hatten. Bisher ging man davon aus, dass die Paarung im Atlantik völlig unabhängig vom Herkunftsgebiet stattfindet. Damit hatte man zwei wichtige neue Teile in dem großen Puzzle der Schwankungen in den Aalpopulationen gefunden. Das endgültige Schicksal der Aale während ihrer langen Wanderung von der Sargassosee zu den europäischen Küsten ist allerdings immer noch schwer vorherzusagen. Von den 1960er- bis in die 1980er-Jahre stimmten die Ergebnisse der Computersimulation mit dem beobachteten Auftreten von jungen Aalen vor den europäischen Küsten gut überein. Danach gab es keine Übereinstimmung, die Entwicklung der Aalbestände schwankte nicht mehr im Einklang mit den Änderungen der Meeresströmungen im Atlantik. Demnach müssen andere Faktoren hinzugekommen sein. Fischereidruck, die Zerstörung von Habitaten in europäischen Flüssen und Seen sowie Krankheiten scheinen in den letzten Jahren immer mehr an Gewicht gewonnen zu haben.

Derartige Modellstudien sind wichtig, um die menschlichen von den natürlichen Einflüssen besser voneinander trennen zu können. Die Kenntnis der natürlichen Bandbreite der Schwankungen erlaubt eine belastbarere Abschätzung von Risiken für die marine Lebewelt infolge menschlicher Eingriffe. Insbesondere kann man mit solchen Modellexperimenten auch den Einfluss von zukünftigen, durch die globale Erwärmung verursachten Änderungen der Meeresströmungen auf die marinen Ökosysteme vorausberechnen, wie etwa die Auswirkungen einer schwächeren atlantischen Umwälzbewegung oder gar ihres Kollapses auf die Bestände des Europäischen Aals.

Die Computermodelle eröffnen uns also die Möglichkeit, verschiedene Szenarien durchzuspielen, so ähnlich wie man das auch mit einem Flugsimulator macht. Wir können eine der möglichen Handlungsoptionen auswählen und mit den Modellen berechnen, was dieses Szenario für die Ozeane bedeuten würde. Beispielsweise können wir den Fall annehmen, dass die Menschen die Meere weiterhin so gnadenlos belasten wie bisher. Und was uns die Modelle für solch ein Worst-Case-Szenario als Antwort liefern, ist schlicht ein Alptraum. Zum Beispiel, wenn wir annehmen, dass der weltweite CO_2-Ausstoß bis zum Ende des Jahrhunderts immer weiter wächst, was anhand der noch vorhandenen Reserven an fossilen Brennstoffen möglich wäre. Der daraus resultierende Anstieg der Meerestemperatur für sich allein würde höchstwahrscheinlich zu einem Massensterben im Meer führen. Das würde in diesem Szenario auch für den zunehmenden Säuregrad der Ozeane infolge der steigenden Aufnahme von CO_2 aus der Luft gelten, selbst wenn es keine Erwärmung gäbe. Auch hier wäre ein Massensterben programmiert.

Sicher, die Modelle sind nicht perfekt. Sie haben viele Unzulänglichkeiten. Wie sagte schon Mark Twain: „Vorhersagen sind schwierig, insbesondere wenn sie die Zukunft betreffen." Aber die Modelle sind nun einmal das einzige Werkzeug, das uns zur Verfügung steht, um in die Zukunft zu blicken. Perfekte Modelle wird es ohnehin nie geben. Dies anzunehmen, wäre völlig unwissenschaftlich. Aber die Modelle basieren immerhin auf naturwissenschaftlichen Gesetzmäßigkeiten. Insofern kann man die Ozean- und Klimamodelle nicht mit Wirtschaftsmodellen gleichsetzen, die rein empirischer Natur sind, d. h. aus Daten abgeleitet wurden. Trotzdem können und dürfen wir nicht auf zu hundert Prozent sichere Aussagen warten, denn das wäre illusorisch. Nichts zu tun ist keine Option. Wir müssen jetzt auf der Basis des aktuellen Wissens handeln und unseren Umgang mit den Meeren schleunigst überdenken. Die Ressourcen in den Ozeanen sind nicht unerschöpflich, seien es lebende oder nicht lebende. Außerdem sind die Ozeane keine Müllhalde. Und das betrifft selbstverständlich auch den Teil der Meere, den wir bisher kaum kennen, die Tiefsee. Wussten Sie zum Beispiel, dass man nach dem Zweiten Weltkrieg in verschiedenen Gebieten Fässer mit Giftgas und chemische Waffen auf dem Meeresgrund versenkt hat? Die könnten langsam brüchig werden, und ihr todbringender Inhalt könnte schon bald ins Wasser gelangen.

3. Das Leben in den Ozeanen

Ozeanische Volkszählung
Der Census of Marine Life

Wir verschmutzen die Ozeane, wir lassen ihre Temperatur und ihren Säuregrad steigen – und das alles, ohne überhaupt zu wissen, wie eigentlich die Lebewelt in den Meeren im Detail aussieht. Deswegen können wir auch nicht genau abschätzen, was die vielfältigen menschlichen Aktivitäten für die Meereswelt bedeuten. Inzwischen versucht man, den Lebensraum der Meere systematisch zu erforschen und zu dokumentieren. Schon Ende der 1990er-Jahre waren führende Meeresbiologen der Meinung, dass man nicht genügend vom Leben in den Ozeanen wisse. Das Verständnis des Lebens im Meer lag weit hinter dem, was die Wissenschaftler wissen wollten und auch wissen sollten, um die gegenwärtigen Entwicklungen besser einordnen zu können. Deswegen haben die Meeresbiologen im Jahr 2000 den „Census of Marine Life" ins Leben gerufen, eine Art globale Volkszählung im Ozean, um die Vielfalt, Fülle und Verteilung von Meereslebewesen zu analysieren und zu erklären.[63] Das Projekt stand unter dem Motto „A Decade of Discovery", auf Deutsch: Ein Jahrzehnt der Entdeckungen. In der deutschen Version des offiziellen Abschlussdokuments aus dem Jahre 2010 heißt es zum Forschungsgegenstand: „Das Projekt drehte sich um drei große Fragen: Was lebte einst in den Ozeanen? Was lebt jetzt in den Ozeanen? Was wird in den Ozeanen leben?"

Der Census of Marine Life kostete rund 650 Millionen US-Dollar, für mein Dafürhalten sehr gut angelegtes Geld. Der Gründungssponsor war die Stiftung „Alfred P. Sloan Foundation".[64] An der Förderung des Census beteiligt hatten sich außerdem viele andere Stiftungen, nationale und internationale Programme und Organisationen wie auch zahlreiche Regierungsorganisationen. Dem Projekt gehörten 2700 Wissenschaftler aus über achtzig Nationen an. Man unternahm über 540 Expeditionen in alle Meeresgebiete und arbeitete mit vielen anderen Organisationen und Programmen eng zusammen. Die Wissenschaftler stießen auf eine ungeahnte Anzahl verschiedener Spezies, ein Ausdruck der enormen Artenvielfalt im Meer. Die Schätzung bekannter Meerestierarten erhöhte sich nach Abschluss der Arbeiten von 230 000 auf fast 250 000. Zu den neu entdeckten Arten gehören u. a. Planktonorganismen, Kraken und Tiefseefische.

Zehn Jahre sind nicht viel Zeit, um alles Leben in den Ozeanen von der Arktis bis zur Antarktis und von der Oberfläche bis zum Meeresboden zu erforschen. Man hat deswegen während des Census-Projekts völlig neue Wege beschritten und innovative Methoden ausprobiert, um der Meereswelt möglichst effizient einige ihrer Geheimnisse zu entlocken, und das mit großem Erfolg. Vielerlei Erstaunliches haben die Meeresforscher zu Tage gefördert. So ist man dem auf halbem Wege zwischen der kalifornischen Küste und den Hawaii-Inseln gelegenen „White Shark Café", dem Weißer-Hai-Café, auf die Schliche gekommen, so etwas wie ein Versammlungsort für die riesigen, uns Menschen Angst einflößenden Weißen Haie.[65]

Jeden Winter legen die Haie aus verschiedenen Gegenden des Pazifiks lange Wanderungen über Tausende von Kilometern zurück, um sich im „White Shark Café" für mehrere

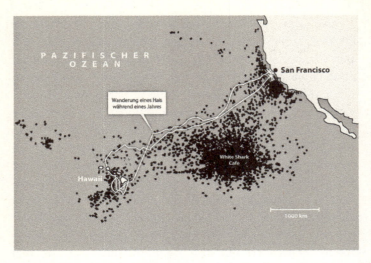

Auf halbem Wege zwischen Kalifornien und den Hawaii-Inseln liegt das „White Shark Café", ein Ort, an dem sich die Weißen Haie über Monate lang aufhalten. Die Punkte zeigen die Positionen von 68 Weißen Haien, die von Satelliten zu verschiedenen Zeiten aufgezeichnet wurden. Die weiße Linie zeigt die Wanderung eines Tieres während eines Jahres.
Quelle: www.whitesharkcafe.com.

Monate zu treffen. Den originellen, aber inoffiziellen Namen für den Treffpunkt der Haie haben sich übrigens Wissenschaftler des kalifonischen Monterey Bay Aquariums[66] im Jahr 2002 ausgedacht. Eigentlich ist es ziemlich verwunderlich, dass die Haie die nahrungsreichen küstennahen Gebiete verlassen, um in die ozeanische Einöde zu schwimmen, die für die Tiere deutlich weniger Nahrung vorhält. Das Verhalten der Weißen Haie hat neue Fragen aufgeworfen, deren Antworten immer noch im Dunkeln liegen.

Haie sind allerdings im wahrsten Sinne des Wortes sehr findig. Es gibt Belege dafür, dass sie sich nach „streng wissenschaftlichen" Kriterien verhalten und nicht etwa nur „im Nebel herumstochern", wenn sie nach Nahrung Ausschau halten. Das haben Kollegen um den Briten Nicolas E. Humphries von der Universität von Plymouth herausgefunden.[67] Wenn Haie und andere Raubfische nach Futter suchen, schwimmen sie nicht einfach planlos umher. Sie nutzen vielmehr ein aus der Mathematik bekanntes Suchkonzept, den sogenannten Lévy-Flug. Diese Methode besteht aus einer Abfolge von vielen kleinen Richtungsänderungen, gefolgt von langen Zwischenstrecken. Der Lévy-Flug kommt dann zum Einsatz, wenn Beutetiere knapp sind. Denn diese Strategie hat einen großen Vorteil: Sie vermeidet, dass die Raubfische immer wieder an denselben Ort zurückkehren. Sind die Gewässer jedoch reich an Futter, wechseln die Haie zur Brown'schen Bewegung, wie man in der Wissenschaft sagt, d. h. sie ändern die Richtung nach dem Zufallsprinzip und fressen, was ihnen gerade vor die Mäuler schwimmt. Die Bewegungen von Fischen sind demnach bis zu einem bestimmten Grad vorhersagbar, abhängig von dem Gebiet, in dem sie sich bewegen. Das könnte dabei helfen, räumlich strukturierte Populationsmodelle zu entwickeln, die ein effektiveres Managen von Fischbeständen angesichts von Verschmutzung, Überfischung und Klimaveränderung ermöglichen könnten.

Die Reisegeschwindigkeit der Weißen Haie zum „White Shark Café" beträgt ungefähr einen Meter pro Sekunde, das sind 3,6 Kilometer pro Stunde. Die Reise zum Café dauert typischerweise hundert Tage. Dabei tauchen die Weißen Haie regelmäßig in Tiefen bis zu 1000 Metern ab. Warum sie auf ihrem langen Weg so weit in die Tiefe gehen, wissen die Hai-Forscher bislang nicht. Vielleicht versuchen Sie dadurch Parasiten loszuwerden oder besondere Leckerbissen zu finden.

Die sich im „White Shark Café" treffenden Haie unterscheiden sich auch in genetischer Hinsicht von anderen Weißen Haien, die im Pazifik leben. Sie sind tatsächlich einzigartig. Im „White Shark Café" angekommen, schwimmen die Haie wild umher, tanzen Figuren und tauchen mehrfach ab, manchmal sogar viele Male in einer Stunde und in Tiefen von bis zu 300 Metern – warum sie das alles tun, weiß bisher niemand. Die Partnersuche ist ein möglicher Grund für die Vollversammlung der Weißen Haie. Gewiss, dafür würde man (Hai) sich schon ordentlich ins Zeug legen. Aber vielleicht wollen die Haie auch nur Spaß haben. Warum eigentlich nicht? Das machen wir Menschen doch auch. Wir hören Musik, gehen Tanzen und tun viele andere Dinge, um uns zu amüsieren. Warum sollten das Tiere eigentlich nicht machen? Auf diese Idee hat mich die Geschäftsführerin des Deutschen Klimakonsortiums Marie-Luise Beck gebracht. Eine wirklich hoch interessante Hypothese.

Dass das „White Shark Café" überhaupt existiert und was dort vor sich geht, erfuhren die Wissenschaftler von den Haien selbst, 179 von ihnen hatte man „präpariert". Die Forscher hatten die Haie mit speziellen Instrumenten versehen, die man Biologger nennt. Diese liefern Daten über die Umgebung und den Zustand des Hais, wie etwa die Wassertemperatur oder die Position des Tieres. Die ersten Biologger waren dafür gedacht, die Wanderungsbewegungen von Säugetieren wie Pinguine oder Wale zu erforschen, die zum Atmen an die Oberfläche kommen. Die Haie dagegen kommen viel seltener an die Oberfläche, weil sie als Fische Kiemen haben. Aber auch für diesen Fall hatten sich einige Census-Forscher etwas Pfiffiges einfallen lassen. Sie entwickelten im Rahmen des Teilprojekts „Tagging of Pacific Predators"

(TOPP)[68], zu Deutsch: Markieren Pazifischer Raubfische, kontinuierlich aufzeichnende, kaum lippenstiftgroße und vor allem federleichte Rekorder, die nur eine bestimmte Zeitlang am Tier haften bleiben. Das können allerdings bis zu 180 Tage sein. Danach löst sich das Gerät vom Tier und steigt zur Meeresoberfläche auf. Hier funkt es zwei Wochen lang seine Messdaten und Position an empfangsbereite Satelliten. Erst diese einfache, aber doch geniale technische Entwicklung ermöglichte es den Wissenschaftlern, die Wanderungsbewegungen und das Tauchverhalten der Weißen Haie im Detail zu erforschen. Und nur auf diesem Wege konnten meine Kollegen die Existenz und Lage des geheimnisvollen „White Shark Café" überhaupt herausbekommen. Die technologische Entwicklung geht selbstredend weiter und wird das Studium der Weißen Haie und der vielen anderen Meerestiere immer bequemer machen, mit dem Ziel, noch mehr über sie zu erfahren. Im Moment arbeiten die Wissenschaftler sogar an Apps für Smartphones, um die Haie möglichst lückenlos zu überwachen.

Die Biologger-Methode bringen Forscher auch bei diversen anderen Tieren zum Einsatz, zum Beispiel bei Thunfischen, Schildkröten, Schwertfischen, Mondfischen oder Seelöwen. Sehr aufschlussreich war das, was man über die Lederrückenschildkröten erfuhr, die größte auf der Erde lebende Schildkrötenart. Sie gehört zu den ältesten Tieren auf der Erde überhaupt und ist ca. 65 Millionen Jahre alt. Lederrückenschildkröten erreichen eine Panzerlänge von bis zu 2,5 Metern und ein Gewicht von beinahe 700 Kilogramm. Heute gehört die Lederrückenschildkröte zu den bedrohten Arten: Gab es 1980 noch um die 115 000 erwachsene Lederrückenschildkröten, sind es heute gerade einmal ca. 25 000 Stück.[69]

Eine besonders große Gefahr für Lederrückenschildkröten stellen die Fischerei und der im Meer treibende Plastikmüll dar. Die Tiere verfangen sich in Netzen und langen Leinen und können dann qualvoll unter Wasser ersticken. Mitunter halten sie auch im Wasser treibende Plastiktüten für Quallen und verzehren sie, was für die Schildkröten tödlich enden kann. Die großen Mengen an Plastikmüll im Meer, die vor allem in den großen Müllstrudeln der subtropischen Ozeane treiben, sind in der Tat eine immer größere Bedrohung für die Lederrückenschildkröten, aber auch für andere Meereslebewesen wie Robben und viele Seevögel.

Die Kenntnis der Wanderungsbewegungen der Lederrückenschildkröten könnte eine wichtige Voraussetzung dafür sein, das Überleben der vom Aussterben bedrohten Art zu sichern. Mithilfe von Biologgern konnte man vor ein paar Jahren so etwas wie ein Schildkrötenrennen[70] verfolgen. Dazu markierten Wissenschaftler im Juli 2008 in dem Gebiet vor Halifax, der Hauptstadt der kanadischen Provinz Nova Scotia, elf Tiere. Jede der elf Lederrückenschildkröten erhielt auch einen Namen. Im darauffolgenden September begannen die Schildkröten ihre planmäßige Wanderung nach Süden in die wärmeren Gefilde. Ende Januar erreichte das erste Tier die von den Meeresforschern definierte „Ziellinie" in der Karibik zwischen den beiden Inseln St. Vincent und St. Lucia, die zu den kleinen Antillen zählen. Die Gewinnerin im „Turtle-Race" war das Schildkrötenweibchen mit dem Namen Backspacer. Die ungefähr 1,50 Meter lange und rund 375 Kilogramm schwere Schildkrötendame legte die Strecke in sage und schreibe nur vier Monaten zurück. Bedenken muss man hierbei allerdings, dass die Schildkröten aus verschiedenen Gründen nicht die kürzeste Entfernung wählen und sich auch etwas Zeit zum Bummeln nehmen. Einige von ihnen kamen „erst" nach sechs Monaten in der warmen Karibik an. Die Schildkröten haben schließlich keinen extrem engen Fahrplan einzuhalten, so wie Fähr- oder Kreuzfahrtschiffe. Trotzdem kann man die Schwimmleistung der Lederrückenschildkröten nicht hoch genug bewerten. Die Daten der Biologger enthüllten zudem, dass die Tiere zwischen zwei Atemzügen deutlich länger als die „normalen" zehn bis fünfzehn Minuten unter Wasser bleiben können. Der Rekordhalter unter ihnen namens Cali tauchte im Laufe seiner weiten Reise fast hundertfünfzigmal sogar länger als eine Stunde ab. Cali erreichte dabei fünfmal Tiefen von mehr als 800 Metern. Er ist damit der „Ironman" unter den elf Lederrückenschildkröten, die an dem Rennen teilnahmen. Die Lederrückenschildkröten sind offensichtlich unglaublich spannende Tiere, was man als Laie nicht unbedingt vermutet hätte. Und dieses Wissen verdanken wir eben auch dem Census of Marine Life. Wer wollte jetzt noch die Lederrückenschildkröten von der Erde verschwinden lassen?

Die Biologger-Methode hat aber auch Grenzen. Obwohl die Instrumente recht klein sind, können die Wissenschaftler sie nicht an Meeresschildkrötenbabys anbringen, die nur einige wenige Zentimeter messen. Die weitere Miniaturisierung der Biologger stellt also nach wie vor eine große Herausforderung für Ingenieure und Meerestechniker dar. Man möchte aber den gesamten Lebenszyklus der Meeresschildkröten verstehen, angefangen beim Schlüpfen der Tiere. Bisher war es praktisch unmöglich, das Schicksal einiger Schildkrötenarten während ihrer ersten Lebensjahre zu studieren, die man deswegen auch als die verlorenen Jahre bezeichnet. Meine GEOMAR-Kollegin Rebecca Scott, die sich mit den Unechten Karettschildkröten beschäftigt, die typischerweise knapp einen Meter groß werden und in allen Weltmeeren zuhause sind, hat eine Art Kombilösung entwickelt, um den ganzen Lebenszyklus der Schildkröten zu untersuchen.[71] Dabei griff sie auf die oben beschriebenen Driftermessungen der Oberflächenströmungen und auch auf die Ergebnisse von Simulationen mit Computermodellen zurück, die heutzutage die Meeresströmungen realitätstreu zu simulieren vermögen. Die Wissenschaftler wussten zwar schon lange, dass die kleinen Schildkrötenbabys die Meeresströmungen nutzen, um möglichst schnell von ihren Nestern im

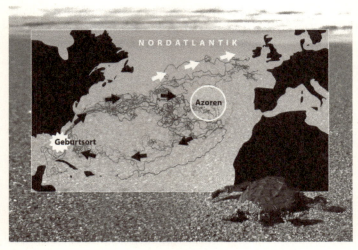

Die Reise der Unechten Karettschildkröten von ihrem Geburtsort im Südosten der USA (Stern) zu den Azoren (Kreis) und wieder zurück. Die Route, die sie wählen, ist mit den schwarzen Pfeilen markiert. Die hellen Pfeile zeigen den Nordatlantikstrom, der die Schildkötenkinder in zu kaltes Wasser führen würde. Quelle: Scott (2013).

Südosten der USA wegzukommen, denn dort lauern jede Menge Räuber wie Vögel auf sie. Rebecca Scott konnte mit ihrer innovativen Methode jetzt aber quantitative Aussagen treffen und zeigen, wie genau die kleinen Reptilien ganze Meeresbecken durchqueren können.

Wie sieht nun der Lebensweg der Schildkröten aus? Die Schildkrötenbabys schwimmen im Atlantik mit den Strömungen von den Stränden im Südosten der USA, wo sie das Licht der Welt erblicken, zu den Azoren im östlichen Atlantik, einer Inselgruppe etwa 1400 Kilometer westlich von Lissabon auf gleicher geographischer Breite. Dort können sie sich ungestört entwickeln. Dieser Ort ist mehr als 5000 Kilometer von ihrer Geburtsstätte entfernt. In den Gewässern um die Azoren verweilen die Schildkrötenkinder für mehrere Jahre, bevor sie als große Jungtiere in ihre Küstenhabitate im Südosten der USA zurückkehren. Dort halten sie sich bis zu ihrer Geschlechtsreife auf. Die Meeresschildkröten können während ihrer gesamten, mehrere Jahre dauernden Rundreise durch den Atlantik von den Meeresströmungen Gebrauch machen, denn diese bilden den sich im Uhrzeigersinn drehenden beckenweiten Subtropenwirbel: Auf ihrem Weg nach Nordosten zu den Azoren nehmen die Tiere den nördlichen, auf dem Rückweg in ihre Heimat im Südosten der USA den südlichen Ast.

Rebecca Scott studierte außerdem virtuelle Schildkrötenbabys, die man im Computer mithilfe von Ozeanmodellen auf ihrer Reise durch einen imaginären Atlantik verfolgen kann. Diese Methode verwendet man beispielsweise auch, wenn man die Ausbreitung von Öl nach einem Unglück berechnen möchte, wie Forscher es nach der Explosion der Bohrplattform Deepwater Horizon im Golf von Mexiko getan hatten oder meine GEOMAR-Kollegen nach dem Atomunfall von Fukushima. Die Computersimulationen waren für Rebecca Scott überaus hilfreich: Sie lieferten den Beweis dafür, dass die kleinen Schildkröten während bestimmter Zeiten auch selbst schwimmen müssen, um nicht vom Kurs abzukommen. Wie sie schwimmen, das wissen die Forscher aus Laborbeobachtungen. Die Schildkrötenbabys suchen gleich nach ihrer Geburt das schützende Wasser und beginnen zu schwimmen, damit sie sich noch schneller von ihren Fressfeinden entfernen können. Das ist an sich nichts Neues. Die Babys schwimmen aber auch – und das weiß man jetzt durch die Simulationen mit den Computermodellen –, um Kurskorrekturen vorzunehmen, damit sie auf ihrer Reise nach Nordosten zu den Azoren nicht in zu kaltes Wasser gelangen, in dem sie nicht überleben könnten. Um ihr Ziel, die Azoren, sicher zu erreichen, müssen die Winzlinge für etwa eine bis drei Stunden pro Tag selbst schwimmen. Dabei nutzen die Tiere das Magnetfeld der Erde als Orientierungshilfe.

Mithilfe dieser Informationen aus den verschiedenen Quellen sowie einigen wenigen versehentlichen Fängen von jungen Schildkröten in den Netzen der Fischer nahe der Azoren konnte Rebecca Scott erstmals Aussagen über die Wachstumsraten der Tiere treffen, denn sie kannte einerseits die Größe der Tiere gleich nach der Geburt. Und sie konnte andererseits aus den biologischen Beobachtungen und den Informationen über die Strömungsverhältnisse im Atlantik die Reisezeit der Schildkrötenkinder bestimmen. Das versetzte sie erstmals in die Lage, etwas Licht in das Dunkel der verlorenen Jahre bringen. Und sie konnte jetzt auch noch genauer die Zeit berechnen, die vergeht, bis die Schildkröten die Geschlechtsreife erreichen. Dazu nutzte sie zusätzlich die Beobachtungen an den Heimatstränden der Tiere. Die Zeit bis zur Geschlechtsreife beträgt nach ihren Untersuchungen ungefähr 45 Jahre, was viel länger ist, als man bis dahin vermutet hatte. Die Unechten Karettschildkröten sind wegen dieser sehr langen Zeit, bis sie die Geschlechtsreife erreichen, extrem stark vom Aussterben bedroht, was man bei Strategien zum Schutz der Schildkröten unbedingt berücksichtigen muss.

Die Census-Projekte rund um den Globus entdeckten neue Arten in einem Tempo, mit dem deren Bestimmung, d. h. ihre wissenschaftliche Beschreibung nicht mithalten konnte. Die komplette Auswertung der Daten wird noch Jahrzehnte in Anspruch nehmen. Doch es gibt eine relativ neue Methode, die den mühsamen Prozess der Auswertung deutlich abkürzen könnte: das DNA-Barcoding, eine Art molekularbiologische Bestimmung der genetischen Merkmale eines Individuums. Diese neue Technik hat man im Census-Projekt gewissermaßen zur Serienreife gebracht. Ihr Vorteil liegt darin, dass sie unabhängig von der Fachkompetenz oder der verfügbaren Zeit der entsprechenden Experten, der sogenannten Taxonomen, ist. Das DNA-Barcoding ist nicht nur eine äußerst schnelle Methode der Art- und Verwandtschaftsbestimmung. Sie ist zudem objektiv und verhindert Irrtümer infolge einer fehlerhaften Beschreibung der äußeren Merkmale oder sonstiger Eigenschaften des neuen Fundes, die immer zu einem gewissen Grad auch subjektiv sind. Denn was beim DNA-Barcoding einzig und allein zählt, ist, wie der Name schon sagt, die DNA, das Erbgut des bisher unbekannten Lebewesens. Doch eine komplette Sequenzierung jedes neu gefundenen Organismus wäre enorm aufwändig und langwierig. Deshalb behilft man sich mit Markern, Tags genannt. Das sind kleine Ausschnitte aus dem genetischen Code, die Verwandtschaftsverhältnisse besonders gut widerspiegeln. Das so ermittelte Merkmal wird dann mithilfe des Internets mit dem Inhalt von zentralen DNA-Datenbanken verglichen. Gibt es keine passenden Treffer, könnte es sich um eine neue Art handeln. Voraussetzung für diese innovative Methode ist allerdings, dass bereits alle bekannten Spezies mittels Barcoding erfasst worden sind. In Ansätzen ist dies im Meer bisher nur für die Mikroorganismen der Fall. Das DNA-Barcoding wird die Meeresbiologen aber mehr und mehr in die Lage versetzen, ein völlig neues Bild der Genstruktur des Lebens in den Ozeanen zu zeichnen. Ein spektakuläres Ergebnis gibt es schon: So schätzen die Census-Forscher, dass die mikrobielle Artenvielfalt des Meeres zehn- bis hundertmal höher liegt, als man zu Beginn des Census-Projekts angenommen hatte. Die genetischen wie auch die übrigen Analysen der Census-Daten werden den Wissenschaftlern noch so manche Überraschung liefern. Man darf auf die weiteren Auswertungen gespannt sein.

Insgesamt ist der Census of Marine Life schon jetzt ein großartiger Erfolg. Die Analyse der Daten brachte über 2500 wissenschaftliche Publikationen hervor, eine Riesenfülle neuer Forschungsergebnisse. Um nur eine der zahlreichen erstaunlichen Schlussfolgerungen zu nennen: Leben in extremen Umgebungen scheint im Meer etwas völlig Normales zu sein. Im Rahmen des Census of Marine Life fand man Leben in Gegenden, wo das Wasser gefroren ist oder auch in Regionen ohne Sauerstoff. Oder in Gebieten, in denen es extrem heiß ist – den als Schwarze Raucher bezeichneten besonders heißen Hydrothermalquellen werden wir im nächsten Kapitel begegnen. Der Census of Marine Life bestätigte zudem die

Vermutung, dass vom Gewicht her bis zu neunzig Prozent allen Lebens im Meer mikrobiell ist, der überwiegende Teil der Biomasse also aus primitivem Leben besteht. Das ist so viel Masse, dass auf jede auf der Erde lebende Person das Gewicht von ungefähr 35 Elefanten käme. Der Census of Marine Life hat uns die Augen dafür geöffnet, wie einmalig der Lebensraum Ozean ist, wie sehr der Mensch in diese Umwelt eingreift und welche Risiken für das Leben im Meer bestehen. Das Projekt hat aber auch gezeigt, dass sich Populationen wieder erholen können, nachdem man ihre Habitate zerstört hatte. Das ist ein ganz wichtiger Punkt, verdeutlicht er doch, dass der Schutz der Ozeane immer und zu jeder Zeit eine lohnende Angelegenheit ist.

Leben in der Finsternis
Erkundung der Tiefsee

Ich möchte Ihnen an dieser Stelle etwas über das Leben in der Tiefsee erzählen. Denn diese ist alles andere als tot. Ein paar Beispiele sind uns weiter oben schon begegnet. Es wimmelt in der ewigen Finsternis förmlich vor Leben, selbst im Marianengraben, der tiefsten Stelle des Weltozeans. Im dortigen Sirena-Tief dokumentierten 2011 kalifornische Wissenschaftler um die Tiefseebiologin Lisa Levin von der Scripps Institution of Oceanogragphy in einer Tiefe von 10 641 Metern riesige Einzeller[72]: Amöben, auch Wechseltierchen genannt, weil sie ständig ihre Form ändern. Im Marianengraben werden die Riesenamöben sage und schreibe typischerweise zehn Zentimeter lang. Eine durchschnittliche Zelle erreicht gerade mal eine Größe von nur einem Tausendstel Millimeter, sie ist also 100 000 Mal kleiner als die Riesenamöbe und nur unter dem Mikroskop sichtbar. Die Riesenamöben kann man wahrlich als Giganten der Tiefsee bezeichnen. Die sehr einfach gestrickten, nur aus einer Zelle bestehenden Organismen verdeutlichen einmal mehr, wie anpassungsfähig das Leben ist, selbst unter den extremen Umweltbedingungen, die in solch großen Tiefen herrschen. Wenn man von lebensfeindlichen Verhältnissen in der Tiefsee spricht, dann beziehen wir das meistens auf uns Menschen.

Und noch ein Sachverhalt zeigt, dass die Tiefsee ein Lebensraum voller Überraschungen ist. Die einfache Gleichung „Je tiefer, umso weniger Arten" geht nicht auf. Ein internationales Forscherteam unter Leitung von Ronnie Glud von der Universität von Süd-Dänemark hat jüngst im Challenger-Tief des Marianengrabens erstaunlich viele Mikroorganismen gefunden. Während einer Expedition im Jahr 2013 dokumentierten seine Kollegen und er dort deutlich mehr Mikroorganismen, als man erwartet hatte.[73] Früher, vor einigen Jahrzehnten, war man noch davon ausgegangen, dass es mit zunehmender Tiefe immer weniger Mikroorganismen gibt. Die führende Lehrmeinung war, ohne Licht könne es kaum Leben geben. Diese Sicht hat sich in den letzten Jahren grundlegend geändert. Die Messungen im Challenger-Tief zeigten in knapp 11 000 Metern Tiefe sogar eine viel höhere biologische Aktivität als an einer benachbarten Stelle, die nur 6000 Meter tief liegt. Tiefseegräben sind Orte von hoher mikrobieller Aktivität, der Eintrag von organischem Material ist dort ungewöhnlich hoch. Dazu zählen absinkende und sich zersetzende Kadaver von größeren Meerestieren, aber auch Reste von Algen, die immer wieder in großen Mengen auf den Meeresboden sinken. An den Grabenhängen kann dieses biologische Material zum Beispiel, durch schwache Seebeben mobilisiert, in die tiefsten Stellen des Grabens abrutschen. Neuere Untersuchungen zeigen, dass die Tiefseegräben sogar als Kohlenstoffsenke fungieren.[74] Die Tiefseegräben könnten damit in langen Zeiträumen von Jahrtausenden sogar einen Einfluss auf den globalen Kohlenstoffkreislauf und damit das Klima der Erde haben, obwohl Tiefseegräben wie der Marianengraben nur etwa zwei Prozent des Meeresbodens abdecken. Ihre Rolle für den Kohlenstoffkreislauf könnte aber möglicherweise ungleich größer sein.

Was die Tiefsee für den Menschen so schwer erforschbar macht, ist neben dem immensen Druck natürlich auch die völlige Dunkelheit. Zwar reichen die Strahlen des Sonnenlichts bis etwa 900 Meter Tiefe, die Lichtenergie ist aber schon ab 150 Metern Tiefe für die Photosynthese und damit den Pflanzenwuchs kaum noch ausreichend. Trotzdem findet man vielfältiges Leben in der Finsternis. Fische sind zum Beispiel überhaupt keine Seltenheit. Die Tiefseefische sehen oft wie Monster aus. Sie entsprechen damit nicht unbedingt unseren Schönheitsidealen, ihr Aussehen ist aber Ausdruck der perfekten Anpassung an die extremen Bedingungen der Tiefsee. Oftmals besitzen sie große Mäuler und lange, hakenförmige Zähne, die eine Flucht der Beute verhindern sollen. In der Schwachlichtzone lebende Fische haben häufig recht große Augen. Einige Riesenkalmare, etwa der Koloss-Kalmar mit einer dokumentierten Gesamtlänge von bis zu vierzehn Metern, haben Augen so groß wie Fußbälle, um das schwache Licht im oberen Kilometer des Meeres optimal zu nutzen. In Tiefen von mehreren tausend Metern benötigen die Meeresbewohner eigentlich gar keine Augen mehr. Falls vorhanden, haben die Augen der Meeresbewohner in solchen Tiefen oftmals ihre Funktion verloren. Oder sie haben sich im Laufe der Evolution komplett zurückgebildet.

Aber Not, in diesem Fall Dunkelheit, macht bekanntermaßen erfinderisch. Viele Tiefseefische besitzen Leuchtorgane. In ihnen wird durch eine chemische Reaktion Licht erzeugt, welches man als Biolumineszenz bezeichnet. Und das geschieht nicht selten mithilfe spezieller Bakterienarten, mit denen die Fische in Symbiose leben, also eine Art Zweckgemeinschaft eingehen. Die Leuchtorgane erfüllen bei verschiedenen Arten ganz unterschiedliche Aufgaben. Sie dienen der Beleuchtung der Umgebung, der Partnersuche oder dem Anlocken von Beutetieren. Die Weibchen der Tiefsee-Anglerfische haben Letzteres zur Perfektion gebracht. Sie sind übrigens mit einer Länge von zum Teil über einem Meter viel größer als die Männchen, die oft nur einige Zentimeter groß werden. Warum das so ist, kann ich Ihnen nicht sagen.

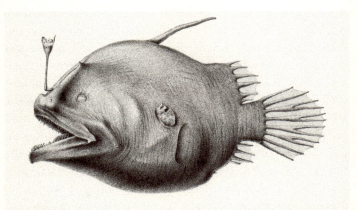

Frühe Zeichnung eines weiblichen Tiefsee-Anglerfischs aus dem Jahr 1840. Quelle: The Annals And Magazine Of Natural History; Zoology, Botany, And Geology.

Die Weibchen besitzen auf der Stirn einen Fortsatz mit einem Leuchtorgan am Ende, die sogenannte Angel. Das Licht dient dazu, Beute wie kleine Garnelen anzulocken. Bei der Jagd wird das Leuchtorgan, das vorne an der Angel sitzt, direkt über das geöffnete Maul gehängt. Auf der Spitze der Angel sitzt außerdem ein empfindliches Tastorgan, mit dessen Hilfe das Tiefsee-Anglerfischweibchen sofort merkt, wenn sich Beute nähert. Und wenn das passiert, klappt es seine Angel nach oben und stoppt die Sauerstoffzufuhr zum Licht, sodass es erlischt. Das Beutetier schwimmt dann orientierungslos weiter – direkt ins weit geöffnete Maul der Anglerfischerin und kann dann verspeist werden.

Dieses Beispiel verdeutlicht, dass das Leben in der Tiefsee einfach faszinierend ist. Und vor allem, dass es dort viel mehr hochentwickeltes Leben gibt, als man als Laie vermuten würde. Das Dunkel macht den Tieren nichts aus. So sind viele Tiefseefische mit hochentwickelten Geruchsorganen oder einem ausgeprägten Tastsinn ausgestattet, wodurch sie die fehlende Sicht kompensieren. Die als Flossenstrahlen bezeichneten festen Verstrebungen in ihren Fortbewegungsorganen zum Beispiel dienen einigen Tiefseefischen dazu, leichteste Vibrationen im Wasser wahrzunehmen. Spezielle Empfänger, Rezeptoren genannt, ermöglichen den meisten Tiefseetieren bioelektrische Felder und das Magnetfeld der Erde zum Zwecke der besseren Orientierung wahrzunehmen. Die Evolution hat bei den Tiefseefischen ganze Arbeit geleistet.

Selbst im Marianengraben soll es nicht nur primitives, sondern auch höher entwickeltes Leben geben. Der Schweizer Jacques Piccard will dort im Jahr 1960 auf einer Tauchfahrt mit dem Unterseeboot Trieste in ungefähr elf Kilometern Tiefe tatsächlich einen Fisch gesehen haben. Ob es so weit unten wirklich Fische gibt, weiß man nicht genau, aber ganz ausgeschlossen ist es nicht. Auf jeden Fall ist in Tiefen von mehreren tausend Metern das Auftreten von Fischen völlig normal. Etwa fünfzehn bis zwanzig Prozent aller Fische vermutet man in der Tiefsee.

Aber bis zu welchen Tiefen kommen Fische wissenschaftlich gesichert vor? Das Forscherteam um Paul Yancey von der kalifornischen Stanford University (USA) stellte jüngst die Hypothese auf, dass Fische bis in etwa 8200 Metern Tiefe überleben können; das unterste Viertel der Ozeane wäre nach ihrer Extrapolation der verfügbaren Daten fischfrei[75]. Ein zu den Knochenfischen zählendes, wenngleich totes, Bartmännchen hat man allerdings im Puerto-Rico-Graben schon in einer Tiefe von 8370 Metern gefunden.[76] Das Leben, auch das hochdifferenzierte, ist offensichtlich so anpassungsfähig, dass es vermutlich jeden Winkel der Meere erobern kann. Es ist deswegen überhaupt nicht überraschend, dass man aus der Tiefe der Meere nicht so fürchterlich viel über das dortige Leben weiß. Hinter jeder Ecke kann eine biologische Überraschung lauern. Wir werden wohl nie alle Gegenden der Ozeane genau vermessen und auch sichtbar machen können, die Meere sind viel zu groß. Außerdem stellt eine Wassertiefe von mehreren Kilometern auch die Technik vor enorme Herausforderungen. Tiefseeforschung ist aus diesem Grund auch eine ziemlich kostspielige Wissenschaft.

Trotzdem sollte es uns interessieren, was dort unten vor sich geht. Denn wer weiß schon, ob sich nicht bereits irgendwo in den Weiten der Ozeane etwas zusammenbraut, etwas, das vielleicht sogar die Menschen zu verantworten haben. Wissenschaftler unter der Leitung von David Bailey von der Universität von Glasgow wiesen 2009 darauf hin, dass vor der Westküste Irlands die Zahl der Fische noch in einer Tiefe von 2500 Metern zurückgeht, obwohl die Netze der Schleppnetzfischer nur etwa 1600 Meter hinabreichen.[77] Der Grund liegt höchstwahrscheinlich darin, dass die jungen Tiefseefische in geringeren Tiefen leben als ihre Eltern, weswegen die Jungfische in den Netzen der Fangflotten landen. Mit verheerenden Folgen für die Bestände, denn die Tiefsee ist ein empfindlicher Lebensraum. Aufgrund der dort herrschenden Kälte, des hohen Wasserdrucks und des Nahrungsmangels vergehen oft viele Jahre, bis die äußerst langsam wachsenden Tiere geschlechtsreif werden und sich fortpflanzen können. Die Autoren der Studie setzten selbst ein Fragezeichen hinter ihre Befunde, weil der analysierte Zeitraum – sie verglichen die Daten der Periode 1977 bis 1989 mit denen von 1997 bis 2002 – recht kurz ist. Doch selbst wenn für den Rückgang der Tiefseefische im Nordostatlantik nicht der Mensch verantwortlich sein sollte, sollten wir auf jeden Fall das Bestreben haben, die Ozeane so gut zu verstehen, dass wir die Auswirkungen der zahlreichen menschlichen Eingriffe besser einschätzen können. Wer kommt schon auf die Idee, dass die Hochseefischerei auch Fischarten unterhalb der eigentlichen Fangtiefe dezimieren kann. Für mich war das jedenfalls neu.

Und noch ein interessanter Sachverhalt, der staunen lässt. Schon seit Anfang der 1970er-Jahre war zwar bekannt, dass an einigen Stellen des Meeresbodens heißes Wasser aus dem Untergrund tritt, gesehen hatte das damals jedoch noch niemand. Wissenschaftler an Bord des Forschungs-Unterseeboots Alvin waren die ersten, die 1977 am Meeresboden vor den Galapagos-Inseln als Schwarze Raucher bezeichnete Hydrothermalquellen entdeckten. Schwarze Raucher entstehen dort, wo Meerwasser durch Risse in tiefere Schichten der Erdkruste eindringt, bis in Tiefen von einigen hundert bis mehreren tausend Metern. Hier trifft das Wasser auf glühendes Magma, kann sich auf über 400 Grad Celsius erhitzen und sich mit vulkanischen Gasen anreichern. So entsteht ein hochexplosives Gemisch, das durch die Erdkruste zurück in die Richtung des Meeresbodens schießt. Mineralstoffe und Schwermetalle aus der Erdkruste wie auch Schwefelverbindungen lösen sich in dem heißen Wasser und dringen schließlich als schwarze Rauchwolken aus bizarren Schloten empor. Aus diesem Grund nennt man diese unwirtlichen Orte Schwarze Raucher. Die Schlote können bis zu fünfzig Meter hoch werden und einen Kraterdurchmesser von 180 Meter erreichen.

Die Schwarzen Raucher liegen vor allem an den mittelozeanischen Rücken, dort, wo aufsteigendes heißes Magma aus dem Erdinneren neuen Meeresboden bildet. Man kann die Schlote am Meeresgrund in gewisser Weise mit den Geysiren Islands vergleichen. Die Insel ist ebenfalls Teil des mittelatlantischen Rückens, was man nicht unbedingt vermuten würde. Ein Blick in den Atlas macht das aber sofort deutlich. In der eisigen Kälte des Tiefseewassers flocken die Mineralstoffe schnell aus, lagern sich ab und bilden Schicht für Schicht die charakteristischen Schlote. Mehrere dieser Schlote bilden sogenannte Hydrothermalfelder, die viele dutzend Quadratkilometer groß sein können. In den letzten Jahrzehnten wurden rund um den Globus Hunderte weitere Felder mit solchen unterseeischen Schornsteinen entdeckt.

Die giftige Brühe wäre für die meisten Meeresbewohner tödlich, sofern sie den enormen Druck in großer Tiefe überhaupt aushalten können. In unmittelbarer Nähe der Schwarzen Raucher gibt es überraschenderweise aber doch vielfältiges Leben, in Umgebungen also, in denen das Wasser eine Temperatur besitzen kann, bei der sogar Blei schmelzen würde. Man findet in der Nähe der Schwarzen Raucher Garnelen, Schnecken, Krebse, Röhrenwürmer, ja sogar Fische.[78] Das hat den Schwarzen Rauchern den Beinamen Oasen der Tiefsee eingebracht. Übrigens: Im Internet findet man diverse Filme mit Aufnahmen von Schwarzen Rauchern[79], die es sich unbedingt anzusehen lohnt.

Die Artenvielfalt um die Orte des qualmenden Meeresbodens herum führt man auf die Gegenwart von Hochtemperaturbakterien zurück. Diese Bakterienart kann aufgrund ihres speziellen Stoffwechsels Energie aus Schwefel und Methan gewinnen und dient als erstes Glied einer Nahrungskette, die bis hin zu den höheren Lebewesen reicht. In der Umgebung von Schwarzen Rauchern könnte vielleicht vor Milliarden Jahren das Leben auf der Erde entstanden sein. Leben unter extremen Umweltbedingungen ist offensichtlich möglich. Deswegen vermutet man auch auf anderen Sternen die Existenz von Leben, zum Beispiel auf dem Jupitermond Europa, der möglicherweise einen bis zu hundert Kilometer tiefen Ozean beherbergen könnte. So trägt die Tiefseeforschung auch dazu bei, Erkenntnisse über völlig andere Lebensräume zu gewinnen und Informationen darüber zu liefern, unter welchen Bedingungen Leben außerhalb der Erde existieren könnte.

Zu den erstaunlichsten Lebewesen im Ökosystem um die Schwarzen Raucher gehören riesige Röhrenwürmer, die mehrere Dezimeter lang werden können. Sie bedecken den Boden direkt am Rand der Schlote und leben im Innern muschelähnlicher Röhren, was ihren Namen erklärt. Die Röhrenwürmer haben sehr charakteristische rote Federn. Diese enthalten

Hämoglobin, das sind die Eiweißstoffe in den roten Blutkörperchen, die den lebensnotwendigen Sauerstoff transportieren und für die rote Farbe der Federn verantwortlich zeichnen. Als die Wissenschaftler die Tiere untersuchten, waren sie völlig verblüfft: Die Würmer haben weder ein Maul noch einen Darm oder Darmausgang oder einen Magen. Sie können sich eigentlich überhaupt nicht ernähren. Wie können sie dennoch überleben? Ihr Inneres beherbergt eine besondere Bakterienart, mit denen die Würmer in Symbiose leben. Die Mikroben wandeln das aus den Schwarzen Rauchern strömende Sulfid in einen für die Würmer verwendbaren Nährstoff um. Andererseits verwenden die für die Würmer sehr nützlichen Bakterienkolonien wiederum das Hämoglobin der Röhrenwürmer, um das Sulfid aufspalten und als Energiequelle verwenden zu können. Auf diese Weise entsteht ein kompletter Nahrungskreislauf: Krebstiere, Muscheln, Schnecken, Seespinnen, Quallen und Seeanemonen leben direkt oder indirekt von den schwefelverzehrenden Bakterienstämmen, die spielend die extrem hohen Temperaturen in der Nähe der Schwarzen Raucher ertragen.

All das lehrt uns eines: Wir sollten nicht einmal wagen, daran zu denken, dass die Tiefsee für den Menschen als billige Müllkippe zur Verfügung stünde. Oder dass man da unten ohne weiteres im großen Stil Bodenschätze fördern kann, ohne sich über die Meeresumwelt Gedanken zu machen. Die Tiefsee ist eines der letzten Refugien für das Leben auf der Erde. Dort konnte sich das Leben bisher weitgehend ohne menschliche Einflüsse entwickeln. In den Tiefen der Ozeane leben immer noch uralte Lebewesen wie etwa prähistorische Haie, die schon seit vielen Millionen Jahren die Meere besiedeln. Japanische Fischer haben im Jahr 2007 einen lebenden

Kragenhai gefangen, der zu einer solch uralten Haiart zählt. Der Kragenhai gilt als eines der wenigen noch lebenden Fossilien. Er besitzt ein Aussehen, das einen nicht sofort an einen Hai denken lässt. Normalerweise lebt dieses aalartige und mit messerscharfen Zähnen bestückte Tier, das bis zu zwei Meter lang werden kann, in großen Tiefen und kommt nur selten in die Nähe der Oberfläche. Seine etwa 300 Zähne sind in 25 Reihen angeordnet, dreizehn im Ober- und zwölf im Unterkiefer. Und das Gebiss ist wirklich furchterregend: Einmal zugeschnappt, kann ihm niemand mehr entkommen. Der Name des Tiers leitet sich von den Kiemen des Haies ab. Diese sind auf der Bauchseite miteinander verbunden und verleihen dem Hai einen scheinbaren Kragen.

Das aber wohl prominenteste Beispiel eines lebenden Fossils ist der in Tiefen von 150 bis 400 Metern lebende Quastenflosser, der lange als ausgestorben galt. Bis die südafrikanische Biologin Marjorie Courtenay-Latimer 1938 ein Exemplar auf einem Fischerboot entdeckte. Sie hatte darum gebeten, sich hin und wieder die Fänge ansehen zu dürfen. Zum Glück hatte der Kapitän sie auch benachrichtigt, nachdem er den merkwürdigen Fisch im Netz gesehen hatte. Das 1,5 Meter lange und 60 Kilogramm schwere Urtier war in den Gewässern des Indischen Ozeans vor der südafrikanischen Küste nahe der Mündung des Chalumna-Flusses ins Netz der Fischer gegangen. Der Quastenflosser ist über 400 Millionen Jahre alt. Die Entdeckung eines lebenden Quastenflossers war eine Sensation für die Fachwelt, weil die Fische mit ihren beinartigen Flossen eine frühe Form der Anpassung an das Leben im Flachwasser und damit ein Bindeglied auf dem Weg zu den vierfüßigen Landwirbeltieren darstellen. Aus diesem Grund sind die Tiere für die Evolutionsbiologie von unschätzbarem Wert. Mein Kollege Hans Fricke hat seit vielen Jahren mit dem Tauchboot JAGO, das inzwischen in Diensten des GEOMAR steht und mit dem meine Kollegen immer noch dem Quastenflosser „nachstellen", den Lebensraum des Quastenflossers untersucht.

Der Quastenflosser und die vielen anderen Kreaturen der Tiefsee sollen möglichst ungestört leben dürfen. Dafür trete ich ein. Ich bin gegen die gnadenlose Ausbeutung jedes noch so entlegenen Lebensraums auf der Erde. Seien es die Regenwälder an Land oder die Tiefsee, die Arktis oder die Antarktis. Die Menschen haben andere Möglichkeiten, ihren Hunger nach Rohstoffen zu stillen, als die letzten Zufluchtsstätten einmaliger Arten zu räubern. Intelligente Lösungen sind gefragt, und es existieren auch schon Ideen. Weniger Verschwendung wäre eine gute und vor allem auch sofort umsetzbare Möglichkeit, um die natürlichen Ressourcen der Erde zu schonen. Der Stopp der Ressourcenverschwendung wäre außerdem auch ökonomisch attraktiv. Die Menschen sollten mehr in die Richtung einer Kreislaufwirtschaft denken, die Wegwerfgesellschaft muss endlich der Vergangenheit angehören. Welche Ausmaße der Abfall annehmen kann, zeigt der Plastikmüll in den Meeren, dem wir uns im nächsten Kapitel zuwenden werden. Wir sollten den einmaligen Lebensraum Tiefsee wie auch andere schützenswerte Habitate nicht für ein paar läppische Euro hergeben. Das würde sich langfristig rächen, und die Menschen wären in besonderem Maße die Leidtragenden ihrer eigenen Gier.

4. Die Vergiftung der Ozeane

Lizenz zur Katastrophe
Ölverschmutzung

Die Menschen tun allerdings das genaue Gegenteil von dem, was aus meiner Sicht vernünftig wäre. Sie schützen die Ozeane nicht. Und es scheint uns überhaupt nicht zu interessieren, was mit dem Leben im Meer infolge unserer zahlreichen Eingriffe geschieht. So lassen wir es beispielsweise zu, dass täglich große Mengen von Rohöl während seiner Förderung und seinem Transport an die Oberfläche durch Leckagen ins Meer geraten. Das geschieht tagtäglich, sogar vor unserer eigenen Haustür in der Nordsee, wie die oben bereits erwähnte, jüngst erschienene Studie mit dem Titel *License to Spill* belegt. Die schleichende Ölverschmutzung der Ozeane ist wenig spektakulär, erregt kaum Medieninteresse und wird deswegen von der Öffentlichkeit leider so gut wie gar nicht wahrgenommen. Trotzdem tickt hier vielleicht eine der vielen Zeitbomben, die die Menschen seit einigen Jahrzehnten in die Ozeane legen.

Ein großes Medieninteresse gibt es meistens nur nach Katastrophen nahezu biblischen Ausmaßes, wie zuletzt nach dem Ölunfall im Golf von Mexiko im April 2010. Diese gigantische Ölpest wurde durch die Explosion der Ölbohrplattform Deepwater Horizon des BP-Konzerns ausgelöst und war eine der schwersten Umweltkatastrophen während der letzten Jahrzehnte überhaupt. Diese Katastrophe war in vielerlei Hinsicht beispielhaft für unseren Umgang mit den Meeren,

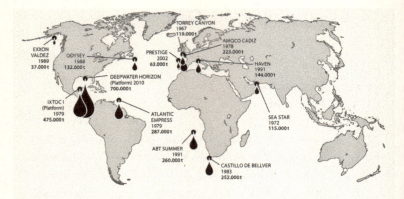

Die Explosion der „Deepwater Horizon" ist der größte Ölunfall aller Zeiten. Die Karte zeigt die 10 größten Unglücke und weitere Unfälle.
Quelle: World Ocean Review 3, maribus.

weswegen sie hier breiten Raum einnehmen wird. Außerdem werde ich noch die von dem auf ein Riff gelaufenen Tanker Exxon Valdez vor Alaska ausgelöste Ölpest ansprechen und auch die jahrzehntelange Ölverschmutzung im afrikanischen Nigerdelta. Die Ölverschmutzung der Ozeane ist ein Spiegel, den wir uns selbst vorhalten sollten. Sie ist Sinnbild für rücksichtsloses Gewinnstreben auf Kosten der Umwelt. Aber auch für unsere eigene Lebensweise: In irgendeiner Weise sind wir alle an der Ölverschmutzung der Meere beteiligt. Ich habe der Meeresverschmutzung durch Öl besonders viel Platz in diesem Buch eingeräumt, auch um deutlich zu machen, dass jede(r) von uns zum Schutze der Meere beitragen kann. Das fängt übrigens schon bei den Plastiktüten an, für deren Herstellung man Erdöl benötigt.

Elf Arbeiter starben bei der Explosion der Bohrplattform Deepwater Horizon. Für mich unfassbare 88 Tage lang konnte der Ölkonzern BP das austretende Öl nicht stoppen. Um ehrlich zu sein: Ich konnte mich damals des Eindrucks nicht erwehren, dass die Verantwortlichen aus Kostengründen nicht alles getan hatten, um das Bohrloch so schnell wie möglich abzudichten. Die vom 20. April bis zum 16. Juli 2010 aus dem Bohrloch in 1500 Metern Tiefe im Macondo-Ölfeld ausgetretene Ölmenge wird auf 500 bis 1000 Millionen Liter beziffert, mit einem besten Schätzwert von knapp 800 Millionen Liter (ca. 700 000 Tonnen). Ähnlich große Rohölmengen, ca. 500 Millionen Liter, traten bereits im Golf von Mexiko beim „Blowout" der Ixtoc-I-Bohrplattform 1979 vor der Küste von Yucatan aus. Zum Vergleich: Im ersten Golfkrieg im Jahr 1990 gelangten Schätzungen zufolge rund 910 Millionen Liter Öl in den Persischen Golf.

Ein ganz normaler Wassereimer fasst typischerweise zehn Liter. Es ergoss sich also während des Unfalls der Deepwater Horizon eine Menge Öl ins Meer, für die man achtzig Millionen Wassereimer benötigen würde. Eine unvorstellbar große Menge. Aneinander gestellt ergäben die Wassereimer eine Länge von 24 000 Kilometer. Diese Strecke entspricht gut dem halben Erdumfang am Äquator, wo die Erde den größten Durchmesser besitzt, die Distanz ist somit länger als die Entfernung zwischen Deutschland und Neuseeland. Wie so oft, hätte der Unfall gar nicht passieren müssen, wäre nicht eine kostengünstige und deswegen wenig sichere Art der Abdichtung des Bohrlochs gewählt worden. Vorsichtshalber hatte BP die Bohrung auch „outgesourct", wie man heute auf Neudeutsch sagt, d. h. man hatte Unterauftragnehmer die Arbeiten ausführen lassen. Das hilft vor allem dann, wenn es um Regressansprüche geht. BP scheint das Ganze nicht sehr geschadet zu haben, nach wie vor ist der Konzern einer der „Global Player" in der Mineralölwirtschaft. Auf jeden Fall aber hat der Unfall dessen PR-Arbeit als heuchlerisch entlarvt. Vor der Katastrophe hatte BP sich gern als besonders umweltfreundlicher, ja sogar grüner Konzern dargestellt. In Werbespots konnte man gelegentlich den Eindruck gewinnen, dass es sich bei BP nicht um einen Ölmulti handelt, sondern um eine Umweltschutzorganisation wie Greenpeace. Dieses als „Greenwashing" bezeichnete Verhaltensmuster ist in der Wirtschaft leider weit verbreitet. Heute spricht kaum noch jemand über die von BP zu verantwortende Schweinerei im Golf von Mexiko. Immerhin handelte es sich um die zweitgrößte je vom Menschen verursachte Ölkatastrophe. So schnelllebig ist unsere Welt geworden. Und auch nach dem Unfall im Golf von Mexiko hat es weitere große Ölunfälle gegeben, während denen Tausende von Tonnen Rohöl ins Meer geflossen sind. Die genauen Mengen sind nicht immer bekannt oder werden einfach verschwiegen.

Erdöl ist von seiner chemischen Zusammensetzung her eine Mischung einer Vielzahl von organischen Verbindungen. Hauptsächlich handelt es sich um ein Gemisch verschiedener Kohlenwasserstoffe, also Verbindungen, die, wie der Name schon sagt, die Elemente Kohlenstoff (C) und Wasserstoff (H) enthalten. Wind und Wellen verteilen nach einem Unfall das Öl und lassen einen zusammenhängenden Ölteppich schnell auseinanderbrechen. Der chemische Abbau großer Mengen Erdöls im Meer geschieht aber aufgrund der geringen Wasserlöslichkeit der Kohlenwasserstoffe und ihrer Reaktionsträgheit sehr langsam. Mein ehemaliger Kieler Kollege Sebastian Gerlach – mein Institut hieß damals noch Institut für Meereskunde – hat das 1983 in einem Interview mit dem Spiegel so zusammengefasst[80]: „… das Öl wird … nicht aus der Meeresumwelt beseitigt. Es wird nur von der Oberfläche fortgeschafft und weiträumig verteilt – aber die Giftwirkung bleibt weiterhin bestehen." Präziser kann man den Sachverhalt nicht darstellen. Auch wenn man das Öl nicht mehr sieht, ist das Wasser noch immer verseucht.

In den Ozeanen überwiegt der biologische Abbau des Öls durch Mikroorganismen. Weil die Deepwater-Horizon-Explosion im Golf von Mexiko nicht der einzige Unfall in der Region gewesen ist und dort auch immer wieder auf natürlichem Wege Öl austritt, haben sich im Golf von Mexiko spezielle Bakterienarten angesiedelt, die Öl „mögen" und es mithilfe spezieller Enzyme gut verdauen können. Das ist in gewisser Weise eine paradoxe Situation. Wenn Sie beispielsweise Öl in einem Gebiet ausbringen, in dem es sonst nur sehr sauberes Wasser ohne Öl gibt, dann tun sich die dortigen Bakterienarten ziemlich schwer, das Öl abzubauen. Es müssen spezielle Bakterienarten her, die bestimmte Komponenten des Erdöls abbauen können, weil sie von ihnen leben. Und diese Spezialisten sind in sauberen Meeresgebieten höchst selten, fehlen ganz oder sind so etwas wie „schlafende" Experten, die sich erst vermehren müssen, um eine genügend große Population zu bilden. Die in den sauberen Gewässern lebenden Mikroorganismen sind sozusagen nicht im „Training" und müssen erst einen „Kursus" besuchen, um zu lernen, wie man Öl verarbeitet. Die Erfahrung zeigt: Je dreckiger ein Gebiet, je verölter es ist, desto mehr Mikroorganismen sind schnell zur Stelle, um im wahrsten Sinne des Wortes die „Drecksarbeit" zu erledigen und das Öl abzubauen.

Lassen Sie uns an dieser Stelle einen kurzen Abstecher machen. Während des Blowouts im Golf von Mexiko gelangten neben dem Öl auch riesige Mengen des Gases Methan (CH_4)

ins Meer. Schätzungen zufolge könnten es bis zu 500 000 Tonnen gewesen sein. Methan, mit 75 bis 99 Prozent Hauptbestandteil des Erdgases, führt in hohen Konzentrationen zum Vergiftungstod. Es gibt auch Bakterienarten, die von Methan leben und imstande sind, es umzuwandeln. Ursprünglich ging man davon aus, dass die entsprechenden Bakterienarten das Methan nach dem Blowout schnell auffressen würden. Überraschenderweise war das aber nicht der Fall. Ein Forscherteam um Samantha Joye von der University of Georgia (USA) hat auf mehreren Expeditionen bis zum Dezember 2010 die Entwicklung des Methangehalts auf einer Fläche von gut 100 000 Quadratkilometern um die Unglücksstelle im Golf von Mexiko gemessen.[81] Die Wissenschaftler fanden heraus, dass die Methankonzentrationen in der Wassersäule während des gesamten Jahres 2010 deutlich über den Hintergrundwerten gelegen haben. Zeitweilig übertraf der Methan-Gehalt selbst nach der Schließung des Bohrlochs Mitte Juli den normalen Wert noch um das 5000-fache.

Der mikrobielle Abbau des Methans erreichte schon gegen Ende Mai/Anfang Juni 2010 seinen Höhepunkt – und damit viel früher, als man gedacht hatte. Danach verringerte sich die Abbaurate, sank gegen Ende Juni drastisch ab und betrug nur noch ungefähr ein Hundertstel des vorherigen Maximums. Der Eintrag des Methans in die Wassersäule aus dem undichten Bohrloch hielt bekanntermaßen noch bis Mitte Juli an. Dann erst gelang es endlich, das Bohrloch abzudichten. Die Methan-Werte blieben jedoch in der Wassersäule bis zum Ende der Messungen im Dezember 2010 deutlich erhöht. Vielleicht auch noch viel länger, was wir zwar nicht wissen, was aber durchaus plausibel wäre. Genügend Methan stand den Bakterienstämmen also noch zum Verzehr zur Verfügung. Trotzdem hatten sie einfach keinen Hunger mehr. Hätten die Mikroorganismen insgesamt für nur knapp zwei weitere Monate ihren großen Appetit beibehalten, dann hätten sie das gesamte ausgetretene Methan wegfuttern können.

Warum erzähle ich Ihnen das alles? Die so oft von bestimmten Kreisen beschworenen Selbstreinigungskräfte des Meeres reichten offensichtlich nicht aus, um das austretende Methan komplett zu beseitigen. Woran das gelegen hat, wissen die Forscher nicht. Im Prinzip waren die Verhältnisse für einen raschen Methanabbau günstig gewesen. In ihrer Studie spekulieren die Wissenschaftler, dass es physiologische Gründe geben könnte, die den Methanabbau begrenzt haben. Oder dass die Umweltbedingungen ein begrenzender Faktor für den Abbau gewesen sein könnten.

Ein nicht zu beziffernder Teil des Methans ist vermutlich in die Atmosphäre entwichen. So gibt es Hinweise darauf, dass Gasblasen, die mit einem Ölfilm ummantelt sind, Methan aus großen Wassertiefen bis an die Meeresoberfläche transportieren können, von wo es dann in die Luft entweichen kann. Methan ist ein potentes Treibhausgas und trägt zur globalen Erwärmung bei. Ein Methan-Molekül ist über zwanzigmal wirksamer als ein CO_2-Molekül. Allerdings sind die absoluten Mengen des Methans in der Luft sehr viel geringer als die des Kohlendioxids, weswegen CO_2 das Gas Nummer eins in Sachen Klimawandel ist und auch auf absehbare Zeit bleiben wird.

Die Autoren um Samantha Joye schließen ihre Arbeit mit der Aussage, dass man letztlich das Schicksal des Methans im Golf von Mexiko nicht belastbar bestimmen könne und damit auch nicht seine langfristigen Auswirkungen auf die dortigen Ökosysteme. Diese Aussage zeigt ein fundamentales

Problem im Umgang der Menschen mit der Natur. Bei vielen ökologischen Problemen stochern wir Wissenschaftler im Nebel. Zudem wissen wir noch nicht einmal genau, welche Arten in vielen Regionen der Ozeane überhaupt existieren und in welcher Zusammensetzung. Und nur deswegen kann die Ausbeutung der Meere einfach so weitergehen – als wäre sie völlig ohne Risiken für die Meeresökosysteme. „Unwissenheit schützt vor Strafe nicht." Dieser Rechtsgrundsatz sollte auch für den Umgang der Menschen mit den Ozeanen gelten. Gewinnstreben kann und darf nicht über den Rechten der Umwelt stehen. „Im Zweifel für die Ozeane". Eine Missachtung dieses ethischen Grundsatzes könnte irgendwann auch zu einem Bumerang für die Menschen selbst werden.

BP hatte in seiner Bilanz 38 Milliarden US-Dollar für die Kosten der Katastrophe zurückgestellt. Sicher, das ist keine kleine Summe. Aber bereits im Jahr 2011 befand sich der Ölkonzern wieder in der Gewinnzone. Die Tageszeitung *Die Welt* titelte in ihrer Onlineausgabe im Februar 2012: „BP macht höheren Gewinn als vor der Ölpest".[82] In dem Artikel heißt es u. a.: „Für die Menschen, Tiere und Pflanzen am Golf von Mexiko wird es noch viele Jahre dauern, bis sie die Folgen der Ölkatastrophe im April 2010 überwunden haben. Der britische Ölkonzern BP hingegen strotzt knapp zwei Jahre nach dem Untergang seiner Bohrinsel Deepwater Horizon nur so vor Kraft ... Der in der Branche als Vergleichsgröße übliche Gewinn zu Wiederbeschaffungskosten lag bei 23,9 Mrd. Dollar (18,18 Mrd. Euro). Selbst 2009, im Jahr vor dem Unglück im Golf von Mexiko, hatte BP nicht so viel Gewinn gemacht wie 2011." Im Jahr 2010 hatte der Konzern wegen des Unglücks noch einen Verlust von 4,9 Milliarden Dollar zu beklagen. Übrigens, Dividende wird auch schon wieder an die Aktionäre ausgeschüttet. Eine unfassbare Geschichte, die eine ganz klare Botschaft beinhaltet: Zumindest finanziell lohnt es sich, auf die Ozeane keinerlei Rücksicht zu nehmen und sie ohne Gnade auszubeuten. Die Risiken tragen andere, die Meeresökosysteme, aber auch die Menschen in der Region. Das macht mich wütend und traurig zugleich.

Die ökologischen Auswirkungen der Ölkatastrophe im Golf von Mexiko sind vielfältig. Korallen haben schweren Schaden genommen. Mehr als 1000 Kilometer Küste wurden verseucht. Gerade zu lächerlich waren angesichts dieser Tatsachen die kamerawirksamen Bemühungen von BP, die Strände mit angeheuerten Helfern zu säubern oder das Gefieder von Seevögeln reinigen zu lassen. Monatelang durfte in der Region nicht gefischt werden. Über die Langzeitfolgen der Ölpest im Golf von Mexiko ist bisher zwar nur wenig bekannt, eine neue wissenschaftliche Studie möchte ich aber an dieser Stelle erwähnen, die man mit Fug und Recht als Durchbruch in Sachen Impaktforschung bezeichnen kann. Fabien Brette von der Stanford University veröffentlichte zusammen mit amerikanischen Kollegen im Februar 2014 eine wissenschaftliche Abhandlung zu den möglichen Langzeitfolgen des Öls für Thunfische.[83] Diese Forschungsarbeit liefert brisante Ergebnisse. Danach schädigen giftige Komponenten des Öls die Herzen junger Thunfische so stark, dass sich diese nie wieder ganz erholen können. Und dieser Befund soll wegen ihrer evolutionären Nähe zu den Fischen sogar auf viele andere Lebewesen übertragbar sein – auch auf den Menschen. Die Ergebnisse der Stanford-Forscher erklären, warum man nach der Explosion der Deepwater Horizon bei vielen Fischen schwere Herzschäden festgestellt hatte. Dasselbe Phänomen beobachteten Forscher auch schon 1989, nachdem der Tanker Exxon Valdez vor der Küste Alaskas auf Grund gelaufen war und dort eine Ölpest gigantischen Ausmaßes ausgelöst hatte. Immer wieder stieß man nach dem Unglück der Exxon Valdez auf Fischembryonen, deren Herzen zerstört waren oder die unter Herzrhythmusstörungen, verlangsamtem Herzschlag oder Ödemen, also Wasseransammlungen litten. Der Verdacht lag bereits damals nahe, dass das Öl die Herzen der jungen Fische schwer geschädigt hatte. Aber niemand wusste zu der Zeit, wie genau das „schwarze Gold" die Fischherzen schädigt. Eine willkommene Steilvorlage für die Ölindustrie, deren Lobbyisten steif und fest behaupteten, die Schäden an den Herzen der Fische hätten überhaupt nichts mit der Ölpest zu tun. Und solange man den Mechanismus nicht darlegen konnte, mit dem die chemischen Bestandteile des Öls die Herzzellen der Fische angreifen, blieben Zweifel, ob tatsächlich ein Zusammenhang mit der Havarie der Exxon Valdez bestanden hatte.

Heute weiß man über den Wirkungsmechanismus sehr viel mehr. Die Wissenschaft hat in der Forschung über die Auswirkungen von Rohöl auf Lebewesen erhebliche Fortschritte erzielt. Für Tiere gefährlich werden die sogenannten Polyzyklisch Aromatischen Kohlenwasserstoffe, kurz PAK genannt, die auch im Erdöl vorkommen. Einige PAK-Verbindungen sind krebserregend, und manche schädigen außerdem das Erbgut. Nach einer Ölpest können die Giftstoffe für lange Zeit in den Meeren verbleiben und deswegen noch Monate und vielleicht auch Jahre nach einem Unglück für Lebewesen gefährlich sein. In Versuchen mit Zellen junger Thunfische haben die Biologen um Fabien Brette herausgefunden, dass PAK tatsächlich die Herzfunktion der Jungfische zu beeinträchtigen vermag. Der Herzschlag verlangsamte sich in den Experimenten, es kam auch zu Herzrhythmusstörungen. Im schlimmsten Fall blieb das Herz der Fische sogar ganz stehen. Das war der Beweis. Dabei können die PAK-Konzentrationen sogar geringer sein als die Werte der Wasserproben aus dem Golf von Mexiko, die man gleich nach dem Unglück genommen hatte. Das zeigt das Forscherteam um John P. Incardona vom Northwest Fisheries Science Center in Seattle im US-Bundesstaat Washington in einer neueren Arbeit.[84] Die von Incardona angeführten Wissenschaftler konnten darüber hinaus die Herzschäden nicht nur bei Thunfischen, sondern auch der Gelbschwanzmakrele feststellen. Das stützt die These, dass PAK für viele Tiere lebensgefährlich sein kann.

Der Grund für die Defekte an den Herzen der Fische ist der folgende: Dass eine Herzzelle überhaupt schlagen kann, hängt von ihrer Fähigkeit ab, die chemischen Elemente Kalium und Kalzium schnell aufnehmen und wieder abgeben zu können. Das ist notwendig, damit das Herz auf die elektrischen Impulse reagieren kann, die es zum Schlagen bringen. PAK behindert die Versorgung mit den beiden chemischen Elementen. Dieser Mechanismus sei bei allen Wirbeltieren gleich, so die Autoren um Fabien Brette, weil er sich schon sehr früh während der Evolution entwickelt hat. Auch die Herzen von Schildkröten und Delphinen könnten deswegen von der Ölpest in der Folge der Explosion der Bohrplattform im Golf von Mexiko betroffen sein. Die giftigen Substanzen schädigen vermutlich auch das menschliche Herz, wenn man die giftigen Dämpfe einatmet. Jetzt können wir nur noch abwarten und zuschauen, wie die Ökosysteme auf den „Großversuch" Deepwater Horizon reagieren werden. John Incardona und seine Kollegen raten dazu, sich in Studien zur Verletzlichkeit anderer Meereshabitate wie zum Beispiel die Arktis insbesondere die Entwicklung der Herzen von heimischen Fischen sehr genau anzusehen, weil das Organ außerordentlich empfindlich auf Rohöl reagiert und deswegen ein guter Indikator für Beeinträchtigungen des Organismus durch Öl ist.

Besonders „öffentlichkeitswirksam" sind auch große Tankerunglücke, bei denen sich riesige Mengen Öl ins Meer ergießen und ganze Küsten verschmieren. Eines der bekanntesten Beispiele ist das schon erwähnte Unglück der Exxon Valdez vor Alaska im März 1989. Das Tankerunglück war bis zur Explosion der Bohrinsel Deepwater Horizon im Golf von Mexiko die schlimmste Ölpest der US-Geschichte. Trotz seines Fassungsvermögens von 210 000 Tonnen war der Tanker zum Zeitpunkt des Unglücks zum Glück mit „nur" 163 000 Tonnen Rohöl beladen. Kurz nach Mitternacht lief das Schiff auf das Bligh-Riff im Prinz-William-Sund vor Süd-Alaska auf. Es strömten etwa 42 Millionen Liter der giftigen Substanz in den Nordpazifik. Der nach Medienberichten alkoholkranke Kapitän war zu diesem Zeitpunkt betrunken und befand sich nicht auf der Brücke. Die Verantwortung für den Tanker hatte der durch hohes Arbeitsaufkommen gestresste und vermutlich übermüdete Dritte Offizier. Der war wohl völlig überfordert und schaffte es nicht, die Exxon Valdez auf einem sicheren Kurs zu halten.

Wir sehen hier ein sich in Teilen der Weltwirtschaft wiederholendes Muster. Die Devise lautet: „Kosten sparen um jeden Preis." Bei der Exxon Valdez sparte man offensichtlich am Personal, wählte eine kostengünstige und vermutlich schlecht ausgebildete Besatzung und nicht etwa eine, auf die man sich hundertprozentig hätte verlassen können. Und eine Doppelhülle hatte der Tanker auch nicht besessen, die ein

Austreten der Ladung hätte verhindern können. Die Explosion der Ölbohrinsel Deepwater Horizon im Golf von Mexiko wurde wesentlich durch Zeitdruck und Sparmaßnahmen auf Kosten der Sicherheit verursacht. Zu diesem Ergebnis kommt die von US-Präsident Barack Obama eingesetzte Untersuchungskommission in ihrem Abschlussbericht zu den Ursachen und Folgen der schlimmsten Ölpest in der amerikanischen Geschichte.[85] Nach Ansicht der Experten geht die Katastrophe jedoch nicht auf spezifische Fehler einzelner Personen in der Ölindustrie oder der Regierung zurück, sondern auf übliche Praktiken in dem Wirtschaftszweig: „Die tieferen Ursachen sind systembedingt und könnten wieder auftreten, wenn es nicht zu spürbaren Reformen in den Geschäftsmethoden der Branche und der Politik der Regierung kommt", fasst die Untersuchungskommission in aller Deutlichkeit ihre Ergebnisse zusammen. Das Meer, die Küsten und insbesondere auch die dort lebenden Menschen dürfen hinterher die systemischen Unterlassungen ausbaden. Den Ölmultis schadet das kaum. Ein wenig schlechte Presse, damit können sie prima umgehen. Auch Exxon, heute Exxon Mobil, macht wie BP seit Jahren formidable Gewinne.

Das gilt auch für den Ölmulti Shell. Der Ölkonzern ist für die unglaubliche Ölpest im Nigerdelta mit verantwortlich, die dort seit über fünfzig Jahren Alltag ist. *Stern-Online* titelte 2010 „Die vergessene Katastrophe".[86] Schätzungen zufolge sind bis zu zwei Millionen Liter Öl ins Nigerdelta geflossen. Um diese Umweltzerstörung gigantischen Ausmaßes etwas begreifbarer zu machen: Der Eintrag von Öl ins Nigerdelta bewegt sich in einer Größenordnung, als hätte die Region in den letzten fünfzig Jahren eine Ölpest im Ausmaß des Exxon Valdez Tankerunglücks einmal pro Jahr erlebt. Das Umweltprogramm der Vereinten Nationen (UNEP) hat 2011 eine umfangreiche Studie über die Ölverschmutzung im Nigerdelta herausgegeben.[87] Darin wird explizit Shell und die nigerianische Regierung kritisiert, die hauptverantwortlich zu der Verschmutzung beigetragen hätten. Shell hatte die Förderung nach einer Kampagne des Bürgerrechtlers und Autors Ken Saro-Wiwa beendet. Er setzte sich für die Sanierung der durch die Erdölförderung vergifteten Gebiete sowie die Beteiligung der dortigen Bevölkerung an den Einnahmen aus der Erdölförderung ein. Die nigerianische Militärregierung richtete ihn 1995 nach einem Schauprozess hin, was massive internationale Proteste zur Folge hatte. Kritiker des Konzerns werfen Shell eine Mitschuld am Tod von Ken Saro-Wiwa vor. Der UNEP-Studie zufolge wird die Säuberung des betroffenen Gebietes fünfundzwanzig bis dreißig Jahre in Anspruch nehmen. Allerdings beklagen die Autoren der UNEP-Studie auch, dass die Säuberungsarbeiten nur schleppend vorangehen und nicht gründlich genug ausgeführt werden. So sind angeblich fertig gesäuberte Gebiete immer noch stark kontaminiert. Damit konnte man zwar rechnen. Dennoch treibt mir diese Unverfrorenheit die Zornesröte ins Gesicht.

Aber noch einmal zurück nach Alaska zu den Folgen der von der Exxon Valdez ausgelösten Ölpest. Die Auswirkungen auf Umwelt und Wirtschaft der Region verschlimmerten sich auch deswegen, weil die US-Behörden damals sowohl organisatorisch als auch technisch nicht auf ein derart großes Unglück vorbereitet gewesen waren. Zudem hätte die Katastrophe vielleicht überhaupt nicht passieren müssen. Nach dem Unglück hat man der verantwortlichen Küstenwache große Versäumnisse vorgeworfen. Die Radarüberwachung hätte den fehlerhaften Kurs des Schiffes auf jeden

Fall erkennen, die Küstenwache die Besatzung rechtzeitig vor der Nähe des Riffs warnen können. Dazu erklärte die Küstenwache, dass die Radargeräte zu dem Zeitpunkt des Unfalls nicht funktionierten. Außerdem habe auf dem Stützpunkt kurz vor dem Unglück ein Schichtwechsel stattgefunden. Das mag wohl stimmen, ist aber absolut inakzeptabel und zeigt eines nur zu deutlich: Nicht nur die auf den Schiffen, sondern auch die für die Sicherheit der Verkehrswege verantwortlichen Personen an Land agieren sehr oft allzu sorglos, was das Auftreten von Tankerunfällen begünstigt. Hätte das Schiff eine Doppelhülle gehabt, wäre die Ölpest vor Alaska vermutlich ganz zu vermeiden gewesen oder hätte zumindest nicht in einem solchen Umfang stattgefunden. Aber das hätte Exxon ja Geld gekostet. So ganz überraschend, wie manche glauben, scheint die Katastrophe nicht über die Amerikaner hereingebrochen zu sein.

Als Folge des Tankerunglücks vor Alaska erließen die USA 1990 eine Richtlinie, den „Oil Pollution Act" (OPA 90)[88], nach der alle Tankerneubauten über eine Doppelhülle verfügen müssen, um US-amerikanische Häfen anlaufen zu dürfen. Der „Oil Pollution Act" war ein Schritt in die richtige Richtung und regelte auch die Haftung der Reedereien neu. Die Haftung der Schiffsbetreiber ist seitdem nach oben nicht mehr beschränkt. In diesem Punkt sind die USA Vorreiter gewesen, der Schock der Exxon-Valdez-Katastrophe saß einfach zu tief. Das Gesetz besaß dann auch für den Rest der Welt eine Signalwirkung. Seit 2015 sind weltweit ausschließlich Doppelhüllentanker auf den Weltmeeren unterwegs. Diese Regelung gilt im Übrigen auch für Massengutfrachter. Insgesamt ist die Zahl der großen Ölverschmutzungen in den Ozeanen während der letzten Jahrzehnte stark gesunken, von

25,5 pro Jahr in den 1970er-Jahren auf 3,3 während des ersten Jahrzehnts dieses Jahrhunderts.[89] Auch das ist erfreulich, aber jeder große Ölunfall ist immer noch einer zu viel. Außerdem wissen wir nicht genau, wie viel Öl Jahr für Jahr durch kriminelle Machenschaften ins Meer fließt. Die Dunkelziffer ist hoch, weil die Meere nicht im großen Maßstab überwacht werden können und deswegen zum Beispiel das Ablassen von Altöl oft unerkannt bleibt.

Bei dem Unfall der Exxon Valdez liefen bekanntlich 42 Millionen Liter Rohöl aus, „nur" etwa ein Zwanzigstel im Vergleich zu der Menge, die sich während der Havarie der Deepwater Horizon ins Meer ergoss. Das reichte aber schon aus, das empfindliche Ökosystem in den Gewässern vor Alaska und an dessen Küste massiv zu schädigen. Über 2000 Kilometer Küste waren mit dem Öl verseucht worden. Hunderttausende Fische, zahlreiche Seevögel, Wale, Fischotter und andere Tiere starben als direkte Folge des Unglücks. Nach der Ölkatastrophe brach die Fischereiwirtschaft im Prinz-William-Sund zusammen. Selbst heute, fast drei Jahrzehnte später, haben sich die Bestände an Hering und Lachs noch nicht erholt, andere Arten dürfen nur eingeschränkt gefangen werden. Auch gleich nach dem Unfall stieß man immer wieder auf schwer herzgeschädigte Fischembryonen. Und der Verdacht lag auf der Hand, dass das Öl die Ursache war. Wie schon erwähnt: Man konnte es nicht nachweisen, weswegen die Ölindustrie nichts von ihrer Verantwortung wissen wollte. Fabien Brette und seine Kollegen haben uns hier einen entscheidenden Schritt weitergebracht. Wobei ich mich frage, warum eigentlich nicht die Ölindustrie nachweisen muss, dass die Gifte im Öl für die Meeresbewohner ungefährlich sind. Das ist nach meinem

Dafürhalten eine völlig absurde Situation. Ich plädiere dafür, die Beweislast umzukehren. Die Fische und all die anderen Meeresbewohner können schließlich nicht gegen die Ölmultis klagen.

Wenn sie nicht sofort sterben, vergiften sich die Tiere nach Ölunfällen über längere Zeiträume schleichend durch die Nahrungsaufnahme, da sich die Ölreste nur langsam im Meer abbauen. Die wohl in der Öffentlichkeit bekannteste durch Öl hervorgerufene Schädigung von Lebewesen ist die Verschmutzung des Gefieders von Wasservögeln. Wir alle kennen die schrecklichen Bilder von ölverschmierten Vögeln, denen zumeist Freiwillige verzweifelt irgendwie zu helfen versuchen. Die Verunreinigung des Gefieders mit Öl führt dazu, dass lebenswichtige Funktionen wie die Wasserabweisung und Wärmeisolierung nicht mehr gewährleistet sind. Sind größere Teile des Gefieders verschmutzt, kühlt der Vogel aus und stirbt. Ähnlich kann sich das Verkleben des Fells von Meeressäugern wie Robben mit Öl auswirken. Das ölverschmutzte Fell isoliert nicht mehr ausreichend gegen Kälte. Die Tiere werden immer schwächer und sterben. Das war auch nach der Explosion der Ölbohrplattform Deepwater Horizon im Golf von Mexiko der Fall. Seevögel, Meeressäugetiere und -schildkröten waren durch den klebrigen Ölfilm qualvoll umgekommen. Darüber hinaus hat man bei der Säuberung der Strände durch sehr gut bezahlte, aber biologisch nicht fachkundige Personen viele Nistplätze von Seevögeln und Gelege von Schildkröten beschädigt. Das Unglück traf auch das Mississippi-Delta schwer, ein einzigartiges Ökosystem, eines der wenigen noch verbliebenen Rückzugsgebiete für zahlreiche bedrohte Arten wie zum Beispiel einige Meeresschildkrötenarten.

Lehren hat man aus der Ölkatastrophe im Golf von Mexiko so gut wie keine gezogen. Inzwischen ist hier wieder alles beim Alten. Der Mineralölkonzern Shell will im Golf von Mexiko in einer Rekordtiefe von fast drei Kilometern Öl und Gas fördern. Viele technikhörige Menschen wollen darin ein Zeichen des technologischen Fortschritts erkennen. Auch US-Präsident Barack Obama machte da leider keine Ausnahme. Die nächste Öl-Katastrophe im Golf von Mexiko ist programmiert.

Noch heute sind die Folgen der Deepwater-Horizon-Explosion spürbar[90]. So liegen die Geburtenraten von Delfinen deutlich unter denen aus der Zeit vor der Katastrophe. Aber ansonsten scheint Normalität im Golf von Mexiko eingekehrt zu sein: Die Fischereiflotten fahren wieder hinaus. Sie fangen Fisch, und der ist auch genießbar. Die Touristen sind zurückgekehrt und baden im lauwarmen Meer. Aber nur, weil nichts zu sehen ist, sind das Öl oder seine Bestandteile noch lange nicht verschwunden. Gut die Hälfte des Rohöls hat wahrscheinlich nie den Weg zur Wasseroberfläche gefunden. Anders als bei einem Tankerunglück, wo große Ölteppiche auf dem Wasser schwimmen, ist bei dem Deepwater-Horizon-Unglück ein Großteil des Öls in der Tiefsee geblieben. In 1000 bis 2000 Metern Tiefe werden sich feine Öltröpfchen gebildet haben, die sich mit Schwebstoffen zu Klumpen vermischen. Weil sie dadurch schwerer werden, sinken sie schließlich auf den Meeresboden. Dort bilden sie noch heute flickenhafte Ölteppiche. Meine Kollegin Antje Boetius vom Alfred-Wegener-Institut in Bremerhaven beschreibt es in einem Interview mit der *Deutschen Welle* so[91]: „Das sieht aus wie Wollmäuse zu Hause, wenn nicht gesaugt wird – nur in rot und braun."

Das sich so am Meeresboden absetzende Öl begräbt den Lebensraum vieler Arten, eine ökologische Katastrophe, insbesondere wenn es die Tiefseekorallenriffe trifft. Auch in der Kälte und Dunkelheit der tiefen Meeresschichten kommen Korallen vor, die man als Kaltwasserkorallen bezeichnet und denen wir uns weiter unten noch zuwenden werden, wenn es um die Ozeanversauerung geht. Die kleinen, nur mehrere Milligramm schweren „Wollmäuse" aus Erdöl können leicht mit einer Strömung mitschwimmen und Gebiete in bis zu 1000 Kilometern Entfernung von ihrer ursprünglichen Quelle erreichen, wodurch auch diese Regionen in Mitleidenschaft gezogen werden können. Der tiefe Ozean ist eben nicht statisch, und es gibt in der Tiefsee Gebiete mit Strömungen beachtlicher Stärke von einigen Zentimetern pro Sekunde oder sogar darüber. Das kann dazu führen, dass die Auswirkungen von Unfällen selbst in der Tiefsee nicht auf die eigentliche Unglücksstelle begrenzt bleiben.

Bakteriengemeinschaften sind imstande, Ölteppiche zu zersetzen, eine Art Bioreinigung des Meerwassers. Das ist zwar im Prinzip willkommen, weil das Öl dann zumindest vordergründig verschwindet. Aber nicht immer ist das, was die biologischen Ölvernichter aus dem Öl machen, auch ungiftig. Das Hauptproblem dabei: Die bakteriellen Abbauprodukte lösen sich leichter im Wasser als die ursprünglichen Kohlenwasserstoffe. Daher nehmen Organismen sie auch schneller auf. So landen die Gifte schließlich in der Nahrungskette. Erst erreichen sie das Plankton. Dann kleine Krebse und die Fische, die wiederum auf den Tellern der Menschen landen. Ein weiteres Problem: Die „ölfressenden" Bakterienarten verbrauchen bei ihrer Arbeit viel Sauerstoff, und das kann zu extremer Sauerstoffarmut in den betroffenen Gebieten führen. Dann können auch noch andere Bakterienarten zum Zuge kommen, die keinen Sauerstoff benötigen. Sie produzieren den übelriechenden Schwefelwasserstoff als Endprodukt, das viele Tiere, darunter Muscheln und Fische, tötet oder vertreibt. Die ganz großen Befürchtungen diesbezüglich haben sich nach dem Unfall auf der Deepwater Horizon zum Glück nicht bewahrheitet, denn die starken Strömungen im Golf von Mexiko sorgten für eine stetige Sauerstoffzufuhr und verdünnten das Öl wie auch die bakteriellen Abbauprodukte. Der Golf von Mexiko ist schließlich die Wiege des Golfstroms, der für einen raschen Abtransport des vergifteten Wassers sorgte. Von dort ergießen sich pro Sekunde etwa 32 Millionen Kubikmeter Wasser durch die Floridastraße in den Atlantischen Ozean. Eine ökologische Katastrophe war der Ölunfall aber allemal.

Die Meeresströmungen werden uns auch in den folgenden Kapiteln wiederbegegnen, die sich dem Plastikmüll und der Radioaktivität in den Ozeanen widmen. Strömungen verteilen Verunreinigungen über große Meeresgebiete, was wir auch mit unseren Ozeanmodellen berechnen können. So haben wir mit unseren Computermodellen nicht nur simuliert, wie sich das Öl im Golf von Mexiko ausbreiten und verdünnen würde, sondern auch, wie sich die nach dem Super-GAU von Fukushima ins Meer geflossene und immer noch fließende radioaktive Brühe im Pazifischen Ozean verteilen wird. Die Meeresströmungen sind in bestimmten Gebieten ziemlich stark und oftmals verwirbelt. Sie wirken dort wie überdimensionierte große Quirle. Ohne diese riesigen Mixer hätte es nach Ölunfällen um viele Meeresgebiete sehr viel schlechter gestanden, als es ohnehin schon der Fall gewesen war. Das hilft den Ökosystemen kurzfristig, über längere Zeiträume betrachtet verhindert das aber nicht, dass sich die Gifte in den Ozeanen immer mehr anreichern. Davon zeugen die Gifte, die man schon in Fischen aus vielen Gebieten nachweisen kann.

Inzwischen ist auch klar, dass die Verantwortlichen für die Ölbekämpfung den Teufel mit dem Beelzebub ausgetrieben haben: Um zu verhindern, dass das Öl an der Wasseroberfläche die Küsten erreicht, haben die „Retter" riesige Mengen des giftigen Lösungsmittels Corexit auf den Ölteppich gesprüht. Was zwar dazu führte, dass sich das Öl an der Oberfläche auflöste, aber so entstand ein neues Problem. Das Öl und das Corexit lösten sich im Wasser und vergifteten die ölabbauenden Bakterienarten wie auch Fischlarven und andere Kleinstlebewesen. Die Verantwortlichen hatten gehofft, durch den Einsatz des Lösungsmittels Vögel, Meeresschildkröten und Meeressäugetiere wie Wale zu retten. Und das erscheint auf den ersten Blick sinnvoll, weil sich durch den Einsatz des Lösungsmittels das Öl fein verteilt. Aber es gibt bei der Verwendung des „Medikaments" Corexit auch „Nebenwirkungen", so wie es eigentlich bei fast jeder Arznei der Fall ist. Der bakterielle Abbau verlangsamt sich nämlich durch den Einsatz des Lösungsmittels. Detlef Schulz-Bull, Chemiker vom Leibniz-Institut für Ostseeforschung in Warnemünde, zieht in einem Interview mit der *Deutschen Welle* daraus die folgende Lehre[92]: „Man solle bei großen Ölkatastrophen keinerlei Lösungsmittel einsetzen, denn sie vertuschten nur die sichtbaren Effekte des Öls. Man könne es zwar nicht mehr sehen, aber das Öl sei immer noch vorhanden. Der Einsatz von Corexit mache alles noch viel schlimmer. Man gibt noch Tausende von zusätzlichen chemischen Stoffen, die auch nicht harmlos, sondern an sich schon toxisch sind, in das

System hinein. Man verbessert eigentlich überhaupt nichts." Das bestätigt eine in der Wissenschaftszeitschrift *Environmental Pollution* erschienene Studie von Roberto Rico-Martínez von der Universidad Autónoma de Aguascalientes in Mexiko und amerikanischen Kollegen.[93] Sie besagt, dass sich die Giftigkeit von Rohöl um etwa das Fünfzigfache erhöht, wenn man es mit Corexit kombiniert.

Die Rekonstruktion der Ereignisse hat gezeigt, dass BP darauf bestanden hatte, Corexit zu benutzen, obwohl das Risiko klar war und öffentliche Stellen immer wieder davor gewarnt hatten. Zwingen konnten die Behörden BP nicht, auf das Lösungsmittel zu verzichten. Es gab keine gesetzliche Grundlage dafür. BP verfolgte nur eine Absicht: Das Öl sollte endlich aus den Augen der Öffentlichkeit verschwinden. Nach dem Motto: „Aus den Augen, aus dem Sinn." Koste es, was es wolle. Die Online-Ausgabe der *Zeit* druckte unter dem Titel „Giftige Kosmetik" einen Aufsatz des amerikanischen Journalisten und Buchautors Mark Hertsgaard ab. Er fasste das Verhalten von BP so zusammen[94]: „Der Konzern behauptete öffentlich, es trete viel weniger Rohöl aus, als die eigenen Fachleute vermuteten, und zugleich sorgte das Mittel Corexit dafür, dass es an der Wasseroberfläche und an den Stränden auch danach aussah." Heute wissen wir, dass auch viele Menschen mit schwersten gesundheitlichen Schäden dafür bezahlt haben. Niemand kümmerte sich um die Sicherheitsbestimmungen, die der Hersteller empfohlen hatte. Corexit wurde von BP einfach als ungefährlich bezeichnet, obwohl in den Handbüchern etwas ganz anderes stand.

Wir Menschen neigen dazu, eine falsche Handlung durch eine weitere rückgängig machen zu vollen. Das geht fast immer schief. Warum ist es eigentlich so schwer, das Übel an der

Wurzel zu packen? Das Erdöl da zu lassen, wo es ist. Weil meistens knallharte wirtschaftliche Interessen im Vordergrund stehen und die naheliegende Lösung verhindern. Der Ausbau der erneuerbaren Energien wäre rational betrachtet die bessere Lösung, um den Energiebedarf der Menschen zu decken. Nur verspricht dieser Weg nicht das schnelle Geld für die großen Konzerne. Und genau deswegen vernebeln sie oftmals die Sachverhalte oder setzen falsche Behauptungen in die Welt. Zur Verantwortung gezogen werden die Konzerne meistens nicht.

Man könnte Öl auch abbrennen, wenn es die Meeresoberfläche großflächig in einer wenigstens einige Millimeter dicken Schicht bedeckt und sich beim Aufstieg aus der Tiefe oder durch Wind und Wellen nicht zu stark mit Wasser vermischt. Aber auch hier lauern potenzielle Gefahren: Die teils giftigen Verbrennungsrückstände können das marine Ökosystem in verschiedener Weise negativ beeinflussen. Hier besteht allerdings noch ein großer Forschungsbedarf. Man kann aber davon ausgehen, dass die Auswirkungen lokal begrenzt bleiben. Die bei der Verbrennung entstehenden schwarzen Rußwolken sehen zwar grässlich aus, werden aber durch die Winde schnell verteilt. Außerdem sind die Mengen im Vergleich zu den jahrein, jahraus weltweit von den Schiffen freigesetzten Rußmengen nicht bedeutend. Am besten sorgt man aber dafür, dass Ölunfälle nicht mehr vorkommen. Auch wenn das in letzter Konsequenz hieße, dass wir die Weltwirtschaft ohne Öl organisieren müssten. Langfristig führt daran wegen der Endlichkeit der Ressource ohnehin kein Weg vorbei.

Man sieht, wie schwierig es ist, das Öl zu bekämpfen, ist es einmal ins Meer gelangt. Oft hat man nur die Wahl zwischen Pest und Cholera. Gegen Ölteppiche hilft zuverlässig nur eines: Man muss sie mit Ölsperren eingrenzen und dann das Öl abpumpen. Sollte das nicht möglich sein, könnte man auch versuchen, mit umweltfreundlichen Materialien das Öl an der Wasseroberfläche zu binden. Damit gewinnt man zumindest Zeit und kann das Öl immer noch etwas später abpumpen. Wissenschaftler der Universität Rostock haben zusammen mit Forschern anderer Hochschulen, darunter die Technische Universität Dresden, eine vielversprechende neue Methode zur Ölbekämpfung entwickelt.[95] Dabei werden biologisch abbaubare Binder aus Holzfaserstoffen mit Mikroorganismen versehen und von einem Flugzeug aus ins Katastrophengebiet abgeworfen. Die Holzfaserstoffe binden das Öl, die Mikroorganismen bauen es ab. Dabei sucht man die Bakterienstämme aus, die am besten mit den giftigen Ölkomponenten zurechtkommen, sprich von ihnen leben. Das klingt verblüffend einfach, erfordert allerdings im Ernstfall eine logistische Meisterleistung. Die Umwelttechnologie, das verdeutlicht dieses Beispiel sehr gut, ist ein zukunftsträchtiges Forschungsfeld, das noch viel stärker in die Hochschulen Eingang finden sollte.

Denn der Wahnsinn geht immer weiter, der Hunger nach Erdöl kennt kaum noch Grenzen. Ein unfassbares Beispiel dafür ist der kanadische Sankt-Lorenz-Golf, am Ausfluss des Sankt-Lorenz-Stroms in den Atlantischen Ozean. Der Golf ist das größte Ästuar der Erde. Als Ästuar bezeichnet man die Mündungsbereiche großer Flüsse ins Meer. Sie sind der von den Gezeiten beeinflusste Übergangsbereich vom Süßwasser des Flusses ins Salzwasser des Meeres. Im Durchmischungsbereich von Süß- und Salzwasser, in der sogenannten Brackwasserzone, leben zum Teil Arten, die nur in diesem recht begrenzten Gebiet überleben können. Die Lebensader im Sankt-Lorenz-Golf sind die nährstoffreichen atlantischen Meeresströmungen, mit denen sich das Süßwasser aus dem Strom vermischt. Der Sankt-Lorenz-Golf ist die Heimat zahlreicher Tierarten: Robben und Wale sind hier ebenso anzutreffen wie Heringe, Kabeljaue oder Hummer. Einige wenige Störe gibt es dort noch. Walrosse sind inzwischen fast ganz verschwunden. Die Menschen haben seit vielen Jahren der Tierwelt im Sankt-Lorenz-Golf arg zugesetzt, insbesondere den Arten, die sich nur langsam fortpflanzen. Wissenschaftler haben zehn ökologisch empfindliche Gebiete im Sankt-Lorenz-Golf identifiziert, in denen etwa dreißig gefährdete Arten leben: Fische, Vögel sowie Meeressäuger. Das größte in den Ozeanen lebende Säugetier, der zwischen zwanzig bis dreißig Meter lang werdende Blauwal, findet sich ebenfalls hin und wieder im Sankt-Lorenz-Golf ein, weil er im Sommer dem nach Norden zurückweichenden Meereis mit seinen riesigen Krill-Mengen folgt.

Überfischung, Klimaerwärmung und jetzt auch noch die Gier nach Öl bedrohen das einzigartige Ökosystem. Die kanadische Regierung hat bereits erste Bohrlizenzen vergeben – in hochsensiblen Regionen mit extrem fragilen Ökosystemen. Der *National-Geographic*-Autor Rob Dunn fragt: „Wollen wir ölabbauende Bakterien oder Fische, Robben und Wale?" Überhaupt sind die Kanadier inzwischen so etwas wie die „bad guys", was den Umweltschutz anbelangt, die bösen Jungs, um es vornehm auszudrücken. Für den Klimawandel fühlen sie sich gar nicht mehr verantwortlich und sind einfach vor ein paar Jahren aus dem Kyoto-Protokoll ausgestiegen. Internationale Verträge sind doch zum Brechen da, oder etwa nicht? Das Fracking betreibt Kanada im großen Maßstab, also das Einleiten von giftigen Chemikalien, um tiefe

Gesteinsschichten brüchig zu machen und den letzten Rest Erdgas aus der Erde herauszupressen. Die Kanadier sind auch ganz groß in der Erdölgewinnung aus Teersanden, eine extrem umweltzerstörende Art der Förderung und eine, die zudem einen enormen Energieeinsatz benötigt. Die Ölsandschicht befindet sich in ca. dreißig Metern Tiefe. Um daran zu kommen, werden Kanadas Urwälder gerodet und der Mutterboden abgetragen. Erst dann kann das Gemisch aus Sand, Lehm und vor allem dem teerähnlichen Öl „Bitumen" aus dem Boden gehoben werden. Mit heißem Dampf kann man schließlich an das ersehnte Öl kommen. Oder man pumpt den heißen Dampf gleich in die unter der Erdoberfläche liegende ölsandführende Schicht. Der heiße Dampf verflüssigt das gebundene Öl, das dann ohne zu graben abgesaugt werden kann. Und jetzt ist der Sankt-Lorenz-Golf an der Reihe. Kanada scheint nichts und niemand mehr davon abhalten zu können, die allergrößten Gräueltaten an der Umwelt zu begehen.

Die große Deponie
Plastikmüll

Erdöl wird auch benötigt, um Kunststoffe herzustellen. Rohöl ist nämlich der traditionelle Ausgangspunkt für die vielen Kunststoffe, die heutzutage unser Leben begleiten. Rund fünf Prozent der weltweiten Ölproduktion werden dafür genutzt.[96] Umgangssprachlich verwendet man für das Wort Kunststoff auch den Sammelbegriff Plastik. Womit wir beim Plastikmüll in den Ozeanen angekommen sind. Weltweit werden jährlich über 200 Millionen Tonnen Kunststoff produziert. Eine beträchtliche Menge der Kunststoffe landet irgendwann in den Ozeanen. Nach einem Bericht des Umweltprogramms der Vereinten Nationen (UNEP) gelangen jedes Jahr rund 6,4 Millionen Tonnen Müll ins Meer.[97] Diese Schätzung stammt allerdings noch aus den 1990er-Jahren, heute werden es vermutlich noch mehr sein. Insgesamt haben sich in den Ozeanen schätzungsweise schon bis zu 150 Millionen Tonnen Plastikabfall angesammelt. Bei all diesen Zahlen handelt es sich allerdings um ziemlich grobe Schätzungen, die eine erhebliche Fehlermarge haben dürften. Denn die Bestimmung der Plastikmüllmenge ist verständlicherweise nur in einigen wenigen Meeresgebieten möglich, von denen ausgehend man die Gesamtmenge hochrechnen muss. Außerdem verschwindet ein beträchtlicher Teil des Plastikmülls in den tieferen Meeresschichten, was die Schätzungen der Plastikmenge in den Ozeanen zusätzlich erschwert.[98] Was wir an der Meeresoberfläche sehen, ist nur die Spitze des Eisbergs: Nur ungefähr fünfzehn Prozent des Plastikmülls treiben an der Wasseroberfläche, siebzig Prozent landen auf dem Meeresgrund und weitere fünfzehn Prozent erreichen irgendwann die Küsten.

Plastik ist aus unserem Leben nicht mehr wegzudenken. Es findet sich fast überall: in unserer Kleidung oder auch als kleine Kügelchen sogar in der Zahnpasta. Viele Kosmetikhersteller verwenden feines Plastikgranulat als Schmirgelstoff, damit man Hautschuppen oder Schmutz von der Haut besser herunterwaschen kann. Leider gelangen diese Plastikpartikel nach dem Gebrauch der Kosmetika mit dem Abwasser fast ungehindert ins Meer. Ungefähr achtzig Prozent des Plastikmülls in den Ozeanen gelangen über Flüsse ins Meer, die restlichen zwanzig Prozent kommen von Schiffen. Die Meere sind inzwischen zu einer riesigen Mülldhalde für Kunststoffe geworden. Dabei spielt auch der Tourismus eine immer größere Rolle. Viele Urlauber lassen Plastikbestecke, kaputtes Spielzeug oder Verpackungen aus Bequemlichkeit einfach am Strand liegen oder werfen sie von Bord eines Schiffes. Man schätzt, dass der Touristenmüll an den Küsten der Ostsee dort schon etwa die Hälfte des gesamten Mülls ausmacht. Der Plastikmüll ist inzwischen zu einem Symbol der Meeresverschmutzung durch den Menschen geworden. Als wir uns mit den Meeresströmungen beschäftigt haben, sind wir bereits dem Plastikmüll in Form der Quietschentchen begegnet, die vor vielen Jahren im Nordpazifik ins Wasser fielen und seither die Meere durchqueren. Ich kann mir sehr gut vorstellen, dass Ihnen beim Lesen der Geschichte ein Lächeln übers Gesicht gehuscht ist. Das wäre auch tatsächlich lustig, wenn es sich dabei um den einzigen Kunststoff handeln würde, der sich in den Ozeanen sammelt.

In den Ozeanen kann das Plastik für sehr lange Zeit verweilen. Seien es Sixpack-Ringe oder Angelschnüre aus Kunststoff. Sie werden erst nach einigen Jahrhunderten im Meer komplett abgebaut.

Plastik im Meer kann also den Menschen überleben. Jeder von uns hinterlässt somit den nachfolgenden Generationen sein ganz persönliches Erbe in Form von Plastikmüll in den Ozeanen. Ein Erbe, das niemand braucht, schon gar nicht die Meere. Schon heute stellt das Plastik eine große Bedrohung für das Leben im Meer dar. Die UNEP spricht von 267 Arten, die bereits unter dem Plastikmüll leiden. Tiere wie Wale, Schildkröten und Vögel können sterben, wenn sie den Plastikabfall fressen oder sich darin verfangen. Nach Angaben der UNEP verenden jährlich mehr als eine Million Seevögel

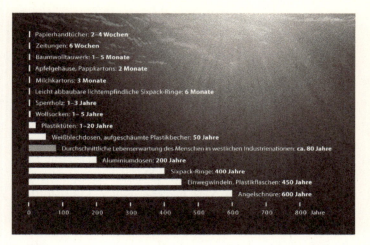

Die Müllmenge nimmt in den Ozeanen beständig zu. Viele der Abfälle bauen sich nur langsam ab. Besonders haltbar sind Kunststoffflaschen oder Fischleinen aus Nylon. Zwar zerbrechen viele Plastikteile in kleinere Stückchen. Bis diese ganz verschwunden sind, vergehen aber Jahrzehnte oder gar Jahrhunderte. Dabei handelt es sich um Schätzwerte, die Abbaurate eines Produktes hängt von seiner Zusammensetzung und den Umweltbedingungen ab. Quelle: World Ocean Review 1[99].

sowie 100 000 Meeressäugetiere und Schildkröten durch Überreste von Plastikmüll, der in den Ozeanen treibt.[100] Aber Zahlen über das Ausmaß der Plastikverschmutzung der Meere sind Schall und Rauch. Die sind wenig anschaulich.

Deswegen möchte ich Ihnen an dieser Stelle ein unfassbares Beispiel für die Auswirkungen des Plastikmülls in den Ozeanen geben, das das Problem viel besser als alle Zahlen verdeutlicht und mich betroffen gemacht hat, als ich davon gelesen hatte. Im Frühjahr 2012 verendete ein ca. zehn Meter langer und 4,5 Tonnen schwerer Pottwal im Mittelmeer an der Küste Andalusiens. Die Todesursache war Plastik. Für die Verschmutzung des Mittelmeers mit Plastikmüll machen die Experten vor allem die Betreiber von Gewächshäusern verantwortlich. Dort kommen jede Menge Plastikutensilien zum Einsatz. Meereswissenschaftler um Renaud de Stephanis vom zur Spanischen Forschungsgemeinschaft CSIC gehörenden Institut Estación Biológica de Doñana in Sevilla[101] untersuchten den Walkadaver und schnitten ihn auf. Was der Körper freigab, war unglaublich. Die Wissenschaftler fanden im Magen des Pottwals sage und schreibe fast achtzehn Kilogramm Plastik. Darunter waren mehr als dreißig Quadratmeter Abdeckfolie und verschiedene andere Kunststoffteile wie Gartenschläuche, meterlange Seile, Blumentöpfe, Plastiktüten, ein Kleiderbügel und Teile einer Matratze.[102] Plastik tötet, einen klareren Beweis als den Mageninhalt des verendeten Pottwals kann es nicht geben.

Der Plastikmüll ist heute in allen Meeren bis in große Tiefen hinab nachweisbar, und das selbst in entlegenen Gegenden wie unbewohnten Inseln in der Südsee. Die Plastikabfälle sind auch schon bis in die Arktis vorgedrungen. Am Tiefseeobservatorium des Bremerhaveners Alfred-Wegener-Instituts in der östlichen Framstraße, dem Hausgarten[103], kann man das nachvollziehen. Die Framstraße ist der Seeweg zwischen Grönland und der norwegischen Insel Spitzbergen. Selbst im Molloy-Tief, der tiefsten Station des Observatoriums und dem mit 5500 Metern auch tiefsten Punkt des Arktischen Ozeans, hatten Wissenschaftler schon vor Jahren Plastikmüll gesichtet.[104] Und auch dort wird es Jahr für Jahr immer mehr. Wissenschaftler, die in bisher unbekannte Regionen der Tiefsee in den tropischen Ozeanen vorgedrungen sind, sind ebenfalls entsetzt. Der Plastikmüll war schon vor ihnen da. Man fühlt sich dabei unweigerlich an das Märchen „Der Hase und der Igel" erinnert. Der Plastikabfall findet sich inzwischen selbst in den Tiefseegräben. Ein internationales Forscherteam hat jüngst großflächig die europäischen Meere auf Müll untersucht und ist dabei in jeder der besuchten Regionen fündig geworden: von küstennahen Gebieten bis hinab in die Tiefsee.[105] Dazu hatte die Gruppe von Wissenschaftlern aus fünfzehn Ländern unter Federführung von Christopher Pham von der Universität der Azoren mithilfe von Schleppnetzen, Videoaufzeichnungen und Fotos das Müllvorkommen in 32 verschiedenen Meeresgebieten im Nordost-Atlantik, im Arktischen Ozean und im Mittelmeer erforscht. Eines davon ist die Charlie-Gibbs-Bruchzone, ein 700 bis 4500 Meter tiefer Canyon auf dem Mittelatlantischen Rücken. Dort fanden die Forscher ganz besonders viel Müll.

Weltbekannt ist heute schon der große Müllwirbel im Nordpazifik. In ihm sammelt sich wegen der „günstigen" Strömungsverhältnisse jede Menge Plastik. Was einmal in diesen riesigen rotierenden Wirbel hineindriftet, ist gewissermaßen gefangen. Es handelt sich bei dem Müllwirbel um den inneren Teil des Subtropenwirbels im Nordpazifik. Der Müll fängt sich im Inneren, weil sich der Wirbel spiralförmig dreht und alles, was sich in ihm verfängt, in Richtung des Zentrums befördert wird. Die Abfälle können aus Südostasien stammen oder aus dem Tausende von Kilometern entfernten Nordamerika. Im Zentrum des pazifischen Müllwirbels treiben auf einer Fläche, die schätzungsweise die Größe Mitteleuropas hat, vermutlich zwischen 50 und 100 Millionen Tonnen Kunststoffabfälle. Für das im Englischen als „Great Pacific Ocean Garbage Patch" bezeichnete Plastikmüllgebiet wird die Plastikdichte in den oberen zehn Metern mit einer Million Teilchen Kunststoff pro Quadratkilometer angenommen, also ein Teil pro Quadratmeter. Die Teile können ziemlich klein sein, weswegen man das Müllgebiet auch nicht von Satelliten aus sehen kann. Selbst von Schiffen aus sind die Plastikteilchen oft nicht auszumachen, und auch für Taucher sind sie nicht immer sichtbar. Im Subtropenwirbel des Atlantiks auf der Nordhalbkugel findet man den Plastikmüll ebenfalls gehäuft, wobei die Teilchendichte aber deutlich geringer ist als im großen Bruderozean, dem Nordpazifik.

Das Plastik in den Ozeanen ist ein ökologisches Desaster, auf das auch die Politik allmählich zu reagieren beginnt. Allerdings sind die eingeleiteten Maßnahmen bisher nicht von Erfolg gekrönt. Ein Grund: Plastik ist aus unserem Alltag nicht mehr wegzudenken. Die Abermillionen Tonnen jährlich produzierter Kunststoffe werden zu so unterschiedlichen Produkten wie Plastiktüten, Zierschmuck wie Pailletten auf Textilien, Mobiltelefongehäusen oder Getränkeflaschen verarbeitet. Sie alle machen das Leben scheinbar einfacher, bequemer und günstiger. Aber egal, ob es die Plastiktüte vom Gemüsemann oder die Einwegflasche für unterwegs ist, irgendwann landen die meisten Kunststoffprodukte auf dem Müll. Schätzungen gehen davon aus, dass weit mehr als die Hälfte des weltweit anfallenden Abfalls mittlerweile aus Kunststoffen besteht. In vielen Teilen der Welt landet das Plastik unkontrolliert auf Straßen, in Seen oder Flüssen. Auch bei uns in Deutschland ist dies der Fall. Ich bin immer wieder überrascht darüber, wieviel Müll längs der Autobahnen herumliegt, darunter auch jede Menge Plastik. Ein Teil des Abfalls gelangt schließlich ins Meer, wo die UV-Strahlung der Sonne den Kunststoff brüchig werden lässt. Die nimmermüden Wellen, Reibung an Felsen oder an umherschwimmenden Gegenständen tun ein Übriges und lassen die einzelnen Plastikteile immer kleiner werden. Das sorgt schließlich dafür, dass man sie oftmals nur noch unter dem Mikroskop sehen kann. Wenn Kunststoff zerfällt, entstehen zusätzlich giftige Stoffe, die hauptsächlich von Kleinorganismen aufgenommen werden.

Doch auch wenn es mit bloßem Auge nicht mehr zu erkennen ist, bleibt das Plastik als sogenanntes Mikroplastik über Jahrhunderte im Meer erhalten. Wissenschaftler bezeichnen die winzigen Plastikteilchen so, wenn deren Durchmesser weniger als fünf Millimeter beträgt. Die Kunststoffteile können sogar bis zu einem Tausendstel Millimeter klein werden. Das macht die Mikroplastikpartikel auch so gefährlich für viele Meeresbewohner. Kleinkrebse, Fischlarven und anderen Organismen, die am Anfang der Nahrungskette stehen, sehen die Partikel als vermeintliches Futter an. Mikroplastikpartikel können leicht von ihnen geschluckt und über den Verdauungstrakt aufgenommen werden. So konnten Wissenschaftler die mikroskopisch kleinen Plastikteilchen bereits im Gewebe von Miesmuscheln nachweisen. Da Mikroplastik offensichtlich das Potenzial besitzt, sich besonders auf solche Arten auszuwirken, die an der Basis mariner Nahrungsnetze stehen, müssen wir dringend handeln. Plastik vergiftet schleichend die Meere, nur nicht so sichtbar wie zum Beispiel das Erdöl.

Mikroplastikteilchen hat man bereits in Mägen des kommerziell befischten Kaisergranats gefunden, der auch unter dem Namen Norwegischer Hummer bekannt ist. In einigen Nordseefischen ist ebenfalls schon Mikroplastik aufgetaucht. Neben rein physikalischen Schädigungen wie Risse im Gewebe ist auch die Aufnahme und Anreicherung von Schadstoffen aus den Mikroplastikteilchen selbst bei den Meerestieren zu erwarten. Denn im Meer können sich zahlreiche Gifte an die Mikroplastikpartikel anlagern. Das Problem ist die wasserabweisende Oberfläche der Plastikpartikel. An ihr reichern sich Umweltgifte wie DDT, PCB und andere wasserunlösliche Substanzen an. Die Folge: Die Plastikteilchen schwimmen wie kleine „Sondermülltransporter" durch die Ozeane, wie es auf der Internetseite des Fernsehsenders *3sat* heißt.[106] Fische und andere Meereslebewesen nehmen dann diesen Giftcocktail zu sich. Im Magen der Tiere ist allerdings der Säuregrad, wie auch bei uns Menschen, deutlich höher als im Wasser. Dadurch können sich die Gifte vom Plastik wieder lösen und sich im Körper der Tiere anreichern. Wie sich all dies auf den einzelnen Organismus sowie auf die weiteren Glieder der Nahrungskette auswirkt, ist bislang kaum untersucht. Es sind jedoch negative Folgen wie etwa Organschädigungen bei Fischen und Krebsen zu befürchten und in Einzelfällen auch schon nachgewiesen. Auf jeden Fall gelangen auf diese Weise die giftigen Stoffe in die Nahrungskette und können so schließlich auch dem Menschen gefährlich werden. Damit schließt sich der Kreis.

Da die langlebigen Plastikabfälle viele Jahre, ja sogar Jahrhunderte alt werden können, schaffen sie es, Tausende von Kilometern über das Meer zu treiben. Somit stellen sie für viele Meerestiere ideale Mitreisemöglichkeiten dar. Die Tiere können gewissermaßen per Anhalter mit den Abfällen ganze Ozeane überqueren und Entfernungen zurücklegen, die für sie sonst unüberwindbar wären. Der Plastikmüll kann damit zum Einschleppen von Arten in intakte Lebensräume beitragen. In einzelnen Fällen kann dadurch das Gleichgewicht eines Ökosystems völlig aus den Fugen geraten. Neben den ökologischen Auswirkungen bringt Plastikmüll auch ästhetische und sozioökonomische Probleme mit sich. Wer möchte schon an einer Küste voller Müll baden? In die Reinigung von Häfen, Küsten und Stränden fließen Jahr für Jahr viele Millionen Euro. Auch der Schifffahrt, der Fischerei und der Industrie entstehen hohe Kosten durch Schäden an Bootspropellern, Netzen und Filteranlagen. Wäre es also nicht besser, nicht mehr benötigtes Plastik zu recyceln? Vielversprechende Ansätze dafür gibt es. So kann man beispielsweise ein Teil des Öls aus den Kunststoffen technisch zurückgewinnen.

Oder wir verzichten gleich ganz auf einige Plastikprodukte, allen voran die Plastiktüte. Experten schätzen allein den jährlichen, weltweiten Plastiktütenverbrauch auf etwa eine Billion (10^{12}). Das sind jedes Jahr eintausend Milliarden Plastiktüten. Dieser gigantische Gebrauch von Plastiktüten trägt zu den wachsenden Müllbergen in vielen Teilen der Welt bei und belastet Mensch und Umwelt mehr und mehr. Aber vor allem die Ozeane und die Meeresbewohner leiden zunehmend unter dem Plastik. Nur ein Bruchteil der weltweit verbrauchten Plastiktüten wird recycelt oder thermisch verwertet. Die meisten landen auf Mülldeponien. Der Rest im Meer. Bis Plastiktüten vollständig zerfallen, dauert es je nach eingesetztem Kunststoff bis zu zwanzig Jahre. Plastiktüten sind unbegreiflicherweise aus unserem Alltag nicht mehr wegzudenken. In den letzten Jahren haben allein die Deutschen pro Jahr konstant mehr als fünf Milliarden Einwegplastiktüten verbraucht. Zuletzt waren es sogar mehr als sechs Milliarden. In jeder Stunde entspricht das hierzulande mehr als einer halben Million Einwegplastiktüten, eine Zahl, die man kaum glauben mag. Trauriger Spitzenreiter unter den deutschen Städten ist Berlin. Hier gehen nach Angaben der Deutschen Umwelthilfe (DUH) stündlich 30 000 Plastiktüten über den Ladentisch.[107] Gegenwärtig bestehen die meisten Plastiktüten aus fossilem Rohöl, was die Vorräte der zur Neige gehenden Ressource weiter erschöpft.

Die Produktion von Plastiktüten verschlingt nach Angaben der DUH allein in Deutschland mehr als 200 000 Tonnen Rohöl pro Jahr. Was für eine Verschwendung von Ressourcen! Man rechnet, dass fünf Plastiktüten mittlerer Größe einen CO_2-Fußabdruck von ungefähr ein Kilogramm CO_2 besitzen.[108] Dabei ist neben der Produktion auch die Entsorgung mit einbezogen. Der CO_2-Fußabruck des globalen Jahresverbrauches von einer Billion Plastiktüten beläuft sich demnach auf ca. 200 Millionen Tonnen. Plastiktüten aus dem Supermarkt tragen damit auch noch zum Klimawandel bei. Ich frage mich, ob die Menschen wirklich nicht mehr ohne Plastiktüten auskommen können. Ich bin bestimmt kein Freund von Verboten. In diesem Fall wäre ein Verbot aber vielleicht das einzige wirksame Mittel, um die Ozeane vor der Vergiftung mit Plastik zu schützen.

Immerhin ist das Thema Plastikmüll inzwischen weit oben auf der Agenda der Europäischen Union angekommen. Nach einem Beschluss des EU-Parlaments vom Januar 2014 sollen bis 2020 die besonders dünnen Tragetaschen mit einer Wandstärke von unter 50 Mikrometern (0,05 Millimeter) in allen EU-Mitgliedstaaten verboten werden. Das kann aber nur der allererste Schritt sein, die dickwandigeren Plastiktüten müssen folgen. Die Mitglieder des EU-Parlaments würden gerne schärfere Gesetze sehen und haben sich dafür ausgesprochen, dass mindestens achtzig Prozent aller Kunststoffabfälle sortiert, gesammelt und wiederverwertet werden müssten.[109] Die EU-Kommission wurde beauftragt, einen Gesetzentwurf auszuarbeiten. Ob sich das hehre Ziel allerdings gegen die starke Plastiklobby in Brüssel durchsetzen lässt, ist mehr als fraglich. In Deutschland jedoch sind erste positive Zeichen zu sehen. So verzichten immer mehr Geschäfte und Ketten auf den Verkauf von Plastiktüten.

Strahlende Strömungen
Radioaktivität

Spätestens seit dem Atomunfall im japanischen Fukushima im März 2011 ist jedem klar, dass die Menschen die Ozeane auch mit radioaktiven Stoffen verschmutzen. Fukushima war der traurige Höhepunkt der nuklearen Katastrophen seit Beginn der zivilen Nutzung der Atomkraft, insbesondere auch, was die Meere betrifft. Niemals zuvor war so viel Radioaktivität infolge eines Unfalls über die Luft oder durch Abwässer unmittelbar ins Meer gelangt. Doch was kaum jemand weiß: Die atomare Verseuchung der Meere ist seit vielen Jahren die Regel. Einigen von Ihnen sind sicherlich die Atombombentests der USA im tropischen Westpazifik erinnerlich, einer Region, die in der Öffentlichkeit als Südsee bekannt ist. Das Bikini-Atoll, der Namensgeber des zweiteiligen Badeanzugs, war Schauplatz von 67 Kernwaffentests während der 1940er- und 1950er-Jahre. Der US-amerikanische Komiker und engagierte Atomwaffengegner Bob Hope kommentierte die Tests mit den Worten: „Kaum war der Krieg vorbei, suchten wir uns den einzigen Punkt der Erde, der vom Krieg unberührt geblieben war, und jagten ihn zur Hölle."[110] Die Ureinwohner hat man damals einfach umgesiedelt, und das gleich mehrmals. Sie hatten zwar der Evakuierung zugestimmt, gingen aber davon aus, schon bald in eine intakte Umwelt zurückkehren zu können. Für sie begann eine jahrzehntelange Odyssee und ein beispielloser Leidensweg. Wann das Bikini-Atoll wieder besiedelt werden kann, ist noch immer unklar. Die USA sehen dort keine Gefahr mehr. Nach Angaben der Internationalen Atomenergieorganisation (IAEO) ist der Aufenthalt in der Region unbedenklich; nur vor dem regelmäßigen Verzehr von lokal erzeugten Nahrungsmitteln wird gewarnt. Zynischer geht's nimmer! Und an die Ozeane denkt ohnehin niemand, damals nicht und heute immer noch nicht.

Auch Frankreich hat seine Atomwaffen ausgiebig im tropischen Westpazifik getestet, und zwar auf Mururoa, einem rund 300 Quadratkilometer großen unbewohnten Atoll südlich des Äquators. Von 1966 bis 1996 war das Mururoa-Atoll im Südpazifik Atomtestgelände. Es versteht sich von selbst, dass die Franzosen das Testgelände nicht vor der eigenen Haustür eingerichtet haben. Ich wundere mich ohnehin, was Amerikaner und Franzosen in der Südsee verloren haben. Was gab ihnen eigentlich das Recht, dort ihre Bomben zu testen und die Gegend atomar zu verseuchen? Insgesamt detonierten auf Mururoa fast 200 Atombomben, zunächst in der Atmosphäre, später unterirdisch. In der Sprache der Ureinwohner bedeutet Moruroa „Großes Geheimnis". Die Franzosen haben das wörtlich genommen und alles dafür getan, dass bis zum heutigen Tage die damaligen Geschehnisse im Dunkeln bleiben. Für Journalisten oder unabhängige Wissenschaftler gibt es auf Mururoa keinen Zugang. Bis heute existieren so gut wie keine Informationen über den Zustand des Atolls und seiner Umgebung. Die französische Regierung wollte und will davon nichts wissen. Vermutlich sind 20 000 Menschen allein in Tahiti an den Folgen der Atomtests gestorben, das nur 1200 Kilometer nordwestlich vom Testgebiet liegt. Die Dunkelziffer liegt aber weitaus höher. Französische Wissenschaftler des nationalen Forschungsinstituts INSERM bestätigten den Zusammenhang zwischen den Krebserkrankungen und den Atomtests.[111] Das Ergebnis der Untersuchungen wurde allerdings nicht auf der Internetseite des Instituts veröffentlicht, was nach meinem Dafürhalten ziemlich entlarvend ist. Stattdessen übermittelte man ein Schreiben an den Präsidenten Französisch Polyniesiens, das vor dem Parlament verlesen wurde. Was die Atombombentests im Pazifik für die Meeresökosysteme bedeuten, ist völlig unbekannt. Plutonium findet sich noch kiloweise in den Sedimenten der Lagune von Mururoa.[112] Viele Meerestiere wie Krabben sind immer noch hoch belastet. Ein wirklich strahlendes Erbe, das die Amerikaner und Franzosen in einem der schönsten Gebiete der Welt hinterlassen haben. Russland hat übrigens an dem atomaren Wettrennen teilgenommen und weit über hundert Kernwaffentests auf der Doppelinsel Nowaja Semlja im Nordpolarmeer durchgeführt.

Die Atombombentests waren aber bei weitem nicht alles in Sachen radioaktive Verseuchung der Ozeane durch die Armeen dieser Welt. Daneben ist es auch immer wieder zu Unfällen beim „normalen" militärischen Umgang mit der Kernenergie gekommen, die zu ungewollten Einbringungen radioaktiver Stoffe ins Meer geführt haben. Darüber hinaus wissen wir heute, dass die ehemalige UdSSR bzw. die Russische Föderation vor Nowaja Semlja in größerem Umfang radioaktive Abfälle in fester und flüssiger Form sowie Reaktoren aus nuklearen Schiffsantrieben im Nordpolarmeer versenkt haben. Es gab und gibt eine Art Schweigegelöbnis der meisten Beteiligten in allen Atomkraft nutzenden Ländern, seien es die Militärs, die Betreiber ziviler Nuklearanlagen, die nationalen Aufsichtsbehörden oder die Politiker. Nur einige Umweltschutzorganisationen haben immer wieder auf das Einbringen atomarer Abfälle in die Meere hingewiesen. Das überrascht mich keineswegs und ist eigentlich immer der Fall, wenn es um Umweltverschmutzung im großen Maßstab geht. Wir konnten uns oben schon von dieser Strategie des „Dummhaltens und Vergessens" der Bevölkerung überzeugen, als es um die Verseuchung der Ozeane mit Erdöl ging.

In dieses Bild passt auch das Folgende: Fast fünfzig Jahre lang entsorgten viele Staaten ihren Atommüll einfach im Meer, da sie hofften, dass die radioaktiven Stoffe damit verdünnt und ungefährlich würden. Noch bis in die 1990er-Jahre hinein hat man die Ozeane als Endlager für atomare Abfälle verwendet. Ich beziehe mich dabei auf eine Dokumentation des Fernsehsenders *Arte* mit dem Titel: „VERSENKT UND VERGESSEN Atommüll vor Europas Küsten".[113] Heute sollen mehr als 100 000 Tonnen radioaktiver Abfälle in Fässern allein auf dem Meeresgrund vor Europa liegen: gut die Hälfte des versenkten Atommülls im Atlantik, der Rest in arktischen Gewässern. Weltweit sind zwischen 50 und 100 Meeresgebiete betroffen. Erst Mitte der 1990er-Jahre wurde die Lagerung von Atommüll auf hoher See durch die Londoner Konvention verboten.[114] Ob der Meeresboden allerdings wirklich ausgenommen ist, ist unklar. Wer weiß, vielleicht kann man den ja doch irgendwann als Endlager nutzen. Im Jahr 2018 will man das Abkommen „überdenken", was immer das heißen mag.

Niemand weiß genau, was alles in den Fässern auf dem Meeresgrund an radioaktivem Material schlummert. Es gibt ernstzunehmende Hinweise darauf, dass einige der Fässer schon leckgeschlagen sind; in Fischen wurden Spuren des extrem giftigen Plutoniums gefunden. Andere Fässer werden folgen. Am Meeresgrund gibt es viel Turbulenz im Wasser und jede Menge chemische und biologische Aktivität, die den Fässern zusetzen. Es ist nur eine Frage der Zeit, wann das radioaktive Material ins Meerwasser gelangt. Was das bedeutet, wissen wir genauso wenig, wie wir die Spätfolgen der Atombomberversuche kennen. Der Atommüll am Meeresgrund ist neben der schleichenden Ölverschmutzung eine weitere tickende Zeitbombe in den Ozeanen, deren Konsequenz und Stärke wir nicht kennen.

Die Verklappung von Atommüll ist zwar inzwischen verboten, aber die Wiederaufbereitungsanlagen dürfen weiterhin radioaktive Abwässer in den Atlantik einleiten. Ziel der Wiederaufbereitung ist es, Plutonium zu gewinnen, eine hochgiftige Substanz. Sie ist der Schlüssel für Kraftwerke des Typs „Schneller Brüter" und für den Bau von Atomwaffen. Ganz anders, als der Name vermuten lässt, wird die Menge des Atommülls durch die Wiederaufbereitung keineswegs geringer. Während durch die einmalige Wiederaufbereitung das Volumen des hochradioaktiven Abfalls um achtzig Prozent abnimmt, steigt das Volumen des schwach- und mittelaktiven Abfalls auf ungefähr das Fünffache. Wiederaufbereitungsanlagen geben außerdem im Vergleich zu Kernkraftwerken viel größere Mengen radioaktiver Substanzen an die Umwelt ab. Die radioaktiven Abwässer aus den Wiederaufbereitungsanlagen sollen nur schwach strahlen und angeblich völlig ungefährlich sein. Aus meiner Sicht ist diese Behauptung ein Skandal. Denn niemand weiß, ob es überhaupt einen sinnvollen Grenzwert für Radioaktivität gibt. Die Langzeitfolgen von Radioaktivität sind schlicht nicht bekannt.

Die beiden europäischen Wiederaufbereitungsanlagen, das britische Sellafield und das französische La Hague, haben immer wieder für Schlagzeilen gesorgt und tun es noch heute. In der in Nordwestengland an der Irischen See gelegenen Anlage Sellafield, früher hieß sie Windscale, ereignete sich 1957 der weltweit erste schwere Atomunfall. Klar, dann ändert man erst einmal den Namen der Atomanlage. Seitdem reißen die Schlagzeilen über Pannen im Atomkomplex Sellafield nicht ab. So gerieten im November 1983 aufgrund eines „Irrtums" radioaktive Lösungsmittel und Chemikalien in die Irische See. Weite Strandabschnitte mussten gesperrt werden. Um all die Pannen in Sellafield aufzuzählen, reicht der Platz nicht aus. Aber die Störfälle haben Folgen. Und wie so oft trifft es die Schwachen. Die Fälle von Leukämie bei Kindern häufen sich. Das ist eindeutig wissenschaftlich belegt. Eine Untersuchung aus dem Jahr 1990 stellte fest, dass die Zahl der Leukämieerkrankungen bei Kindern in der Umgebung des Atomkomplexes statistisch signifikant über dem Landesdurchschnitt lag.[115] Dabei spielen vermutlich verschiedene Faktoren eine Rolle. Die Strahlenexposition der Väter, die in der Anlage arbeiten, wurde als Hauptgrund identifiziert. Aber auch die Ernährung mit lokalen Lebensmitteln hatte einen Einfluss. Die Verantwortlichen von Sellafield können natürlich keinen Zusammenhang mit der Anlage herstellen. Der Betrieb geht unvermindert weiter.

Die zweite Wiederaufbereitungsanlage La Hague liegt im Nordwesten Frankreichs an der Atlantikküste. Wie in Sellafield werden Teile der radioaktiven Substanzen in La Hague in die Luft und ins Meer abgeführt. Man schätzt, dass 400 Kubikmeter radioaktiven Abwassers täglich in den Ärmelkanal und von dort in die Nordsee gelangen. In medizinischen Studien wurde ein direkter Zusammenhang zwischen der Strahlenbelastung und einer überdurchschnittlichen Häufigkeit von Leukämiefällen im Umland der Anlage zumindest nicht ausgeschlossen. Greenpeace-Taucher waren außerdem auf im Meer versenkte Betonmassen gestoßen, deren Strahlungsaktivität um bis das 4000-fache über der der Umgebung lag. Die Betreiberfirma der Anlage gab zu, ein altes Einleitungsrohr für radioaktive Abfälle in den 1980er-Jahren in Beton gegossen und versenkt zu haben. Bis zu dem Zeitpunkt hatte das Schweigekartell bestens funktioniert.

Die Einleitung von radioaktiven Abfällen ins Meer ist also auch vor unserer Haustür der Normalfall. Nach Medienberichten soll sogar die italienische Mafia für Geld Atommüll auch noch im Mittelmeer versenkt haben. Den Berichten zufolge soll die Mafia über dreißig Schiffe mit Giftmüll auf dem Meeresgrund „entsorgt" haben.[116] Das hätte ich auch nicht anders erwartet. Eine nicht geklärte oder sehr kostspielige Entsorgung von Abfällen verleitet nur allzu oft zu kriminellen Machenschaften, ein altbekanntes Handlungsmuster.

Wie lange wollen wir uns das eigentlich noch bieten lassen? Atomwaffen benötigt niemand! Und die Kernkraft kann den Energiebedarf der Menschheit ohnehin nicht decken. Atomkraft trägt schließlich nur einige Prozent zur weltweiten Energiegewinnung bei. Die in Aussicht gestellte sichere Endlagerung radioaktiver Abfälle ist ein Märchen. Die wird es nie geben. Der Atommüll wird irgendwo landen, wo er nicht hingehört. Vermutlich größtenteils in den Meeren. Die militärische und zivile Nutzung der Atomkraft sollte alleine aus diesem Grund möglichst bald der Vergangenheit angehören. Die Ozeane werden es uns danken.

In Japan spricht man allerdings schon wieder von der Atomkraft als Zukunftstechnologie, weil sie ja so alternativlos sei. Und auch in vielen anderen Ländern erfährt die Atomkraft momentan eine Renaissance. Auch in Deutschland verstummen die Stimmen nicht, die der Atomkraft das Wort reden. Die wahren Kosten werden systematisch verschleiert. Das gilt insbesondere für die Kosten der Umweltschäden, die wir letztlich alle tragen müssen. Entlarvend ist in diesem Zusammenhang das Beispiel Englands. Nach einer Pause von fast zwei Jahrzehnten macht sich Großbritannien wieder an den Ausbau der Atomenergie. Dabei soll es einen Garantiepreis für den Atomstrom geben. Die Preisgestaltung soll wie die Förderung erneuerbarer Energien in Deutschland funktionieren. Verdient der französische Betreiber Électricité de France (EDF) mit dem Verkauf seines Stromes nicht den vereinbarten Mindestpreis, müssen die Stromverbraucher dafür geradestehen; sie finanzieren dann die Differenz mittels einer Umlage über die Stromrechnung. Dabei ist die Strompreisgarantie höher als die für deutschen Ökostrom. Das macht den englischen Atomstrom sogar viel teurer als den deutschen Solarstrom, der ja auch nicht gerade billig ist. Über die Umwelt und wie sie im Falle einer nuklearen Verseuchung mit der Radioaktivität fertig werden soll spricht niemand. Und auch nicht darüber, dass die Preise des Atomstroms so wie bei den fossilen Energien die Kosten der Umweltzerstörung nicht enthalten. Das können sie auch nicht, weil konventionelle Energie sonst unbezahlbar wäre. Den Wert der Meere kann man eben nicht in Euro und Cent ausdrücken. Sie sind von unschätzbarem Wert. Die erneuerbaren Energien sind nicht zu teuer, sondern die konventionellen Energien viel zu billig. Das ist Subvention pur und hat mit Marktwirtschaft nichts zu tun.

    Zurück nach Fukushima. Wie konnte es überhaupt zu der Katastrophe kommen? Auslöser war ein gewaltiges Erdbeben, kilometertief unter dem Meeresboden vor der Westküste Japans am 11. März 2011, das turmhohe Flutwellen verursachte, die als Tsunami-Wellen oder kurz als Tsunamis bekannt sind. Das verheerende Beben hatte eine Stärke von 9,0, womit man bei der Planung des Kraftwerks buchstäblich nicht gerechnet hatte. Bei der Messung von Erdbeben wird die Stärke der Bodenbewegung angegeben, die man in der Wissenschaft als Magnitude bezeichnet. Jeder Punkt auf der Skala bedeutet etwa eine Verzehnfachung der Stärke des Erdbebens. Demnach ist ein Beben der Stärke 7 zehnmal stärker als ein Beben der Stärke 6, hundertmal stärker als ein Beben der Stärke 5, tausendmal stärker als ein Beben der Stärke 4 und so weiter. Besonders bekannt in der Öffentlichkeit ist die Richterskala, die sich allerdings nicht für besonders schwere Erdbeben eignet. Statt der Richterskala werden mittlerweile mehrere Skalen parallel verwendet. Derzeit gilt die sogenannte Momentmagnitude als bestes physikalisches Maß für die Stärke eines Bebens. Die neueren Skalen ergeben bei schwächeren Beben ähnliche Werte wie die Richterskala, sie erlauben aber eine genauere Differenzierung bei schweren Erdbeben.

Die die japanische Küste erreichenden Tsunami-Wellen waren an einigen Stellen bis zu vierzig Meter hoch. Am Atomkraftwerk Fukushima erreichten die Wellen eine Höhe von bis zu fünfzehn Metern. Dafür war das Kraftwerk nicht ausgelegt, die Wellen hätten nach Angaben des Betreibers Tepco nicht höher als 6,5 Meter sein „dürfen". Die Überflutung der Atomanlage führte schließlich zum Stromausfall, in der Folge zum Ausfall der Kühlung und zur gefürchteten Kernschmelze in zwei der sechs Reaktoren. Die Atomanlage war außer Kontrolle geraten. Zur Kühlung des havarierten

Reaktors verwendete man Meerwasser. Das reicherte sich mit radioaktiven Substanzen an und floss dann mehr oder weniger direkt zurück in den Pazifischen Ozean. Der Betreiber der havarierten japanischen Atomanlage hatte immer wieder die Systeme zur Reinigung von radioaktiv verseuchtem Wasser herunterfahren müssen, die nicht zuverlässig funktionierten. Selbst heute, gut sechs Jahre nach der Atomkatastrophe, ist die Situation in Fukushima völlig unüberschaubar. Von Kontrolle kann nicht die Rede sein. So sind die Strände voll mit schwarzen, kontaminiertes Erdreich enthaltenden Müllsäcken.

Fukushima lehrt uns eines: Die Natur ist im wahrsten Sinne des Wortes unberechenbar. Sie hält sich nicht an Grenzwerte, die die Menschen vorgeben. Und das ist die Krux unseres Denkens. Wir sind zu technikhörig, wir sind in gewisser Weise größenwahnsinnig geworden. Die Menschen glauben, alles mit Technik beherrschen zu können. Die Natur zeigt uns aber immer wieder die Grenzen. Sie lässt sich nicht zähmen. Durch niemanden und zu keiner Zeit! Der mangelnde Respekt der Menschen vor den gewaltigen Kräften der Elemente ist der eigentliche Grund für die Katastrophe von Fukushima. Die Natur beherrscht letzten Endes den Menschen, nicht die Menschen die Natur. Die durch Erbeben und Tsunamis leidgeprüften Japaner hätten es anhand ihrer eigenen Geschichte wissen können. Die Verantwortlichen haben es ignoriert. Hochmut kommt vor dem Fall. Wir sollten immer das Unmögliche denken und keine Technologie verwenden, die im Falle des Versagens derart große Risiken birgt. Das möchte ich allen ins Stammbuch schreiben, die glauben, dass eine nukleare Katastrophe in Deutschland nicht passieren kann. „Shit Happens!" Japan ist übrigens schon wieder auf Atomkraftkurs.

Informationen über das wahre Ausmaß der Nuklearkatastrophe von Fukushima gibt es kaum. Von Anfang an war es wieder da, das Schweige- und Verschleierungskartell, das diesmal aus dem Betreiber Tepco und der japanischen Regierung bestand. Ich erinnere mich noch an den Tag, als die Verantwortlichen ein paar Wochen nach dem Unglück ihre – wohl für Engagement und Entschlossenheit stehenden – Blaumänner in den Schränken ließen, um damit vor der Weltöffentlichkeit das Ende der Katastrophe zu erklären. Niemand sollte sich mehr für Fukushima interessieren. Meine GEOMAR-Kollegen um Claus Böning mussten sich deswegen auf sehr grobe Schätzungen verlassen, als sie die Ausbreitung des verstrahlten Wassers im Nordpazifik berechneten.[117] Der überwiegende Teil der Radioaktivität gelangte als Fallout oder Niederschlag über die Atmosphäre ins Meer, teilweise aber auch durch direkte Einleitung vor Ort in den Pazifischen Ozean, darunter auch langlebige Isotope wie das im Meerwasser gut lösliche Cäsium-137 (^{137}Cs) mit einer Halbwertszeit von ca. dreißig Jahren. Mithilfe detaillierter Computersimulationen haben meine Kollegen die langfristige Ausbreitung des Cäsiums über einen Zeitraum von zehn Jahren untersucht. Dabei legten sie großen Wert auf eine möglichst realistische Darstellung auch feiner Details der Strömungen, denn die Stoffausbreitung wird nicht nur durch die Hauptströmung, den Kuroshio und seine Ausläufer, sondern maßgeblich auch durch intensive und stark veränderliche kleinräumige Wirbel geprägt. Die Simulationen berücksichtigten allerdings keine biologischen Prozesse, die zu lokalen Maxima in der Radioaktivität in biologisch besonders aktiven Regionen führen können. Das Cäsium war in den Rechnungen ein passiver Tracer, wie man in der Wissenschaft sagt. Es schwimmt einfach mit den Meeresströmungen und zerfällt langsam entsprechend seiner Halbwertszeit.

Der anfängliche Eintrag während der ersten Wochen nach dem Atomunfall wurde mit 10 PBq (PBq: 10^{15} Becquerel) angenommen.[118] In Ermangelung belastbarer Messungen des Eintrages von radioaktivem Cäsium danach wurden keine weiteren Emissionen vorgeschrieben und die Ergebnisse der Simulationen in Bezug auf die Anfangskonzentration dargestellt. Nach den Modellrechnungen meiner Kollegen verteilt sich das mit Cäsium belastete Wasser durch die starken Verwirbelungen im Meere sehr schnell. Schon nach sechzehn Monaten füllte das radioaktive Wasser mehr als den halben Nordpazifik. Zudem vermischten Winterstürme das Wasser bis in Tiefen von rund 500 Metern. Die damit einhergehende Verdünnung sorgte in der Modellrechnung für eine rasche Abnahme der Cäsium-Konzentrationen im Nordpazifik. Der Einfluss der Vermischung auf die Verdünnung der Radioaktivität war demnach außerordentlich groß gewesen und überraschte. In Vergleichsrechnungen mit gröberen Modellen, die nicht die kleinräumigen Strömungsstrukturen auflösen, zeigte sich, dass die Ausbreitung und damit auch die Verdünnung der Radioaktivität im Pazifik viel langsamer erfolgten. Die ozeanweite schnelle Verteilung wird besonders deutlich, wenn man den im Modell simulierten zeitlichen Verlauf der Strahlungswerte im Pazifik mit den Verhältnissen in der Ostsee vergleicht. Die im März und April 2011 in den Nordpazifik eingetragene Menge an Radioaktivität war mindestens dreimal so groß wie die, die 1986 infolge der Reaktorkatastrophe von Tschernobyl in die Ostsee eingetragen wurde. Trotzdem waren die simulierten Strahlungswerte im Pazifik bereits nach

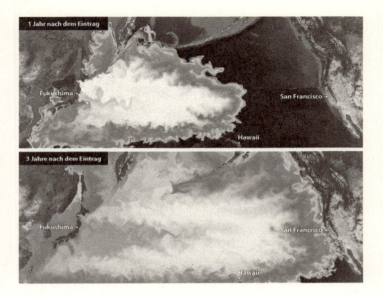

Simulierte Ausdehnung des kontaminierten Wassers ein Jahr und drei Jahre nach der Reaktorkatastrophe. Helle Flächen zeigen die höchsten Konzentrationen. Quelle: GEOMAR.

einem guten Jahr niedriger als die Werte, die man 2012, als die Studie meiner GEOMAR-Kollegen erschien, also 26 Jahre nach dem Unglück von Tschernobyl, in der Ostsee gemessen hatte.

Wie genau hatte sich nun das kontaminierte Wasser im Pazifik ausgebreitet? Nach der Modellsimulation sollten erste Ausläufer des verstrahlten Wassers etwa im Herbst 2013 die Hawaii-Inseln streifen und zwei bis drei Jahre später, gegen Mitte des Jahrzehnts, die nordamerikanische Küste erreichen. Anders als an der Meeresoberfläche schwimmende Trümmerteile, die auch durch den Wind vertrieben werden, wird das radioaktive Wasser allein durch die Meeresströmungen bewegt. Die weitere Verdünnung der Radioaktivität wird sich im Ostpazifik allerdings deutlich verlangsamen, da die ozeanische Wirbelaktivität in dieser Region viel schwächer als weiter westlich in der Kuroshio-Region ist. Daher werden nach der am GEOMAR gerechneten Simulation die Strahlungswerte im östlichen Nordpazifik noch für Jahre deutlich über denen vor der Katastrophe von Fukushima liegen, typischerweise um etwa einen Faktor zwei. Am Ende der zehnjährigen Simulation fand man dann auch die höchsten Strahlungswerte im Ostpazifik. Sehr interessant wären für meine Wissenschaftlerkollegen um Claus Böning Vergleichsmessungen aus diversen Regionen des Pazifiks, um die Vorausberechnungen mit dem Modell zu verifizieren. Solche Daten sind allerdings nicht verfügbar.

Das andere CO_2-Problem
Kohlendioxid und die Ozeanversauerung

Wir haben uns bisher mit der direkten Verschmutzung der Ozeane durch die Menschen beschäftigt. Mit dem Einbringen von Erdöl, Plastik und Radioaktivität und den möglichen Folgen. Jetzt wollen wir uns einem Thema zuwenden, bei dem die Ozeane über den Umweg durch die Atmosphäre in Mitleidenschaft gezogen werden. Es geht um das Spurengas Kohlendioxid (CO_2). Das CO_2 kennt man in der Öffentlichkeit eigentlich nur, wenn man auf die Erderwärmung zu sprechen kommt. Und in der Tat ist das Klimaproblem untrennbar mit dem anthropogenen Ausstoß von CO_2 verbunden. Deswegen spricht man in diesem Zusammenhang auch des

Öfteren vom CO$_2$-Problem, wenn man die durch den Menschen verursachte Erderwärmung meint. Es gibt aber auch das „andere" CO$_2$-Problem, die Ozeanversauerung, wie man in der Wissenschaft sagt. Damit meinen wir den zunehmenden Säuregrad des Meerwassers durch den Anstieg des CO$_2$-Gehalts in der Luft. Die vom Menschen verursachten Kohlendioxidemissionen in die Atmosphäre beeinflussen nämlich auch die Ozeane. Und das auf eine sehr direkte und für uns Wissenschaftler logische Weise: Ungefähr gut ein Viertel des Kohlendioxids, das durch die menschlichen Aktivitäten in die Atmosphäre gelangt, absorbieren die Meere unmittelbar.[119] Die Vegetation nimmt etwa 30 Prozent auf. Die verbleibenden 44 Prozent sorgen für den Anstieg des CO$_2$ in der Luft. Das Meer ist allerdings die bei weitem wichtigste Langzeitsenke für anthropogenes Kohlendioxid: Seit Beginn der Industrialisierung haben die Ozeane fast die Hälfte des von den Menschen durch das Verbrennen der fossilen Brennstoffe in die Luft gepustete CO$_2$ geschluckt.

Ohne die ozeanische Senke wäre die CO$_2$-Konzentration in der Luft heute schon sehr viel höher, und es wäre auf der Erde um einiges wärmer. Das ist die gute Nachricht. Die Kehrseite der Medaille: Im Wasser reagiert das CO$_2$ zu Kohlensäure, und dadurch wird das Meerwasser saurer. Kohlendioxid ist deswegen nicht nur ein Klimakiller, sondern vor allem auch ein Umweltgift, es vergiftet die Meere. Der unvermeidliche Prozess der Versauerung der Ozeane kann langfristig zu einer Bedrohung für das Leben im Meer werden und in der Folge selbstverständlich auch für das Leben auf den Landregionen und für den Menschen. Damit würde sich der Kreis schließen: Der Sünder würde selbst zum Leidtragenden werden. Die ganze Diskussion um die Klimabeeinflussung durch den Menschen ist aus Sicht der Ozeane in gewisser Weise irreführend. Selbst wenn das CO_2 das Klima überhaupt nicht beeinflussen würde, was natürlich völlig abwegig ist: Das Problem der Ozeanversauerung bliebe. Dieser Sachverhalt scheint in der Politik überhaupt nicht angekommen zu sein. Noch einmal: Das CO_2 ist ein Umweltgift! Und das allein erfordert die Umstellung der weltweiten Energiesysteme auf eine CO_2-arme Technologie noch in diesem Jahrhundert.

Die Vorgänge im Zusammenhang mit der Ozeanversauerung sind für Laien nicht einfach zu verstehen. Trotzdem wollen wir an dieser Stelle ein wenig tiefer in die Chemie der Ozeanversauerung einsteigen, weil der Begriff mehrere Prozesse beinhaltet. Diesen Absatz können Sie aber auch einfach überspringen, ohne den roten Faden zu verlieren.

Wenn Wasser mit Kohlendioxid zu Kohlensäure reagiert, kommen Wasserstoff-Ionen (H^+) und Hydrogenkarbonat-Ionen (HCO_3^-) frei. Die Wasserstoff-Ionen lassen den Säuregrad des Wassers steigen, d. h. sie verringern den pH-Wert des Wassers. Der pH-Wert gibt an, ob eine Flüssigkeit sauer, basisch oder neutral ist. Sinkt der pH-Wert, steigt der Säuregrad. Ein Teil der freikommenden Wasserstoff-Ionen reagiert außerdem mit den im Meerwasser in großer Zahl vorhandenen Karbonat-Ionen (CO_3^{2-}), was der Versauerung teilweise entgegenwirkt, der Säuregrad steigt also nicht so stark an, als es ohne diesen als „Karbonat-Puffer" bezeichneten Prozess der Fall wäre. Zusammen führen die beiden Vorgänge aber dazu, dass hinterher insgesamt weniger Karbonat-Ionen im Wasser verfügbar sind. Der Verlust an Karbonat-Ionen hat zwei Auswirkungen. Einerseits ist das Karbonat eine kritische Größe für die CO_2-Aufnahmekapazität des Ozeans. Da ein steigender CO_2-Gehalt der Atmosphäre die absolute Aufnahme von

Kohlendioxid im Ozean erhöht, kommt es auch zu einem höheren Verbrauch von Karbonat. Damit steht zunehmend weniger Karbonat für die chemische Reaktionskette mit Kohlendioxid zur Verfügung. Und deswegen verbleibt ein größerer Anteil des aufgenommenen Kohlendioxids in seiner ursprünglichen Form im Wasser, was die Möglichkeit, weiteres Kohlendioxid aus der Atmosphäre aufzunehmen verringert.

Andererseits betrifft der Rückgang des Karbonats im Meerwasser auch das Leben in den Ozeanen. Und der Verlust an Karbonat kann einen fatalen Ausgang nehmen. Etliche als „Kalzifizierer" bezeichnete Meeresorganismen wie Korallen, Muscheln, Krebse, Schnecken oder Kalkalgen benötigen Karbonat für den Aufbau ihrer aus Kalk bestehenden Schalen oder Skelettstrukturen. Ein Mangel an Karbonat würde daher die kalkbildenden Organismen empfindlich treffen. Die ohnehin durch die Erwärmung und Verschmutzung gebeutelten tropischen Korallen zum Beispiel hätten hier einen weiteren Stressfaktor zu verkraften. Besonders betroffen von der Ozeanversauerung könnten die polaren Ozeane sein. Gerade in den kalten Meeresgebieten ist die Löslichkeit für CO_2 besonders groß, sodass dort die Verfügbarkeit von Karbonat-Ionen entsprechend geringer ist. Diese Verknappung könnte für die in den Polarregionen lebenden Organismen besonders folgenschwer sein. Zudem laufen bei niedrigen Temperaturen viele Stoffwechselprozesse ziemlich langsam ab. Das verringert zusätzlich die Fähigkeit der Organismen, eine erhöhte CO_2-Konzentration zu kompensieren. Unter der Ozeanversauerung könnte als prominenter Vertreter für in polaren Gewässern lebende Tiere zum Beispiel der Krill leiden, der als Minikrebs weit vorn in der Nahrungskette steht. Im Extremfall würde sich der Kalk der Tiere sogar auflösen. In einigen

Meeresregionen könnte das noch in diesem Jahrhundert der Fall sein, wenn wir nicht endlich damit anfangen, den weltweiten Ausstoß von CO_2 zu senken. Wir riskieren nicht weniger als ein Massenaussterben in den Ozeanen.

Bei der Ozeanversauerung handelt es sich also um ein reines CO_2-Problem, sie ist die direkte Folge des CO_2-Ausstoßes durch den Menschen und nicht die Folge der Erderwärmung, die sich trotzdem bei steigenden atmosphärischen CO_2-Gehalten einstellen würde. Beide Probleme, die Versauerung und die Erwärmung der Ozeane, haben jedoch dieselbe Ursache: den Ausstoß von CO_2 durch den Menschen. Man kann es gar nicht oft genug wiederholen: Die Ozeanversauerung stellt schon für sich allein ein extrem großes Risiko für das gesamte Ökosystem im Meer dar. Und die Versauerung hat

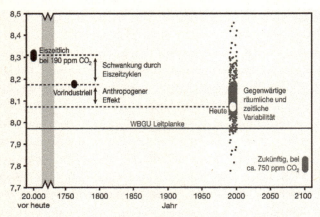

Variabilität des mittleren pH-Werts der Ozeane in der Vergangenheit und Gegenwart sowie Projektion für die Zukunft für eine atmosphärische CO_2-Konzentration von ca. 750 ppm. Die horizontale Linie illustriert die vom WBGU vorgeschlagene Versauerungsleitplanke.
Quelle: WBGU, 2006.

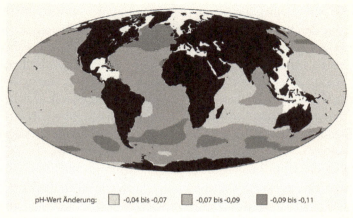

Geschätzte Verringerung des pH-Werts an der Meeresoberfläche durch anthropogenes Kohlenstoffdioxid in der Atmosphäre zwischen ca. 1700 und den 1990er-Jahren. In den weiß dargestellten Gebieten gibt es keine ausreichende Datenbasis. Daten: Global Ocean Data, Analysis Project (GLODAP) und World Ocean Atlas. Quelle: CC BY-SA 3.0, Plumbago.

bereits begonnen. Ein stärkeres Warnsignal aus dem Meer kann es kaum geben. Messungen des pH-Wertes in den verschiedenen Ozeanregionen belegen den steigenden Säuregehalt des Meerwassers zweifelsfrei: Der pH-Wert des Meerwassers ist im weltweiten Durchschnitt über die letzten zweihundert Jahre von ungefähr 8,2 auf 8,1 gesunken. Das mag nicht nach einer nennenswerten Verschiebung klingen, die pH-Werte basieren jedoch auf einer logarithmischen Skala, wie man in der Mathematik sagt, d. h. die Werte sind umgangssprachlich ausgedrückt gestaucht. Wenn der pH-Wert „nur" um 0,1 Einheiten sinkt, wird das Meerwasser um knapp dreißig Prozent saurer. Und das klingt dann schon anders und ganz und gar nicht harmlos.

Damit haben die Menschen seit Beginn der Industrialisierung den Säuregrad der Weltmeere mit einer Geschwindigkeit steigen lassen, die mindestens zehnmal schneller ist als während anderer Klimaepochen mit sehr hohen CO_2-Gehalten, wobei die Rate der Versauerung vermutlich in den kommenden Jahrzehnten noch weiter steigen wird. Das verhindert, dass dämpfende Prozesse wie die Pufferwirkung der kalkhaltigen Meeressedimente zum Tragen kommen können. Steigt der CO_2-Gehalt langsam über Jahrtausende an wie in der Erdgeschichte, können die Meeressedimente als Puffer wirken und eine zu starke Versauerung verhindern. Wenn die Menschen weiterhin immer größere Mengen von CO_2 in die Luft blasen, wie es während der letzten Jahrzehnte der Fall gewesen ist, wird der pH-Wert der Ozeane bis zum Ende des Jahrhunderts im Mittel um weitere 0,3 bis 0,4 Einheiten sinken und das Meerwasser um 100 bis 150 Prozent saurer werden. Das heißt nicht, dass die Ozeane tatsächlich zu einer Säure werden. Auch bei Werten um 7,7 bleibt das Meerwasser basisch, doch sind die Meere eben erheblich saurer als zuvor. Das Wort „Versauerung" beschreibt die Abnahme des pH-Wertes von einem jeweiligen Ausgangspunkt bis zu einem jeweiligen Endpunkt auf der pH-Skala. Eine Analogie hierzu wäre die Verwendung des Wortes „Erwärmung": Wenn etwa die Lufttemperatur von −40 °C auf −30 °C steigt, ist es zwar immer noch recht kalt, aber trotzdem handelt es sich um eine Erwärmung.

Im Juni 2012 trafen sich erneut Vertreter vieler Nationen im brasilianischen Rio de Janeiro (Rio + 20)[120], genau zwanzig Jahre nach der ersten Konferenz der Vereinten Nationen zur Nachhaltigen Entwicklung. Maritime Themen spielten dort eine größere Rolle als je zuvor. Im Abschlussdokument

The future we want, zu Deutsch „Die Zukunft, die wir uns wünschen", steht im Paragraf 166: „Wir rufen auf zur Unterstützung von Initiativen, die sich mit der Ozeanversauerung und den Folgen des Klimawandels für marine und küstennahe Ökosysteme und Ressourcen befassen. In diesem Zusammenhang betonen wir, dass es notwendig ist, eine weitere Versauerung des Ozeans in gemeinsamer Anstrengung zu verhindern, die Widerstandsfähigkeit mariner Ökosysteme und der hierauf angewiesenen Gemeinschaften zu verbessern und die Erforschung der Meere sowie die Beobachtung der Ozeanversauerung und besonders empfindlicher Ökosysteme durch eine verstärkte internationale Zusammenarbeit zu fördern."[121]

Diese Sätze sagen eigentlich alles: Das Wohlergehen der Ozeane steht auf dem Spiel, wenn die Menschen nicht aufhören, ungebremst CO_2 in die Luft zu pusten. Die Vermeidung einer übermäßigen Meeresversauerung erfordert den weltweiten Umbau der Energiesysteme. Die Art und Weise, wie wir Energie erzeugen, gleicht dem Ritt auf der Rasierklinge. Vergessen wir in diesem Zusammenhang nicht die Verseuchung der Ozeane mit Erdöl, Plastik und Radioaktivität, mit der wir uns weiter oben ausführlich beschäftigt haben. Wir greifen die Ozeane von vielen Seiten aus an.

5. Die Ozeane und das Klima

Die große Klimaanlage
Der Einfluss der Meere

Wir verschmutzen die Ozeane zusehends. Das ist inzwischen im wahrsten Sinne des Wortes offensichtlich. Die Meeresverschmutzung gefährdet direkt das Wohlergehen der Meeresökosysteme. Stellen Sie sich nur einmal vor, Sie selbst müssten in den stark belasteten Meeresgebieten leben. Sie würden sich bei diesem Gedanken vermutlich sofort vor Ekel schütteln. Doch damit nicht genug: Wir ändern zudem die Eigenschaften des Meerwassers. Und das beeinflusst ebenfalls das Leben im Meer – aber auch an Land, wenngleich indirekt. Im Folgenden möchte ich kurz skizzieren, wie wichtig die Meere für das Weltklima sind. Das Weltklima ohne die Ozeane zu begreifen wäre wie ein Butterbrot ohne jede Butter. Wir werden weiter unten noch ausführlich auf die Auswirkungen des anthropogenen, also des durch den Menschen verursachten Klimawandels auf die Meere eingehen und darauf, wie die Ozeane in der Zukunft auf das Klima zurückwirken könnten. Hier geht es erst einmal darum, ein Gefühl dafür zu entwickeln, auf welche Art und Weise die Ozeane das Klima prinzipiell beeinflussen können. Nur dann können wir verstehen, welche Rolle sie für den durch den Menschen verursachten Klimawandel spielen könnten.

Einige wenige Beispiele reichen schon aus, um die fundamentale Rolle der Ozeane deutlich zu machen. So sind die Meere für die Atmosphäre eine unbegrenzte Quelle für den

Wasserdampf, also für Feuchtigkeit. Der Wasserdampf ist die gasförmige Phase des Wassers und gelangt durch den Prozess der Verdunstung in die Luft. Der erfordert Energie, die dann als sogenannte latente Wärme in der Luft gespeichert ist und bei der Kondensation, der Umwandlung des Wasserdampfs zurück in flüssiges Wasser, wieder frei werden kann. Die Verdunstungsrate hängt sehr stark von der Temperatur ab: Je höher die Temperatur, umso mehr Wasser kann verdunsten. Feuchtwarme Luft ist demnach energiegeladene Luft. Das lehren uns Sommergewitter immer wieder. Infolge der Erderwärmung nimmt die Verdunstung zwangsläufig zu. Und das Ganze verläuft nichtlinear, wie die Wissenschaftler sagen: Bei sehr hohen Temperaturen nimmt die Verdunstung bei Erwärmung überproportional stark zu. Das bekommen wir während schwüler Tage am eigenen Leib zu spüren, wenn wir das Gefühl haben, das uns ein nasser Umhang umgibt. Es ist übrigens diese Nichtlinearität, die dafür verantwortlich zeichnet, dass tropische Wirbelstürme wie Hurrikane oder Taifune überhaupt erst ab einer bestimmten Meerestemperatur entstehen können, die bei ungefähr 26,5 °C liegt. Nur dann steht den Wirbelwinden genügend Energie in Form der latenten Wärme zur Verfügung, um sich zu Monsterstürmen zu entwickeln.

Ein angenehmer Nebeneffekt der Verdunstung ist die mit ihr verbundene Kühlung der Erdoberfläche, weil die Umwandlung von Flüssigwasser in den gasförmigen Wasserdampf Energie benötigt. Und dieser Energieverbrauch macht sich als Abkühlung während der Verdunstung bemerkbar. Ein Effekt, den wir alle von den Schweißperlen auf unserer Stirn kennen, die wir als angenehm empfinden, wenn sie im Wind verdunsten. Die Energiemenge, die die Meeresoberfläche durch die Verdunstung in Richtung Atmosphäre verlässt, besitzt im Mittel über das ganze Jahr und alle Meeresgebiete eine Größenordnung von etwa 100 Watt pro Quadratmeter (W/m^2), in den warmen tropischen und subtropischen Meeresgebieten sind es in bestimmten Gegenden sogar bis zu 150 W/m^2. Vor der US-amerikanischen Ostküste und östlich davon, wo der Golfstrom die Küste längs und der Nordatlantikstrom in den offenen Atlantik hineinströmen, misst die Energiemenge im Nordwinter zum Teil 200 W/m^2 und darüber.[122] Kein Wunder also, dass die Meeresregion vor der Ostküste Nordamerikas für das Klima Europas von besonderer Bedeutung ist. Die Meere geben insgesamt etwa siebenmal so viel Feuchte an die Luft ab als die Landoberflächen. Außerdem übersteigt die Verdunstung über den Meeresgebieten den dortigen Niederschlag. Das hat einen Nettotransport von Feuchtigkeit von den Meeres- hin zu den Landregionen zur Folge. Die Ozeane sind also die wahren Luftbefeuchter für uns Landbewohner.

Ohne den Wassernachschub von den Ozeanen würde es über den Landregionen kaum Niederschläge geben. Der Regen entsteht, wenn mit Wasserdampf angereicherte Luft aufsteigt und in kältere Atmosphärenschichten gelangt. Dann kann es zur sogenannten Wasserdampfsättigung kommen: Der Wasserdampf kondensiert, und es bilden sich kleine Tropfen. Sichtbares Zeichen dieser Phasenumwandlung des Wassers ist die Wolkenbildung, denn wir können nur flüssiges Wasser sehen, nicht jedoch den gasförmigen Wasserdampf. Die Tropfenbildung beginnt meistens schon unter hundert Prozent Luftfeuchtigkeit. Der Grund: Während der Tropfenbildung lagert sich der Wasserdampf an winzig kleine Partikel an, die man in der Wolkenphysik als Kondensationskerne bezeichnet. Und das erleichtert die Tropfenbildung. Ohne die Partikel, die man allgemein als atmosphärische Aerosole bezeichnet, gäbe es praktisch keine Wolken und somit auch so gut wie keinen Niederschlag auf der Erde. In der Atmosphäre sind glücklicherweise immer genügend Kondensationskerne vorhanden. Wir kommen gleich noch einmal zu den Aerosolen zurück, denn sie stammen teilweise aus den Ozeanen und können so das Klima der Erde regulieren.

Die Meere sind nicht nur Feuchtespender für die Luft. Sie greifen auch in die Wärmebilanz der Atmosphäre ein. Die Ozeane nehmen im Mittel Wärme aus der Atmosphäre in den Tropen auf und geben sie in den höheren Breiten wieder an die Luft ab. Das geschieht durch die Meeresströmungen, die, wie auch die Winde, riesige Wärmemengen zwischen den verschiedenen Breitenzonen umverteilen. Außerdem wirken die Ozeane direkt auf die darüberliegende Luft. Die warmen tropischen Meeresregionen messen in bestimmten Gebieten wie dem Westpazifik Temperaturen von bis zu 30 °C. Im Englischen spricht man treffenderweise vom „Warm Pool", zu Deutsch: warmes Schwimmbecken. Es sind diese sehr warmen, aber räumlich begrenzten Meeresregionen, die die tropischen Windsysteme wie die persistenten Passatwinde über dem Pazifik und Atlantik antreiben. Denn wenn die mit Wasserdampf geschwängerte Luft über den sehr warmen tropischen Meeresgebieten aufsteigt und in mehreren Kilometern Höhe kondensiert, entstehen enorme Wärmemengen, weil dann ja die bei der Verdunstung verbrauchte, latente Wärmeenergie frei kommt. Diese im Fachjargon als „diabatisch" charakterisierte Heizung der Atmosphäre ist es, die mit ihrer enormen Energie die atmosphärische Zirkulation der Tropen antreibt. Und damit einerseits die Lage der großen Regengebiete in den inneren Tropen festlegt und andererseits auch die der ausgedehnten Wüstengebiete in den Subtropen bestimmt, in denen die Luft absinkt.[123] Auch die tropischen Regenwälder der niedrigen Breiten verdanken somit ihre Existenz und geographische Lage den Ozeanen, weil die Meere über die Verdunstung letzten Endes die Luftströmungen antreiben und dem nassen Dschungel das nötige Wasser zur Verfügung stellen.

Ändern sich, aus welchen Gründen auch immer, die Temperaturen der Meeresoberfläche, wird dies unmittelbare Auswirkungen auf die Wettergeschehnisse haben können, und das nicht nur in den Tropen. Wenn man das Klima auf diesem Planeten weltweit ändern möchte, geht das besonders effektiv über die Tropen, weil sich die dortigen Änderungen unmittelbar auf beide Halbkugeln auswirken können. Insofern ist der Ozean über die Schwankungen seiner Oberflächentemperatur, insbesondere in den Tropen, ein wichtiger Verursacher von regionalen wie auch globalen Klimaschwankungen.

Lassen Sie uns noch einmal auf die atmosphärischen Aerosole zurückkommen, die für die Wolkenbildung so eminent wichtig sind, denn sie sind auch für die Ozeane von großer Bedeutung, und das in vielerlei Hinsicht. Die mikroskopisch kleinen Teilchen können zum Beispiel über Land als Staub in die Luft gewirbelt und über die Ozeane geweht werden. Der Saharastaub kann auf diese Art große Entfernungen von mehreren Tausend Kilometern über dem Atlantik zurücklegen. Der rote Sand ist eine wichtige Eisenquelle für die Meere, denn Eisen stimuliert die biologische Produktion im Ozean. Und die wiederum beeinflusst den globalen Kohlenstoffkreislauf und damit den Gehalt von CO_2 in der Luft, das die Strahlungsbilanz der Erde beeinflusst und damit ihre Temperatur. Ändern sich die Eigenschaften der Landoberfläche, dann ändert sich auch der Eintrag von Eisen ins Meer. Die Eisenzufuhr in den Ozean ist ein wichtiger Klimafaktor auf den Zeitskalen von vielen Jahrtausenden, auf denen sich das Antlitz der Landoberflächen auf natürliche Weise verändert.[124] So vermuten einige Wissenschaftler, dass veränderte Winde und eine trockenere Atmosphäre während der letzten Eiszeit zu einem wesentlich höheren Eiseneintrag in den Süd-Ozean geführt haben. Das hätte dort das Algenwachstum gefördert und eine vermehrte CO_2-Aufnahme aus der Luft bewirkt. Damit ließe sich der während der letzten Eiszeit deutlich verringerte atmosphärische CO_2-Gehalt zumindest teilweise erklären, ein bis heute nicht vollständig verstandener Sachverhalt. Der Unterschied im CO_2-Gehalt der Luft zwischen Eis- und Warmzeiten liegt in der Größenordnung von ungefähr 100 ppm[125]. Weniger CO_2 in der Luft kühlt die Erdoberflächentemperatur, mehr CO_2 wärmt sie. Dieser Zusammenhang stellt eine wichtige positive Rückkopplung im Klimasystem dar, einen verstärkenden Faktor. Ohne die CO_2-Rückkopplung über den Eintrag von Eisen ins Meer wäre das Entstehen und Vergehen von Eiszeiten nicht erklärbar. Deren eigentliche Taktgeber sind jedoch astronomische Faktoren wie die Änderung der Erdbahn um die Sonne.[126]

Große Gebiete des Weltozeans sind heute so arm an Eisen, dass das Algenwachstum hier ziemlich begrenzt ist. Zu diesen Gebieten gehören der tropische Ostpazifik, Teile des Nordpazifiks sowie der gesamte Süd-Ozean. Diese Meeresregionen sind zwar reich an den Nährstoffen Nitrat und Phosphat, die die Algen zum Wachsen benötigen. Doch ohne das Eisen, das die Algen in nur sehr geringen Mengen benötigen, wachsen sie einfach nicht. Deswegen ist die Menge des Pflanzenfarbstoffs Chlorophyll, ein Maß für die biologische Aktivität, in den eisenarmen Gewässern entsprechend gering, was man auf Satellitenbildern gut erkennen kann. Der Eisenmangel gerade im Süd-Ozean ist Anlass dafür gewesen, dass Gedanken über eine Eisendüngung der Meere aufkamen, um Algenblüten auszulösen und über die verstärkte Photosynthese Kohlendioxid aus der Atmosphäre zu entfernen und so die globale Erwärmung zu begrenzen.[127] Da dürfte allerdings eher der Wunsch der Vater des Gedanken gewesen sein. Selbst wenn man eine Fläche im Süd-Ozean von der dreifachen Größe der USA mit Eisen düngen würde, schätzen Wissenschaftler um Gerald Haug vom Max-Planck-Institut für Chemie in Mainz, verzögerte sich die Klimaerwärmung lediglich um maximal zwanzig Jahre. Der Effekt wäre aufgrund der heute grundlegend andersartigen Ozeanzirkulation im Süd-Ozean im Vergleich zu der während der letzten Eiszeit gering. Und damit stände der Aufwand in keinem Verhältnis zum Gewinn. Außerdem wären aus meiner Sicht die ökologischen Schäden nicht vertretbar.

Die für die Wolkenbildung notwendigen Kondensationskerne werden nicht nur von den Landflächen über das Meer geweht, sondern kommen auch aus dem Meer selbst. Die marinen Aerosole entstehen zum Beispiel aus Dimethylsulfat (DMS), einem von Algen produzierten schwefelhaltigen Gas. Das DMS besitzt wie das Eisen auch durchaus das Potenzial, das Klima zu regulieren. Allerdings auf eine völlig andere Art und Weise. Ändert sich nämlich der Eintrag von DMS aus den Meeren in die Atmosphäre, würde das die Wolkenbildung und damit den Strahlungshaushalt der Erde beeinflussen. Dieser Mechanismus liegt der CLAW-Hypothese[128] zugrunde: Eine globale Erwärmung beispielsweise würde das Wachstum des pflanzlichen Planktons im Meer anregen, wodurch mehr DMS in die Luft gelangt. Das hätte einen höheren Aerosol-Gehalt der Atmosphäre und mehr Wolken zur Folge, was wiederum eine Abkühlung der Erdatmosphäre bewirkt. Umgekehrt beeinträchtigt eine globale Temperaturabnahme das Algenwachstum, was die atmosphärische Konzentration des DMS und die Wolkenbedeckung verringert. Das Leben im Meer und das Klima hängen also eng miteinander zusammen. Und aus diesem Grund könnte das DMS auch eine wichtige Rolle im Zusammenhang mit dem globalen Klimawandel spielen. Allerdings wissen wir nicht genau, in welche Richtung sich die DMS-Produktion in der Zukunft ändern wird. Auf der einen Seite würden die Erwärmung und die marine Kohlendioxidaufnahme die DMS-Produktion begünstigen. Auf der anderen Seite hätte die durch die CO_2-Aufnahme bedingte zunehmende Ozeanversauerung einen gegenteiligen Effekt, weil sie die marinen Organismen schädigt.

Meine Kollegin Katharina Six vom Hamburger Max-Planck-Institut für Meteorologie hat jüngst den kombinierten Effekt von Klimawandel und Versauerung berechnet und ist zu dem Schluss gekommen, dass der Versauerungseffekt in der Summe überwiegen würde, was eine Beschleunigung der globalen Erwärmung zur Folge hätte.[129] Die oft in den Raum gestellte Selbstregulierung des Klimas scheint es in diesem Fall nicht zu geben. Wenn sie denn überhaupt funktioniert, dann nur in sehr langen geologischen Zeiträumen von vielen Jahrhunderttausenden. Auf den sehr viel kürzeren Zeitskalen, auf denen sich der anthropogene Klimawandel entwickelt, also in Zeiträumen von Jahrzehnten oder Jahrhunderten funktioniert sie offenbar nicht. Die vermeintlichen Selbstheilungskräfte des Erdsystems werden die Menschen also höchstwahrscheinlich nicht vor einer selbst verschuldeten und möglicherweise dramatischen Klimaänderung retten können, ein Grund mehr, den eingeschlagenen Weg so schnell wie möglich zu verlassen.

Langsame Riesen
Die Trägheit der Ozeane

Sowohl thermisch als auch dynamisch reagieren die Ozeane sehr langsam, wenn man sie im wahrsten Sinne des Wortes aus dem natürlichen Rhythmus bringt. Deswegen muss man immer einen Zeithorizont von mindestens einigen Jahrzehnten ins Auge fassen, wenn man den Einfluss äußerer Faktoren auf die Meere und damit auf das Klima bewerten möchte. Einer der Gründe hierfür ist die Dichte von Wasser, die im Vergleich zur Luft sehr viel größer ist. Ein Kubikmeter (1 m^3) Wasser, das ist ein Wasserwürfel mit einer Kantenlänge von einem Meter, wiegt ungefähr 1000 Kilogramm (kg) oder eine Tonne. Im Vergleich hierzu wiegt 1 m^3 Luft auf Meeresniveau und bei 20 °C nur etwa 1,2 kg. Wasser hat außerdem eine viel höhere Wärmekapazität als Luft. Das wissen Sie alle, machen es sich aber wahrscheinlich nie so richtig bewusst: Es dauert schon sehr lange, um einen Kessel Wasser zum Kochen zu bringen. Um die Temperatur eines Kubikmeters Wasser um ein Grad Celsius zu erhöhen, benötigt man eine viertausendfach höhere Energiemenge im Vergleich zur Luft. Entsprechend lange dauert es, bis sich die Meerestemperatur in unseren Breiten im Sommer erwärmt. Während wir in

Schleswig-Holstein schon im Frühjahr oftmals eine Lufttemperatur von über 20 °C messen, steigen die Meeresoberflächentemperaturen der Nord- und Ostsee erst Monate später auf solche Werte, falls denn überhaupt. Dafür bleibt das Wasser aber auch dann schön warm, wenn die Lufttemperatur kurzfristig im Sommer auf Werte deutlich unter 20 °C fällt, und auch im Spätsommer, wenn wir schon des Öfteren einen Pullover überziehen.

Der Wärmeinhalt der gesamten Luftsäule vom Erdboden bis zum oberen Rand der Atmosphäre in etwa hundert Kilometern Höhe befindet sich schon in den obersten drei Metern des Ozeans wieder. Das Meer ist somit der bedeutendste Langzeitspeicher für Wärme auf der Erde. Der Ozean speichert Sonnenenergie über längere Zeiträume und gibt sie durch Wärmestrahlung (Infrarotabstrahlung), direkte Wärmeübertragung oder in Form von Verdunstung als latente Wärme an die Atmosphäre wieder ab. Die Meere sind damit eine wichtige Wärmequelle für die oberflächennahen Luftschichten, also für den von uns Menschen erfahrenen Teil des Klimasystems. Die Wärmeabgabe der Meere geschieht dabei über das ganze Jahr.

Sie kann sich jedoch längerfristig in bestimmten Gebieten auch ändern, etwa wenn die Stärke oder Lage der Meeresströmungen in Zeiträumen von Jahrzehnten (Dekaden) oder auch Jahrhunderten schwankt. Das erkennen wir beispielsweise an der Heftigkeit der von Anfang Juni bis Ende November dauernden atlantischen Hurrikan-Saison. Die Aktivität der tropischen Wirbelstürme ändert sich im Gleichklang mit den dekadischen Schwankungen der Oberflächentemperatur des tropischen Atlantiks[130], und letztere hängt wiederum von den langperiodischen Schwankungen der atlantischen Umwälzbewegung ab. Dieser Teil der weltumspannenden Thermohalinen Zirkulation vermag enorm viel Wärme zwischen dem Süd- und Nordatlantik umzuverteilen, was sich schließlich in den Änderungen der Oberflächentemperatur in den beiden Meeresbecken zeigt. Die Kopplung zwischen den Vorgängen in der Atmosphäre an die Geschehnisse in den Ozeanen bestimmt deswegen nicht nur die Klimabedingungen von Jahreszeit zu Jahreszeit, sondern auch von Jahr zu Jahr, von Jahrzehnt zu Jahrzehnt, von Jahrhundert zu Jahrhundert und selbst in noch längeren Zeiträumen. Umgekehrt dämpfen die Meere die Schwankungen der sich innerhalb von Stunden, Tagen und Wochen schnell ändernden Atmosphäre. Der Ozean spielt somit eine recht widersprüchliche Rolle im Klimasystem. Er ruft einerseits langfristige Klimaschwankungen in der Atmosphäre hervor, andererseits dämpft er diese wiederum durch das enorme Speicherpotenzial von Wärme.

Der moderierende Einfluss der Ozeane zeigt sich zum Beispiel auch in dem weitläufig bekannten Unterschied zwischen dem maritimen und dem kontinentalen Klima. Die höchste und niedrigste oberflächennahe Lufttemperatur während eines Jahres liegen über dem Meer nicht so weit auseinander wie fernab der Küsten im Innern der Kontinente. So beträgt die Jahresamplitude der Temperatur in Teilen Sibiriens über 50 °C, während sie im maritimen Kiel gerade mal bei ca. 15 °C liegt. Übrigens, selbst im bayerischen München ist das nicht viel anders. Dort liegt die Jahresamplitude der Oberflächentemperatur nur um einige wenige Grad höher als in der Hafenstadt Kiel. Der Einfluss der ozeanischen Wärmespeicherung macht sich also selbst noch in entfernteren Landgebieten bemerkbar, wenn die über dem Meer aufgewärmten und angefeuchteten Luftmassen dorthin verfrachtet werden können. München liegt also doch irgendwie am Meer.

Neben der thermischen gibt es auch die dynamische Trägheit der Ozeane. Die Meeresströmungen reagieren langsam. Die große Dichte des Wassers macht das Meer zu einer trägen Masse. Und die will erst einmal bewegt sein. Das ist so ähnlich wie bei einem Auto. Auf der einen Seite dauert es einige Zeit, bis man die Höchstgeschwindigkeit erreicht. Auf der anderen Seite ist dann der Bremsweg auch ziemlich lang. Im Verhältnis zu den Winden sind die Meeresströmungen sehr viel langsamer: Während die Strömungsgeschwindigkeiten im Ozean im Bereich von Zentimetern pro Sekunde, das sind hundertstel Kilometer pro Stunde, und darunter liegen, befinden sich die Windgeschwindigkeiten im Bereich von Metern pro Sekunde und darüber, also im Bereich von mindestens mehreren Kilometern pro Stunde, was in etwa einem Faktor 100 in der Geschwindigkeit entspricht. In der Tiefsee sind die Bewegungen im Allgemeinen noch sehr viel langsamer als in den Oberflächenschichten der Meere. Die Eigenschaften der tiefsten Ozeanschichten weit entfernt von den Gebieten mit Tiefenwasserbildung ändern sich deswegen nur im Schneckentempo auf Zeitskalen von etwa einem Jahrtausend und darüber. Wenn sich also infolge menschlicher Einflüsse erst einmal die Eigenschaften des Meerwassers in der Tiefsee geändert haben sollten, kann es sehr lange dauern, bis sie wieder auf ihre „Normalwerte" zurückkehren, mit unabsehbaren Folgen für die marinen Ökosysteme in den tiefen Meeresregionen. Denn diese sind auf mehr oder weniger konstante Umweltbedingungen „geeicht".

Auf eine weitere Form der ozeanischen Trägheit werden wir weiter unten noch ausführlich eingehen, wenn wir uns mit der Kohlendioxidaufnahme durch die Meere beschäftigen. Denn die einzige Langzeitsenke für das durch die Menschen in die Luft geblasene CO_2 ist, wie oben bereits erwähnt, das Meer. Die ozeanische CO_2-Aufnahme ist allerdings ziemlich uneffektiv. Die Konsequenz dieser Ineffizienz in Sachen CO_2-Aufnahme wäre, dass sich der atmosphärische CO_2-Gehalt, wenn er erst einmal sehr hohe Werte, sagen wir das Doppelte des heutigen Wertes, erreicht hätte, für Jahrtausende kaum verringern würde, d. h. auf hohem Niveau verharren würde mit der Folge einer für sehr lange Zeit anhaltenden Erderwärmung.

Motor für Klimaschwankungen
Die Ozeane als Schwungrad

Das Klimageschehen in den unteren Luftschichten ist eng an die Entwicklung der Meerestemperatur und diese an die Strömungsverhältnisse in den Ozeanen gekoppelt. Wegen der ziemlich geringen Wärmekapazität der Luft und der schnellen Kommunikation in der Vertikalen ist damit auch das Geschehen in der gesamten Atmosphäre bis zu einem bestimmten Grad an die Geschehnisse in den Meeren gekettet. Ozean und Atmosphäre beeinflussen sich jedoch wechselseitig. Auf der einen Seite beeinflussen die Wetterabläufe die Ozeane in erheblichem Maße, auf der anderen Seite wirken die Meere wieder zurück auf die Atmosphäre. Die Ozeane speichern die vergangenen Zustände der Atmosphäre in ihrem „Langzeitgedächtnis" und prägen dieses Wissen der zukünftigen Entwicklung des Wetters wieder auf. Das aufsummierte Wettergeschehen der Vergangenheit bestimmt somit über den Umweg durch die Weltmeere – neben anderen Einflüssen – auch die Wetterabläufe der Zukunft; oder, genauer gesagt, die Statistik des Wetters über längere Zeiträume. Und genau so ist der Begriff Klima wissenschaftlich definiert. Das chaotische Wetter wird durch die Ozeane gewissermaßen in seine Schranken gewiesen. Der Ozean bringt eine gewisse Ordnung ins Chaos der Wetterabläufe, was aber nur über längere Zeiträume erkennbar wird. Diese unsichtbare Hand macht das Auftreten bestimmter Klimaschwankungen oder Klimaphänomene Monate oder selbst Jahre im Voraus berechenbar, vorausgesetzt, wir kennen den Zustand des Ozeans zu Beginn der Prognose.

Man kann den thermischen Einfluss der Meeresoberflächentemperatur auf die Atmosphäre wie eine gigantische Heiz- oder Kühlplatte verstehen. Ein Wetterphänomen, das wir inzwischen kennen, sind die Hurrikane. Die tropischen Wirbelstürme, die je nach Region Hurrikane (Atlantik), Taifune (Pazifik) oder Zyklone (Indischer Ozean) heißen, entstehen nur, wenn die Meeresoberflächentemperatur einen Wert von mindestens 26,5 °C erreicht, weil dann die Verdunstung groß genug ist. Und wenn die Temperatur der Meeresoberfläche um diesen Wert schwankt, wirkt sich das eben auf die Aktivität der tropischen Wirbelstürme aus. Selbst wenn es sich dabei nur um Zehntelgrade handelt. Das ist nur ein Beispiel dafür, wie schon moderate Erwärmungen in bestimmten Meeresregionen ziemlich heftige Auswirkungen auf das Wettergeschehen haben können. Das Zwischenfazit: Wir nehmen Klimaänderungen zwar durch die langsamen Änderungen der Lufttemperatur, des Niederschlags oder der Stärke der Winde wahr, ihren Ursprung haben sie aber nicht notwendigerweise in der hektischen Atmosphäre, sondern in den trägen Komponenten des Erdsystems – und oftmals in den Meeren.

Das bezieht sich vor allem auch auf die planetare atmosphärische Zirkulation, also die globalen Windsysteme. Ändert sich die Meeresoberflächentemperatur um ein bis zwei Grad selbst in nur begrenzten Gebieten des Weltmeeres, kann das allein schon über die starke Störung der Wärme- und Feuchteaustauschraten die großräumige atmosphärische Zirkulation erheblich verändern, hemisphärisch und sogar global, und so auf zum Teil weit entfernten angrenzenden Landregionen Klimaanomalien hervorrufen. Eines der bekanntesten Beispiele ist das etwa alle vier Jahre wiederkehrende Klimaphänomen El Niño[131], eine mehrere Monate anhaltende Erwärmung des äquatorialen Ost- und Zentralpazifiks. El-Niño-Ereignisse können zu starken Regenfällen in Peru und sogar Südkalifornien wie auch zu Winterfrösten in Florida führen. Auswirkungen auf den indischen Monsun und auf das Klima Südafrikas sind ebenfalls dokumentiert wie auch der Einfluss auf die Hurrikan-Aktivität im Atlantik über eine geänderte Windzirkulation in der Höhe. Das umgekehrte Phänomen, die Abkühlung des äquatorialen Ost- und Zentralpazifik, das ebenfalls weltweite Auswirkungen nach sich zieht, ist als das La-Niña-Phänomen bekannt. Die Phänomene El Niño und La Niña sind in gewisser Weise die beiden Extreme einer Klimaschaukel, die pausenlos hin- und herschwingt. Das tut sie allerdings ziemlich unregelmäßig, weil aufgrund seiner chaotischen Natur im Klimasystem so gut wie nichts streng periodisch abläuft. Der quasi-periodische Charakter ermöglicht aber die Vorhersage des Auftretens beider Phänomene einige Monate im Voraus. Das Feld von Messbojen im äquatorialen Pazifik hatte ich weiter oben schon erwähnt, als es um die Ozeanbeobachtungssysteme ging. Die Messungen der Messbojen sind die Basis für die

Prognosen und fließen in die Klimamodelle ein, mit denen man die Vorhersagen rechnet. Die El-Niño- und La-Niña-Vorhersagen kann man mit Fug und Recht als Durchbruch in der Jahreszeitenvorhersage bezeichnen, d. h. im Hinblick auf Klimaprognosen über Monate im Voraus.

Über längere Zeiträume, d. h. über Jahrzehnte, spielt der ozeanische Wärmetransport von den Tropen zu den Polen eine herausgehobene Rolle für das Klima. Und hier kommt wieder die globale Umwälzbewegung ins Spiel. Die Stärke der Wärmezufuhr in einer Region wird nicht nur durch die Temperaturen in dem Gebiet bestimmt, sondern auch durch die gesamte horizontale und vertikale Struktur der Umwälzbewegung, also davon, wie die Temperaturen und Strömungen in den verschiedenen Meeresregionen und -schichten aussehen. Wenn sich der ozeanische Wärmetransport an einem Ort ändert, kann sich die Ursache Tausende Kilometer entfernt befinden, vor allem in den polaren Regionen. Die atlantische Umwälzbewegung spielt eine ganz besonders wichtige Klimarolle, weil die Änderungen dieses Teils des ozeanischen Förderbands enorme Wärmemengen zwischen den beiden Halbkugeln umzuverteilen vermögen. Das ist der Grund dafür, dass Wissenschaftler sofort an dieses Band von Meeresströmungen denken, wenn sie schnelle und drastische Klimawechsel im Bereich des Nordatlantiks erklären möchten. Deswegen hatte auch der „Vater" des globalen ozeanischen Förderbands Wally Broecker zuallererst an den Zusammenbruch der atlantischen Umwälzbewegung gedacht, als es die spontane Kältephase auf der Nordhalbkugel im Zusammenhang mit der Jüngeren Dryas zu erklären galt.

Die Austauschvorgänge zwischen der Atmosphäre und den tieferen Meeresschichten können außerhalb der Gebiete mit Tiefenwasserbildung je nach Region mehrere Jahrhunderte bis etwa ein Jahrtausend in Anspruch nehmen. Eine Folge der insgesamt sehr langsamen Austauschraten besteht darin, dass die tiefsten Meeresschichten nur sehr schlecht ventiliert sind. Die ältesten Wassermassen mit einem Alter von etwa 2000 Jahren finden sich im ganz tiefen Nordpazifik. Er wird nur äußerst langsam von den antarktischen Gewässern her „belüftet", was sich auch darin zeigt, dass sich dorthin praktisch noch kein anthropogenes CO_2 verirrt hat. Die Unterschiede in der Ventilierung erlauben Rückschlüsse auf die Meeresströmungen. Und das hatte sich „Wally" Broecker vor etwa einem Vierteljahrhundert zu Nutze gemacht, als er das Konzept des globalen ozeanischen Förderbands entwickelte. Übrigens, er war und ist kein Fan von Ozeanmodellen, hat dann aber doch im Laufe der Jahre mehr und mehr an den Modellen Gefallen gefunden, bestätigten sie doch einige seiner frühen, zum Teil sehr gewagten Thesen. Wie etwa den Zusammenhang zwischen abrupten Klimaänderungen und dem Zusammenbruch des ozeanischen Förderbands.

In Zeiträumen von vielen Jahrtausenden beeinflusst das Meer die Luftzusammensetzung und reguliert darüber auch den Strahlungshaushalt der Erde. So hängt die Konzentration von Treibhausgasen wie Kohlendioxid in der Luft über viele Jahrtausende betrachtet auch vom Zustand der Ozeane ab. Eine langsame Änderung der Erdbahn um die Sonne und die damit im Zusammenhang stehenden (hauptsächlich) regionalen Änderungen in der auf die Erde einfallende Sonnenstrahlung mit einer Periode von ungefähr 100 000 Jahren werden von den Meeren verstärkt. Die Löslichkeit von Gasen im Meerwasser hängt schließlich von der Temperatur ab. So nimmt warmes Wasser weniger CO_2 aus der Luft auf als kaltes.

Deswegen schluckt der Ozean insgesamt mal mehr, mal weniger CO_2 aus der Atmosphäre, je nachdem, in welche Richtung sich gerade die Meerestemperatur ändert. Erwärmt sich also die Erde, nimmt das Meer weniger CO_2 auf und umgekehrt. Dieser verstärkende Effekt, in der Physik als positive Rückkopplung bezeichnet, spielt bei dem Entstehen und Vergehen von Eis- und Warmzeiten eine ganz wichtige Rolle. So ist, wie wir wissen, der CO_2-Gehalt während einer Warmzeit typischerweise um etwa 100 ppm höher als während einer Eiszeit.

Die Ozeane werden auch in der Zukunft ganz entscheidend das Klima prägen. Das bezieht sich einerseits auf die natürliche Klimavariabilität. Und andererseits auch auf den Einfluss der Menschen. Die Auswirkungen des anthropogenen Ausstoßes von Kohlendioxid und der daraus resultierenden Erderwärmung ohne die Einbeziehung der physikalischen, chemischen und biologischen Vorgänge in den Ozeanen verstehen zu wollen ist ein Ding der Unmöglichkeit. Wir müssen darüber hinaus verstehen, wie sich die Verschmutzung der Ozeane auf ihre Klimarolle auswirkt. Das werden wir in den folgenden Kapiteln immer wieder vor Augen geführt bekommen.

6. Der gegenwärtige Zustand der Meere

Langsam, aber gewaltig
Die Ozeane im Klimawandel

In den vorangehenden Kapiteln habe ich immer wieder auf mögliche Konsequenzen hingewiesen, die die vielfältigen Aktivitäten der Menschen für die Meere haben könnten. Nun will ich mich im Detail mit den Auswirkungen des Klimawandels auf die Ozeane beschäftigen, aber auch mit deren Rückwirkung auf das Klima.

Der Klimawandel ist buchstäblich in aller Munde. Kaum ein anderes Thema aus der Wissenschaft steht so sehr im Fokus des öffentlichen Interesses wie die Erderwärmung und ihre Auswirkungen. Kein anderes Feld aus der Forschung entfacht aber auch solche gesellschaftlichen Kontroversen. Dabei spielen wissenschaftliche Erkenntnisse oftmals keine Rolle mehr – willkommen im postfaktischen Zeitalter. Ideologie und die Durchsetzung von Machtinteressen bestimmen die Debatte zunehmend. Das ist beklagenswert, aber auch nicht ganz unerwartet, beeinflusst doch der Klimawandel praktisch alle Bereiche des menschlichen Lebens. In diesem Kapitel wollen wir uns in erster Linie mit der zurückliegenden Entwicklung des Klimas seit Beginn der Industrialisierung befassen und skizzieren, wie sich das bereits auf die Meere ausgewirkt hat. Es geht also darum, aufzuzeigen, wie weit der Klimawandel inzwischen fortgeschritten ist und die Ozeane schon heute beeinflusst. Zukunftsszenarien für die Weltmeere und die sich daraus ergebenden möglichen Konsequenzen für das Klima und den Menschen folgen später.

Der globale Klimawandel findet statt, ohne jeden Zweifel. Und er findet in ganz besonderem Maße in den Ozeanen statt. Die Auswirkungen sind dort besonders spürbar. „Neue wissenschaftliche Erkenntnisse verdeutlichen, dass der Klimawandel große Veränderungen und Schäden für die Meeresumwelt und die Küsten verursachen wird, die erhebliche Folgen für den Menschen haben dürften." So lautet der erste Satz aus dem 2006 erschienenen Sondergutachten des Wissenschaftlichen Beirats der Bundesregierung Globale Umweltveränderungen (WBGU) über die Zukunft der Meere, das den Titel *Die Zukunft der Meere – zu warm, zu hoch, zu sauer*[132] trägt. Wir dürfen also den Klimawandel nicht aus dem Auge verlieren, auch wenn wir über andere Stressfaktoren für die Ozeane sprechen. Die zunehmende Verschmutzung der Weltmeere ist für die marinen Ökosysteme um einiges gefährlicher, wenn sich gleichzeitig auch noch die klimatischen Bedingungen rasch ändern.

Seit 1900 hat sich die Erdoberflächentemperatur um etwa ein Grad erhöht. Die Auswirkungen dieser als harmlos erscheinenden Erwärmung sind bereits unübersehbar: Fast alle Gebirgsgletscher der Welt ziehen sich zurück, die Bedeckung des arktischen Ozeans mit Meereis hat sich seit Beginn der Satellitenmessungen extrem verringert, die kontinentalen Eisschilde Grönlands und der Antarktis zeigen bereits erhebliche Massenverluste, und der Meeresspiegel ist seit 1900 im weltweiten Durchschnitt um ungefähr zwanzig Zentimeter gestiegen. Übrigens nicht nur wegen der Eisschmelze auf den Landregionen, sondern auch, weil sich das Meerwasser bis in große Tiefen erwärmt und deswegen ausgedehnt hat. Der

Beitrag der Wärmeausdehnung zum Meeresspiegelanstieg während des 20. Jahrhunderts hat sogar lange Zeit dominiert. Inzwischen übersteigt allerdings der Beitrag der schmelzenden Eismassen auf Land den der thermischen Expansion.

Die belastbarsten Aussagen zum Thema Klimawandel und wie er sich auf die Ozeane auswirkt liefert regelmäßig der Zwischenstaatliche Ausschuss für Klimaänderungen, das Intergovernmental Panel on Climate Change, der IPCC[133], in der Öffentlichkeit auch als Weltklimarat bekannt. Der IPCC wurde 1988 von der Weltorganisation für Meteorologie (WMO) und dem Umweltprogramm der Vereinten Nationen (UNEP) ins Leben gerufen. Seine Aufgabe besteht darin, Entscheidungsträgern wie etwa Politikern und anderen am Klimawandel Interessierten eine objektive Informationsquelle über Klimaänderungen an die Hand zu geben, deren Ursachen und Auswirkungen zu beschreiben sowie mögliche Handlungsoptionen aufzuzeigen. Der IPCC betreibt keine eigene Forschung. Es ist wichtig, das an dieser Stelle anzumerken. Stattdessen tragen Tausende von Wissenschaftlern die aktuelle wissenschaftliche Literatur zu dem Thema Klimawandel zusammen und bewerten sie. Ergebnisse, die bis zu einem festgelegten Stichtag nicht in begutachteten Fachzeitschriften erscheinen, finden in den Berichten des Weltklimarates keine Berücksichtigung, zumindest wenn es um die Ursachen des Klimawandels geht, denen sich die Arbeitsgruppe I (Wissenschaftliche Grundlagen) des IPCC widmet. „Verspätete" Fachliteratur geht in den folgenden Bericht ein. So in etwa kann man das Mandat des Weltklimarats in aller Kürze zusammenfassen.

Der IPCC hat die Existenz des anthropogenen Klimawandels zuletzt noch einmal in dem im September 2013 vorgestellten ersten Teil des 5. Sachstandsbericht klar herausgestellt. Dort heißt es in der deutschen Übersetzung der Zusammenfassung für Entscheidungsträger des Berichts der Arbeitsgruppe I[134]: „Die Erwärmung des Klimasystems ist eindeutig, und viele der seit den 1950er-Jahren beobachteten Veränderungen sind seit Jahrzehnten oder Jahrtausenden nie aufgetreten. Die Atmosphäre und der Ozean haben sich erwärmt, die Schnee- und Eismengen sind zurückgegangen, der Meeresspiegel ist angestiegen und die Konzentrationen der Treibhausgase haben zugenommen." Und weiter: „Der menschliche Einfluss auf das Klimasystem ist klar. Das ist offensichtlich aufgrund der steigenden Treibhausgaskonzentrationen in der Atmosphäre, dem positiven Strahlungsantrieb, der beobachteten Erwärmung und des Verständnisses des Klimasystems." Und schließlich: „Fortgesetzte Emissionen von Treibhausgasen werden eine weitere Erwärmung und Veränderungen in allen Komponenten des Klimasystems bewirken. Die Begrenzung des Klimawandels erfordert beträchtliche und anhaltende Reduktionen der Treibhausgas-Emissionen."

Deutlicher kann man es nicht ausdrücken. Der menschengemachte Klimawandel ist eine Realität – und eine riesengroße Gefahr für die Ozeane. In den Meeren ist der Klimawandel viel deutlicher sichtbar als in der uns umgebenden chaotischen Atmosphäre. Die Begrenzung des Klimawandels auf ein Maß, das die Ökosysteme auf Land und im Meer nicht kollabieren lässt, ist inzwischen eine wahre Herkulesaufgabe. Zu lange haben die Menschen einfach nur zugesehen. Die Meereserwärmung und -versauerung zum Beispiel finden seit Jahrzehnten statt. Und die Meeresspiegel steigen auch nicht erst seit ein paar Jahren. Wir aber erstarren wie das Kaninchen vor der Schlange, sind unfähig, die Herausforderung Klimawandel so anzupacken, wie es notwendig wäre. Zu groß scheint die Aufgabe zu sein. Handeln wir aber nicht sehr bald und entschieden, ist es vielleicht zu spät. Martin Luther Kind Jr. sagte einmal: „Es gibt so etwas wie zu spät zu kommen." Diesen Satz wiederholte US-Präsident Barack Obama in Bezug auf den Klimawandel zu Beginn der Weltklimakonferenz in Paris im November 2015. Wir wiegen uns in scheinbarer Sicherheit. Und das liegt vor allem an den Meeren. Denn, um in Abwandlung eines Songs der deutschen Musikerin und Liedermacherin Ina Deter[135] zu sprechen: „Meere kommen langsam – aber gewaltig".

Es sind eben hauptsächlich die Ozeane, die das Tempo und das Ausmaß des Klimawandels in diesem und den folgenden Jahrhunderten bestimmen werden. Die Meere sind aber auch selbst überaus durch den Klimawandel gefährdet. Alleine die Erwärmung des Meerwassers stresst die marinen Ökosysteme, von deren Wohlergehen schließlich auch die Menschen abhängen.

Zeitbomben im Meer
Die Ozeane und das Kohlendioxid

Den in den Medien so oft beschworenen Expertenstreit über die Ursache der globalen Erwärmung gibt es nicht: Nach Ansicht der überwältigenden Mehrheit der Klimawissenschaftler weltweit sind die Menschen der Hauptverursacher des Temperaturanstiegs seit Beginn des 20. Jahrhunderts. Das hat der Weltklimarat IPCC wiederholt festgestellt. Den wichtigsten Grund für die Erderwärmung kennen wir alle, es ist der Ausstoß des Gases Kohlendioxid (CO_2) durch die Menschen, das nachweislich die Erdoberflächentemperatur steigen lässt. In diesem Zusammenhang sei darauf hingewiesen, dass sich dabei gleichzeitig die Stratosphäre, das zweite Stockwerk der Atmosphäre, abkühlt.[136] Zur Energiegewinnung verfeuert die Menschheit gewaltige Mengen von Kohle, Erdöl und Erdgas, die wir kollektiv als fossile Brennstoffe bezeichnen. Dadurch entstehen gigantische Mengen des CO_2, die ungefiltert in die Atmosphäre gelangen. Strom und Wärme kommen heutzutage hauptsächlich aus riesigen Kraftwerken, die fossile Brennstoffe verbrennen, und das hat seinen Preis in Form von Luftverschmutzung. Alleine im Jahr 2016 waren es weltweit etwa 35 Milliarden Tonnen CO_2, die wir in die Luft gepustet haben. Fast neunzig Prozent davon gehen auf das Konto der Verbrennung der fossilen Brennstoffe. Knapp zehn Prozent der weltweiten CO_2-Emissionen verursachten die sogenannten Landnutzungsänderungen, worunter auch die Brandrodungen der tropischen Regenwälder fallen. Der verbleibende kleine Rest entfällt auf die Zementproduktion. Außer CO_2 stoßen die Menschen noch Unmengen anderer Treibhausgase aus, Methan etwa oder Lachgas. Rechnet man deren Effekt in CO_2 um, dann betrug der weltweite Ausstoß von Treibhausgasen 2016 gut fünfzig Milliarden Tonnen CO_2-Äquivalente.

Und es werden Jahr für Jahr immer mehr. Inzwischen erfährt sogar die Kohle, der Klimakiller Nummer eins, eine weltweite Renaissance. Die Verbrennung von Braunkohle erzeugt fast doppelt so viel CO_2 pro Energieeinheit als die von Erdgas. Kohle ist zu allem Überfluss auch der fossile Energieträger, der noch sehr lange verfügbar sein wird. Aus dem jährlichen Kohleverbrauch und den bekannten Reserven lässt sich die „statistische Reichweite" der Kohlereserven bestimmen. Für Steinkohle beträgt diese ca. 130 Jahre und für Braunkohle 270 Jahre.[137] Die Reichweite von Kohle ist somit wesentlich größer als die von Erdgas und Erdöl, die jeweils unter fünfzig Jahren liegen dürfte. Die Kohlereserven werden also in absehbarer Zeit nicht zur Neige gehen. Die Hinwendung zu mehr Kohle beobachten wir während der letzten Jahre auch in Deutschland, weswegen bei uns der CO_2-Ausstoß nach einem jahrelangen Rückgang inzwischen wieder steigt. Deutschland als Klassenprimus in Sachen Klimaschutz zu bezeichnen, ist allein schon aus diesem Grund nicht gerechtfertigt.

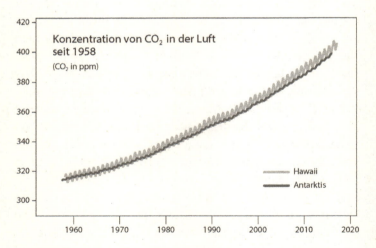

Die Konzentration von CO_2 in der Luft seit 1958 an der Messstation Mauna Loa auf Hawaii (graue Linie) und einer Station in der Antarktis (schwarze Linie). Quelle: http://scrippsco2.ucsd.edu/graphics_gallery/mauna_loa_ and_south_pole/mauna_loa_and_south_pole

Der steigende globale Ausstoß von CO_2 durch die Menschen hat vielfältige Folgen. Zuallererst: Ein Teil des Gases verbleibt für lange Zeit in der Atmosphäre und lässt dort seinen Gehalt steigen. Die steigende atmosphärische CO_2-Konzentration greift in die Strahlungsbilanz des Planeten ein und beeinflusst dadurch das Erdklima. Der Ausstoß von CO_2 durch die Menschen betrifft automatisch auch die Ozeane: Einerseits durch die Klimaänderung, andererseits, weil die Meere einen Teil des CO_2 aufnehmen. Es ist deswegen wichtig, den CO_2-Gehalt sowohl der Luft als auch der Ozeane kontinuierlich und möglichst flächendeckend zu messen. Heute gibt es ein weltweites Netz von CO_2-Messstationen, das es zu erhalten gilt.[138]

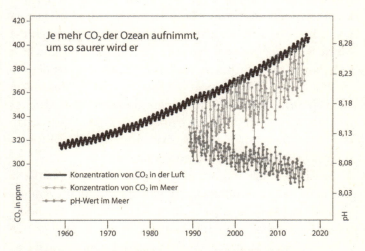

CO_2-Konzentration der Luft (Mauna Loa) und des Meerwassers im Nordpazifik und der pH-Wert des Meerwassers.
Quelle: https://www.pmel.noaa.gov/co2/file/CO2_time_series_
03-08-2017

Die Geochemiker Roger Revelle und Charles D. Keeling von der Scripps Institution of Oceanography in Kalifornien (USA) sind die Väter der hawaiianischen CO_2-Messsstation auf dem Vulkan Mauna Loa. Roger Revelle war seiner Zeit weit voraus. Zusammen mit seinem in Österreich geborenen Kollegen Hans E. Suess publizierte er im Jahr 1957 eine Arbeit, in der die beiden Autoren die Gefahr eines schnellen Anstiegs des atmosphärischen CO_2-Gehalts thematisierten.[139] In einem Interview mit der *New York Times* sprach Revelle im Jahr 1957 von einem „groß angelegten geophysikalischen Experiment", das die Menschen anstellen würden. Revelle boxte schließlich gegen die Widerstände vieler Politiker und auch Wissenschaftler die Station auf Hawaii durch. Die instrumentellen CO_2-Messungen begannen 1958. Charles D. Keeling kümmerte sich dann um die Messstation auf dem Mauna Loa. Zu dieser Zeit glaubten noch viele Wissenschaftler, die Meere würden das durch den Menschen in die Luft geblasene CO_2 komplett aufnehmen, weswegen kein bedeutender atmosphärischer CO_2-Anstieg zu erwarten sei. Die Messungen auf Hawaii bestätigten sehr schnell, dass Revelle und Suess recht hatten. Viele Wissenschaftler bezeichnen inzwischen die Mauna-Loa-Kurve als eine der wichtigsten Umweltmessungen der jüngeren Vergangenheit überhaupt.

Seit Beginn der Industrialisierung ist der atmosphärische Kohlendioxidgehalt um sage und schreibe vierzig Prozent gestiegen, und Besserung ist nicht in Sicht. Lag der vorindustrielle CO_2-Gehalt der Luft noch bei etwa 280 ppm (0,028 Prozent), was man aus der Analyse von in Eisbohrkernen eingeschlossenen Luftbläschen weiß[140], misst er heute im Jahresmittel schon über 400 ppm (0,04 Prozent). Der schwache Jahresgang in der CO_2-Konzentration, der den langfristigen

Anstieg überlagert, hat mit der von der Jahreszeit abhängigen CO_2-Aufnahme durch die Pflanzen zu tun. Während der Wachstumsperiode entziehen sie der Luft CO_2, während der restlichen Zeit geben sie CO_2 an die Luft ab. Gezeigt sind auch die CO_2-Werte von einem Ort in der Antarktis, die praktisch in gleicher Weise steigen. Man hört immer wieder, dass die Station auf dem Mauna Loa nicht verlässlich sei, weil sie auf einem Vulkan stünde. Die Daten aus der Antarktis entkräften dieses oft ins Feld geführte Argument als völlig haltlos. Revelle und Keeling waren schließlich keine Vollidioten, sondern hochdekorierte Wissenschaftler.

Das globale Wirtschaftswachstum ist ganz stark an den Ausstoß von Kohlendioxid gekoppelt: Wächst die Wirtschaft, dann steigt auch der CO_2-Ausstoß. Was für ein fataler Zusammenhang. Steigt also der Wohlstand auf diesem Planeten, dann sägen wir gleichzeitig immer mehr den Ast ab, auf dem wir sitzen. Weil sich die Umweltbedingungen auf der Erde zu unserem Nachteil ändern, insbesondere auch in den Meeren. Diesen Teufelskreis gilt es schnell zu durchbrechen, bevor es zu spät ist. Und das wird nur über die rasche Hinwendung zu den erneuerbaren Energien gelingen. Sonne, Wind oder Erdwärme sind unbegrenzt verfügbar und vor allem sauber im Vergleich zu den konventionellen Energien Atomkraft und fossile Brennstoffe. Alle anderen Vorschläge zur CO_2-Minderung dienen einzig dem Zweck, den notwendigen Strukturwandel der globalen Energiesysteme zu verzögern oder ganz zu verhindern. Diese Strategie des Hinhaltens kommt oft im Gewand der ökonomischen Vernunft daher, führt aber nach meinem Dafürhalten genau ins Gegenteil: in die wirtschaftliche Krise. Mir stellen sich die Nackenhaare hoch, wenn bestimmte Kreise immer wieder im Zusammenhang mit den konventionellen Energien von Brückentechnologien sprechen und die Umwelt weiterhin für viele Jahre belasten wollen. Wenn wir ein Problem mit dem CO_2 oder dem Atommüll haben, dann sollten wir diese Stoffe erst gar nicht produzieren. Das klingt einfach – und das ist es auch. Wir müssen es nur wollen. Die Mittel dazu hätte die Menschheit. Wie sagte schon Albert Einstein in einem anderen Zusammenhang: „Die gewaltigen Probleme unserer Zeit können nicht mit derselben Denkart gelöst werden, welche jene Probleme hervorgebracht hat."

Die alljährlichen Weltklimakonferenzen scheitern mit großer Regelmäßigkeit. Allein seit 2000 ist der weltweite Kohlendioxidausstoß um ungefähr fünfzig Prozent gestiegen. „Zum Glück" bleibt nur knapp die Hälfte des CO_2, das wir in sie hineinpusten, in der Luft. Den Rest nehmen die Vegetation und die Weltmeere auf. Aber gerade die CO_2-Aufnahme durch den Ozean birgt wegen der Versauerung des Meerwassers enorme Risiken für die marinen Ökosysteme, wie wir gesehen haben.

Die internationalen Klimaverhandlungen gleichen einer Lachnummer, doch zum Lachen ist dieses Trauerspiel eigentlich nicht. Anspruch und Wirklichkeit könnten in der internationalen Klimaschutzpolitik nicht weiter auseinanderliegen. Stellvertretend für die vielen Floskeln, die die Politiker von sich geben, sei hier ein Satz aus der Erklärung des Weltwirtschaftsgipfels genannt, der 2007 im deutschen Heiligendamm stattfand: „Wir erwägen ernsthaft, den Ausstoß von Treibhausgasen bis zur Mitte des Jahrhunderts zu halbieren." Versuchen Sie mal einen Kredit von Ihrer Bank zu bekommen und sagen dem Banker oder der Bankerin Ihres Vertrauens, dass Sie ernsthaft erwägen, den Kredit zurückzuzahlen. Sie glauben gar nicht, wie schnell das Gespräch beendet sein wird. So weitermachen wie bisher sollten wir auf jeden Fall nicht. Das ist keine Option! Zu groß sind die Risiken eines ungebremsten Klimawandels, auch unter ökonomischen und sicherheitspolitischen Aspekten.

Die Ozeane sind Teil der Klimaproblematik. Sie leiden nicht nur unter der Erwärmung, sondern auch unter dem Hauptverursacher selbst, dem Kohlendioxid, denn das CO_2 führt, wie nun schon öfter erwähnt, zwangsläufig zu ihrer Versauerung, und deswegen sollte man CO_2 auch als das bezeichnen was es ist: ein Umweltgift. Weil die Meere immer einen Teil des Kohlendioxids aufnehmen, das die Menschen in die Luft blasen. Hier tickt eine von mehreren Zeitbomben in den Ozeanen, weswegen wir keine weitere Zeit mehr verlieren sollten, um wirksame Maßnahmen zur Begrenzung des CO_2-Ausstoßes zu ergreifen. Auf mögliche Zukunftsszenarien werden wir weiter unten noch zu sprechen kommen.

Obwohl die Weltpolitik sich der Risiken des Anstiegs der atmosphärischen Treibhausgase bewusst ist, handelt sie nicht. Das ist nicht zu verstehen, war es doch die Weltpolitik selbst, die den Weltklimarat, den IPCC, 1988 initiiert hatte. Der IPCC hat seine Hausaufgaben inzwischen gemacht. Kein Politiker kann mehr sagen: „Wir haben es nicht gewusst." Inzwischen macht sich bei einigen Wissenschaftlern Sarkasmus breit. Es geht das Wort vom Klimamikado um: „Wer sich zuerst bewegt, der verliert." Die Folge des jahrzehntelangen politischen Stillstands kann man am besten daran ablesen, dass die atmosphärische CO_2-Konzentration die magische Grenze von 400 ppm überschritten hat, was wir der obigen Grafik entnehmen können. Im Februar 2017 waren es 406 ppm. Um katastrophale Folgen der globalen Erwärmung, vor allem auch für die marinen Ökosysteme, wirklich ausschließen zu können, hätten wir besser einen Wert von 350 ppm nicht überschritten. Wir sollten deswegen alles dafür tun, um dort wieder hinzukommen. Das wird allerdings selbst bei couragiertem und weltweitem Klimaschutz viele Jahrzehnte, wahrscheinlich sogar Jahrhunderte dauern. Der Klimawandel hat Fahrt aufgenommen. Und der Bremsweg ist schon ziemlich lang. Es ist an der Zeit, die Notbremse zu ziehen. Ob der Zug noch rechtzeitig für die Meere zum Halten kommt, wer weiß das schon?

Die internationale Politik hat sich 2015 in Paris auf einen neuen Klimavertrag verständigt, nach dem die Erderwärmung auf „deutlich unter 2 °C gegenüber der vorindustriellen Zeit" begrenzt werden soll.[141] Das ist ein positives Signal, mehr aber auch nicht. Denn das Abkommen basiert auf Selbstverpflichtungen der einzelnen Länder und diese reichen bei weitem nicht aus, um das Ziel von Paris zu erreichen. Was soll man dazu sagen?

Im Treibhaus
Die Erwärmung der Erdoberfläche

Über die Ursache der globalen Erwärmung kann man nicht mehr streiten. Wer diese Diskussion immer noch führen will, zählt zu den ewig Gestrigen. Der Mechanismus ist seit weit über hundert Jahren bekannt. Wir haben deswegen kein Erkenntnisproblem, sondern ein Umsetzungsproblem. Das Kohlendioxid zählt wie der Wasserdampf oder das Methan zu den Treibhausgasen und wärmt die Erdoberfläche und die unteren Luftschichten. Dieses Phänomen, das wir den

Treibhauseffekt nennen, ist an sich ein völlig normaler Vorgang und einer der Garanten für die optimalen Lebensbedingungen bei uns auf der Erde. Gäbe es die Treibhausgase in der Luft überhaupt nicht, die zusammen noch nicht einmal einen Anteil von einem Zehntelprozent an der Erdatmosphäre haben, wäre die Erde eine Eiswüste, mit Temperaturen auf seiner Oberfläche im weltweiten Durchschnitt weit unter dem Gefrierpunkt. Sie gliche dann einem ewigen Eisschrank. Je mehr Treibhausgase sich in der Luft befinden, umso wärmer wird es. Das ist ein alter Hut, wie der folgende kurze Abschnitt über die Geschichte der Wissenschaft zum Treibhauseffekt zeigt.

Bereits im vorletzten Jahrhundert hatten viele Wissenschaftler ein starkes Interesse für die Rolle des Kohlendioxids im Klimageschehen entwickelt. Der Treibhauseffekt wurde 1824 von dem französischen Mathematiker und Physiker Jean Baptiste Joseph Fourier entdeckt. Etwa vierzig Jahre später bestimmte der irische Physiker John Tyndall die wichtigsten an dem Treibhauseffekt beteiligten Gase. Der schwedische Nobelpreisträger Svante Arrhenius verfasste im Jahr 1896 seine aus heutiger Sicht bahnbrechende Arbeit zum Treibhauseffekt.[142] Arrhenius berechnete schon damals die sogenannte Klimasensitivität, d. h. den Anstieg der globalen Erdoberflächentemperatur im Gleichgewicht als Folge der Verdopplung der vorindustriellen CO_2-Konzentration. Nach monatelangen Rechnungen kam er zu dem Ergebnis, dass ein Anstieg der atmosphärischen CO_2-Konzentration auf das Doppelte des damaligen Wertes die Erdoberflächentemperatur im Mittel um 5 bis 6 °C steigen lassen würde. Die Temperatur steigt auch deswegen so stark, weil dauerhaft mehr Wasser bei höheren Temperaturen verdunsten kann und der

Wasserdampf als effektives Treibhausgas den atmosphärischen Treibhauseffekt dann noch weiter verstärkt. Der Wasserdampf ist also neben seiner Rolle als Treibhausgas auch ein sehr wichtiges Rückkopplungsgas, das anfängliche Störungen durch andere Ursachen verstärkt und deswegen in der Klimadynamik eine so herausgehobene Rolle einnimmt. Außerdem spekulierte Arrhenius schon damals über die Rolle der Meeresströmungen als Treiber regionaler Unterschiede in der Erwärmung, insbesondere auf der Südhalbkugel. Viele seiner Thesen waren im Kern richtig, wie wir heute wissen. Der Faktor Mensch beschäftigte ihn aber trotzdem nur am Rande, er war in erster Linie am Entstehen und Vergehen von Eiszeiten interessiert.

Aufgrund der frühen Berechnungen von Arrhenius weiß man schon seit über einem Jahrhundert, dass die Menschen eine Klimaänderung in Form einer Erderwärmung verursachen, wenn sie große Mengen von CO_2 in die Luft pusten. Im Prinzip hatte Arrhenius damals eine Art von Klimavorhersage präsentiert: Würde der CO_2-Gehalt der Atmosphäre steigen, stiege die Erdoberflächentemperatur. Heute, über hundert Jahre später, steht fest, dass Arrhenius im Wesentlichen recht hatte. Die Erde erwärmt sich allmählich infolge der stetig steigenden atmosphärischen CO_2-Konzentration. Allerdings hatte Arrhenius die Klimasensitivität mit etwa 5 bis 6 °C etwas zu hoch berechnet. Die heutigen Klimamodelle liefern eine globale Erwärmung von ca. 3 °C für den Fall einer Verdopplung des vorindustriellen CO_2-Gehalts. Arrhenius spekulierte aber schon damals, dass seine Abschätzungen zum CO_2-Efffekt etwas zu hoch ausgefallen sein könnten. Außerdem sagte er regionale Details vorher, die wir heute schon beobachten können. Und das alles, ohne dass der Computer erfunden gewesen wäre. Oder dass es Satelliten gegeben hätte. Hut ab vor dieser Leistung, Svante Arrhenius!

Ein Anstieg von CO_2 oder anderer Treibhausgase in der Luft verstärkt also den natürlichen Treibhauseffekt und lässt die Erdoberflächentemperatur zwangsläufig steigen. Diese hat sich im weltweiten Durchschnitt seit Beginn der instrumentellen Messungen um ein Grad erhöht, ein in der Rückschau der letzten Jahrtausende außergewöhnlich schneller globaler Temperaturanstieg. Dabei war die Erwärmung des Planeten während der letzten Jahrzehnte besonders stark. Und selbstverständlich erwärmen sich auch die Ozeane durch den Anstieg der Treibhausgase. Die Erwärmungsrate der Meeresoberfläche betrug im Zeitraum von 1880 bis 2016 im Durchschnitt aller Ozeane 0,06 °C pro Jahrzehnt, während sich die Landregionen im Mittel mit 0,1 °C pro Jahrzehnt fast doppelt so schnell erwärmt haben.

Allerdings erfolgte die Erderwärmung recht unregelmäßig, was der chaotischen Natur des Klimas geschuldet ist. Natürliche Klimaschwankungen überlagern den anthropogenen Trend. Deswegen kann man den menschlichen Einfluss auf das Klima nur anhand der langfristigen Entwicklung über mehrere Jahrzehnte ablesen. Einige Jahre reichen einfach nicht aus und können irreführend sein. Das zeigt die Abbildung für die Meere sehr anschaulich. Man kann die Erwärmung seit Beginn der einigermaßen flächendeckenden instrumentellen Messungen einfach nicht missen, schon gar nicht während der letzten fünfzig Jahre, in denen der CO_2-Gehalt der Luft so rasant nach oben geschnellt ist. Das gilt sowohl für die Land- als auch die Meerestemperaturen. Die Tatsache, dass die Oberflächentemperaturen in einigen Jahren nicht weiter gestiegen sind, erscheint als völlig irrelevant, wenn

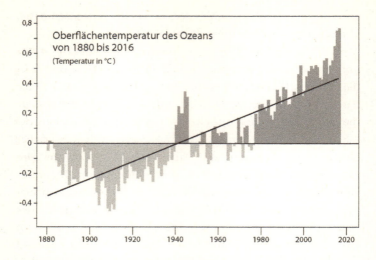

Die global gemittelten Meeresoberflächentemperaturen für den Zeitraum von 1880 bis 2016. Die vertikalen Balken zeigen Jahresmittelwerte, die schwarze Linie den linearen Trend über den gesamten Zeitraum. Gezeigt sind die Abweichungen der Temperaturen (°C) gegenüber dem Mittelwert berechnet über den gesamten Zeitraum. Hellgraue Balken zeigen negative Werte, dunkelgraue positive. Quelle: NOAA/NCDC.

man die gesamte Temperaturentwicklung seit Ende des vorletzten Jahrhunderts betrachtet. Trotz alledem hat das letzte, als „Atempause" bezeichnete Temperaturplateau ein enormes Medienecho gefunden und zu einer kontroversen Debatte in der Öffentlichkeit über die Ursachen der globalen Erwärmung geführt. Die Atempause ist inzwischen vorüber, 2014, 2015 und 2016 haben global neue Temperaturrekorde gebracht. Das Temperaturplateau werde ich weiter unten wieder aufgreifen, wenn wir uns der Erwärmung in den tieferen Meeresschichten zuwenden.

Hin und wieder ist zu lesen, dass wir, die Wissenschaftler, Temperaturdaten manipulieren würden. Von „Climategate" war 2009 sogar die Rede, als Unbekannte den E-Mail-Server der University of East Anglia in England gehackt hatten, in Anlehnung an den Watergate-Skandal Anfang der 1970er-Jahre, der dem damaligen US-Präsidenten Richard Nixon das Amt kostete. Die Kollegen aus East Anglia bereiten die Temperaturmessungen aus aller Welt auf. Bestimmte Kreise hatten damals versucht, mithilfe einiger Wortfetzen aus dem E-Mail-Verkehr einen Betrug zu konstruieren. Wissenschaftliches Fehlverhalten jedoch konnte man im Rahmen von verschiedenen Untersuchungen in und außerhalb von Großbritannien nicht nachweisen. Wissenschaftler aus den USA haben sogar alle Rechnungen mit den Originaldaten wiederholt. Die berechnete „neue" Temperaturentwicklung ist mit bloßem Auge so gut wie nicht von der ursprünglichen zu unterscheiden.[143] Uns Wissenschaftlern wirft man immer wieder vor, dass wir die Öffentlichkeit an der Nase herumführen würden. Haben Sie sich einmal gefragt, warum wir das eigentlich tun sollten?

Der anthropogene Klimawandel findet statt. Die Erde erwärmt sich. Warum sollten sonst das Eis der Erde schmelzen und die Meeresspiegel steigen? Warum machen sich Fische aus dem Süden in nördlichen Gewässern breit? Selbst ohne die Temperaturmessungen können wir Wissenschaftler die Erderwärmung belegen.

Vorsicht ist geboten. Wir stehen erst am Anfang der Erderwämung. Die bisher gemessenen, recht geringen Temperaturanstiege von noch nicht einmal einem Grad in einigen Gebieten klingen irgendwie unkritisch. Vergessen wir aber bitte nicht, dass selbst ein dauerhafter Anstieg der Meeresoberflächentemperatur um nur ein paar Zehntel Grade schon beträchtliche Folgen nach sich ziehen kann – sowohl für das Klima der Erde als auch für die Meeresökosysteme. Und das gilt in ganz besonderem Maße für einige Regionen der tropischen Ozeane. Gerade die Meeresgebiete, die ohnehin schon zu den wärmsten Regionen des Weltozeans überhaupt gehören, haben sich während der letzten Jahrzehnte langsam, aber beständig erwärmt, mit möglicherweise verheerenden Folgen innerhalb und außerhalb der Meere.

Ein Beispiel dafür, dass selbst moderate Temperaturanstiege zu starken Änderungen in den Wetterabläufen führen können, sind die tropischen Wirbelstürme wie die Hurrikane in der Karibik.[144] Diese leben, wie bereits angesprochen, von der hohen Verdunstungsrate bei sehr warmen Temperaturen. Der daraus resultierende hohe Energiegehalt der Luft in Form latenter Wärme ist der eigentliche Treibstoff für die Hurrikane. Die Wirbelstürme entstehen überhaupt erst dann, wenn die Meerestemperatur einen gewissen Wert übersteigt und die Verdunstung entsprechend hoch ist. Und deswegen gibt es die Wirbelstürme eben nur in den Tropen, denn nur dort kann das Wasser die erforderliche Temperatur erreichen. Ein geringer Temperaturanstieg kann, zumindest theoretisch, aus einem normalen Sturm einen Monsterhurrikan werden lassen, wenn der Anstieg zur Überschreitung der Temperaturschwelle führt. Trotzdem wird es insgesamt nicht mehr tropische Wirbelstürme in der Zukunft als Folge der globalen Erwärmung geben müssen, weil andere Faktoren wie die großräumigen Windverhältnisse in der Höhe oder die vertikale Temperaturverteilung innerhalb der Luftsäule ebenfalls die Entwicklung der Stürme beeinflussen und stabilisierende Faktoren sein könnten. Es wird aber wahrschein-

Trend der Meeresoberflächentemperatur

Der lineare Trend der über das Jahr gemittelten Meeresoberflächentemperatur seit 1970 bis einschließlich 2016, bestimmt aus instrumentellen Messungen und unter zusätzlicher Verwendung von Satellitendaten. Der Anstieg der global gemittelten Erdoberflächentemperatur (inklusive der Landregionen) betrug in diesem Zeitraum 0,6 °C. Quelle: NASA/GISS.

lich mehr sehr starke tropische Wirbelstürme geben, wenn sich das Klima weiter erwärmt. Das ist der letzte Stand der Forschung.

Im Mittelmeer beobachtet man Stürme, die eine gewisse Ähnlichkeit zu den tropischen Wirbelstürmen aufweisen und die man in Analogie zu den Hurrikanen als Medikane[145] (Mediterranean Hurricane) bezeichnet. Wie ihre großen Brüder in den Tropen besitzen die Medikane ein Auge, sie sind aber deutlich kleiner und auch schwächer als die Hurrikane. Trotzdem richten sie immer wieder schwere Schäden an den Küsten des Mittelmeers an. Mit großer Aufmerksamkeit muss man deswegen die schnelle Erwärmung des Mittelmeers während der letzten Jahre betrachten[146], denn dessen Oberflächentemperatur besitzt einen großen Einfluss auf die Entwicklung der Medikane. Diese Stürme leben von dem starken Temperaturgegensatz zwischen dem warmen Mittelmeer und den oberen Atmosphärenschichten. Deswegen treten die Medikane nur im Winter auf, weil dann der Temperaturunterschied in der Vertikalen hinreichend groß werden kann, wenn sich sehr kalte Arktisluft über die vom Wasser aufgewärmte Mittelmeerluft schiebt. Des Weiteren kann eine Erwärmung des Mittelmeers die Entstehung von Starkniederschlägen während aller Jahreszeiten begünstigen. Die berüchtigten Mittelmeertiefs, die auch in Deutschland während der letzten Jahre immer wieder zu schweren Überschwemmungen geführt haben, hätten wegen der höheren Verdunstung noch mehr Wasser im Gepäck, was vermutlich schon heute die Neigung zu Starkniederschlag in Ost- und Zentraleuropa erhöht hat. Das zeigen Berechnungen mit hochauflösenden Atmosphärenmodellen, die wir bei uns in Kiel durchgeführt haben. Es sei an dieser Stelle darauf hingewiesen, dass es sich tatsächlich nur um ein paar Zehntel Grade handelt, um die sich das Mittelmeer in den letzten Jahrzehnten erwärmt hat.

Ein anderes Beispiel dafür, dass Systeme sehr sensibel selbst auf nur moderate Anstiege der Meerestemperatur reagieren, sind die tropischen Korallen. Sie gehören zu der Gruppe der sogenannten Nesseltiere, zu denen auch Quallen und Seeanemonen gehören. Korallenriffe zählen wohl neben den tropischen Regenwäldern zu den faszinierendsten Ökosystemen auf der Welt, alleine schon wegen ihrer schillernden Farben. Korallenriffe sind nicht nur wunderschön, sondern auch die größten, von Lebewesen geschaffenen Gebilde der Erde. Dabei können monumentale „Bauwerke" gigantischen Ausmaßes entstehen. Bei den Malediven erheben sich die

Riffe mehr als 2000 Meter über den Meeresboden. Kein Wolkenkratzer kann da mithalten. Normalerweise zeigen die sehr warmen Meere wie der tropische Westpazifik und -Atlantik oder der tropische Indische Ozean, die Heimstätten der Korallen, kaum längerfristige Schwankungen der Temperatur. Daran haben sich die dortigen Ökosysteme im Laufe der Evolution angepasst. Die Korallen können aus diesem Grund längerfristige Änderungen der Umgebungstemperatur um mehrere Grad nicht verkraften, sie besitzen keine große Temperaturtoleranz, wie man in der Wissenschaft sagt.

An der Entstehung der Riffe sind hauptsächlich die sogenannten Steinkorallen beteiligt, die an ihrer Basis Kalk abscheiden. Diese Tiere leben auf den Kalkskeletten ihrer Vorfahren und errichten so über viele Jahrtausende die faszinierenden, Kunstwerken gleichenden Strukturen, die man an den Riffen bestaunen kann. Dauerhafte Temperaturanstiege von deutlich mehr als zwei Grad werden die Korallen wahrscheinlich nicht kompensieren können.

Immer häufiger ist inzwischen das Phänomen der Korallenbleiche zu beobachten. Korallen leben in Symbiose mit bestimmten Algenarten, sogenannten Zooxanthellen[147], die ihnen u. a. die prächtigen Farben verleihen. Mit Wasser und dem Kohlendioxid, das der Korallenpolyp ausscheidet, betreiben die einzelligen Algen Photosynthese. Dabei nutzen sie die Energie des Sonnenlichts für einen chemischen Prozess, bei dem Sauerstoff und Zucker (Glukose) entstehen. Der Polyp benötigt diese Stoffe zum Überleben. Im Gegenzug erhalten die Algen von den Polypen Stoffe, die für die Einzeller ebenfalls lebenswichtig sind. Bei höheren Wassertemperaturen kann diese Zweckgemeinschaft nicht mehr funktionieren. Die Korallen verbannen die Algen aus ihrem Gewebe, weil letztere beginnen, unter Wärmestress Giftstoffe zu produzieren. Dann kommt das weiße Kalkgehäuse zum Vorschein, in dem die Nesseltiere leben. Daher der Begriff Korallenbleiche. Dauert die Korallenbleiche nur kurze Zeit an, ist das Körpergewebe der Korallen imstande, erneut Algen aufnehmen und die Symbiose wieder aufzunehmen. Hält der Hitzestress hingegen für längere Zeit an oder tritt die Korallenbleiche gehäuft nacheinander auf, können die Korallen sterben. Einmal gebleichte Korallen sind zudem krankheitsanfälliger.

Zu der Meereserwärmung treten andere Faktoren, die die Korallen obendrein stressen. So wie die Versauerung oder die Überdüngung und die daraus entstehende Trübung des Wassers, die das Licht schwächt und dadurch die Photosynthese behindert. Das Great Barrier Reef vor der Nordostküste Australiens ist das größte Korallenriff der Erde. Im Jahr 1981 erklärte die UNESCO das Riff zum Weltnaturerbe. Das Great Barrier Reef hat in den vergangenen Jahrzehnten einen beträchtlichen Teil seiner Korallen eingebüßt. 2016 hat man im nördlichen Teil des Riffs die bisher größte Korallenbleiche beobachtet. Australische Forscher um Glenn De'ath vom Australian Institute of Marine Science in Townsville nennen drei Gründe für das zunehmende Korallensterben: mehr schwere Stürme, eine Invasion von Seesternen und eben auch der Klimawandel.[148] In diesem Zusammenhang muss man auch die steigenden Meeresspiegel nennen, an denen sich die Korallen zudem anpassen müssen. Alle diese Effekte können und werden sich wahrscheinlich potenzieren. Selbst eine dauerhafte Erwärmung der tropischen Meere von „nur" einem Grad könnte deswegen schon der endgültige Sargnagel für die vorgeschädigten Korallen sein und für das einzigartige Ökosystem, das sie beherbergen. Die Korallen sind die Kinderstube und das Wohnzimmer vieler Arten, ein Hort der Artenvielfalt.

In einer Studie des Potsdam-Instituts für Klimafolgenforschung (PIK) zum künftigen Schicksal der tropischen Korallen kommen die Autoren um Katja Frieler zu folgendem Schluss: „Um weltweit zumindest die Hälfte von ihnen zu schützen, sollte die Menschheit schnellstens wirksame Gegenmaßnahmen ergreifen und die globale Erwärmung auf unter 1,5 °C gegenüber dem vorindustriellen Niveau begrenzen".[149] Das ist, fürchte ich, kaum noch zu schaffen, sollte nicht sofort und radikal in Sachen globaler Klimaschutz gehandelt werden. Zeichnet sich hier also schon in den kommenden Jahrzehnten ein ökologisches Desaster ab? Die Zeit drängt. Das belegt die Tatsache, dass sich die tropischen Meere während der letzten Jahrzehnte schon deutlich erwärmt haben. Der Anstieg beträgt in den meisten tropischen Meeresregionen sogar schon mehr als ein halbes Grad. Das zeigt die obige Abbildung anhand der weltweiten Trends der Meeresoberflächentemperatur überdeutlich. Das Experiment mit den tropischen Ozeanen läuft.

Das räumliche Muster der Temperaturänderung an der Erdoberfläche zeigt von Region zu Region recht große Unterschiede, was des Öfteren der Anlass zu kontroversen Diskussionen in der Öffentlichkeit darüber ist, ob es die Erderwärmung überhaupt gibt. So haben sich einige Meeresregionen während der letzten Jahrzehnte kaum erwärmt oder sogar leicht abgekühlt. Ich möchte deswegen an dieser Stelle auf die Rolle der Meeresströmungen eingehen. Die regionalen Unterschiede in der Temperaturentwicklung hängen nämlich oftmals mit Schwankungen der Ozeanzirkulation zusammen, die durch die sich ändernden Wärmetransporte mit zu einem komplexen Erwärmungsmuster führen. Allein aus diesem Grund kann man gar nicht erwarten, dass die Erwärmung an jedem Ort gleich ausfällt. Wegen der Schwankungen der Meeresströmungen sind räumliche Unterschiede programmiert.

Das gilt auch für andere Größen wie den Meeresspiegel oder die Meereisbedeckung. Der Meeresspiegel zum Beispiel zeigt während der letzten zwei Jahrzehnte den stärksten Anstieg im westlichen tropischen Pazifik, wo die Meeresströmungen vermehrt warme Wassermassen aufgestaut haben. Die Ursache ist eine Intensivierung der Passatwinde längs des Äquators, was die Pegel im Westen hat steigen lassen, während sie im Osten sogar leicht gefallen sind. Was die Passatwinde über dem tropischen Pazifik hat stärker werden lassen, wissen wir nicht. Denkbar wären natürliche Ursachen, aber auch eine Verstärkung der Winde als Folge der globalen Erwärmung. Letzteres wäre für die Bewohner der Südseeinseln eine Katastrophe, würde sich dort der außergewöhnlich schnelle Anstieg des Meeresspiegels der letzten Jahrzehnte von ungefähr ein Zentimeter pro Jahr in den kommenden Jahrzehnten weiter fortsetzen.

Die anthropogenen und natürlichen Einflüsse überlagern sich einerseits und sind andererseits auch jeweils für sich genommen in den verschiedenen Regionen unterschiedlich stark, was die Verhältnisse noch komplizierter macht. Der globale Charakter der Meereserwärmung tritt dennoch deutlich hervor, was man außerdem an dem Anstieg der global gemittelten Meeresoberflächentemperatur erkennt. Ein weiterer wichtiger Grund für die räumlich inhomogene Entwicklung der Meeresoberflächentemperatur, neben der Änderung der Meeresströmungen, hat mit der vertikalen Vermischung im Ozean zu tun. In Gebieten geringer vertikaler Vermischung kann die Meeresoberflächentemperatur prinzipiell schneller steigen als dort, wo die Wärme sehr effektiv in die tiefen Meeresschichten gelangen kann.

Was in der Karte des Erwärmungstrends auffällt, ist die schwache Erwärmung der Meere in den mittleren Breiten der Südhalbkugel. Der Südliche Ozean hat sich nur wenig erwärmt, während um die Antarktis herum sogar eine leichte Abkühlung seit 1970 zu verzeichnen ist. Über dem Südlichen Ozean zwischen 40°N und 50°N wehen besonders starke Westwinde, im Englischen als die „Roaring Forties" bekannt, übersetzt die „Brüllenden Vierziger". Die starken Winde wie auch das häufige Auftreten von Tiefdruckgebieten verursachen eine sehr starke vertikale Vermischung in dieser Meeresregion, sodass die Wärme recht einfach tiefere Schichten erreichen kann. Ein geringerer Temperaturanstieg an der Oberfläche des Südlichen Ozeans im Vergleich zum Durchschnitt aller Meere ist also schon aufgrund der starken vertikalen Vermischung zu erwarten gewesen.

Ein weiterer Sachverhalt verdient in diesem Zusammenhang Erwähnung, der mit der Thermohalinen Zirkulation in Zusammenhang steht und damit mit der Vernetzung der Strömungen in den verschiedenen Ozeanbecken. Offensichtlich hat sich während der letzten Jahrzehnte der Nordatlantik im Vergleich zum Südatlantik stärker erwärmt. Das deutet darauf hin, dass sich die atlantische Umwälzbewegung verstärkt hat, so wie es auch verschiedene Ozeanmodell-Simulationen nahelegen.[150] Messungen der Umwälzbewegung gibt es leider erst seit einem guten Jahrzehnt, nicht lange genug für gesicherte wissenschaftliche Aussagen. Wie oben erwähnt transportiert die Umwälzbewegung in den oberen

Meeresschichten Wärme aus dem Südatlantik in den Nordatlantik. Wenn sich die Strömungen und damit der Transport von Wärme nach Norden verstärken, würde das ein Erwärmungsmuster der Meeresoberflächentemperatur zur Folge haben, wie jenes, das wir seit 1970 beobachten: eine starke Erwärmung im Nordatlantik in Kombination mit einer nur schwachen Erwärmung im Südatlantik. Auf diese Weise bekommt man indirekt über die Temperaturverteilung auch Informationen über die Meeresströmungen und deren Schwankungen.

Weitere Prozesse um die Antarktis wirken ebenfalls kühlend auf die Meeresoberfläche, auf die wir hier nicht näher eingehen wollen. Erwähnt sei an dieser Stelle nur noch das Stichwort Ozonloch über dem Südpol. Also die extrem niedrigen Ozonwerte hoch oben in der Stratosphäre in fünfzehn bis dreißig Kilometern über der Antarktis, die wir seit vielen Jahren messen, wenn die Sonne dort nach der langen Polarnacht wieder über dem Horizont erscheint. Wie kommen wir jetzt auf einmal zum Ozonloch? Was hat der Ozonverlust über dem Südpol mit den Ozeanen zu tun? Die Antwort: Das Ozonloch beeinflusst die Luftströmungen und hat sehr wahrscheinlich die oberflächennahen Westwinde über dem Südlichen Ozean in einer Art und Weise geändert, dass sich in den Gewässern um die Antarktis herum der Auftrieb kalten Wassers aus der Tiefe an die Meeresoberfläche verstärkt hat, was die anthropogene Erwärmung in dieser Region kompensiert haben könnte. Hier sehen wir ein Beispiel dafür, wie selbst die Vorgänge in den höheren Atmosphärenschichten, in diesem Fall die ausgedünnte Ozonschicht, prinzipiell auch die Meere beeinflussen können. Wir hatten bereits den möglichen Einfluss der Meere auf die Ozonschicht über die Freisetzung von Spurengasen angesprochen. Das zeigt einmal mehr: Wenn wir die Ozeane und deren Entwicklung verstehen wollen, dann müssen wir uns mit dem gesamten Erdsystem beschäftigen.

Der betrachtete Zeitraum seit 1970 ist immer noch zu kurz, um den Einfluss der globalen Erwärmung auf die Meeresoberflächentemperatur im Detail zu bestimmen. Zu groß sind die natürlichen Schwankungen, vor allem die der Ozeanzirkulation. Diese variiert in Zeiträumen von Jahrzehnten und selbst Jahrhunderten, auch ohne dass es eines äußeren Antriebs durch den Menschen bedürfte. Und das schlägt sich eben auch auf die Temperatur des Planeten nieder. Längere Messreihen gibt es leider nur aus sehr wenigen Meeresregionen. Die findet man längs der Routen der Handelsschiffe, die seit über hundert Jahren regelmäßig Daten aus den Ozeanen erhoben haben. Im Südlichen Ozean fehlen jedoch solche Langzeitmessungen. Das ist besonders schade, nicht zuletzt auch deswegen, weil meine eigenen Forschungsarbeiten die Hypothese stützen, dass die interne Variabilität des Klimas im Südlichen Ozean auf der Jahrhunderte-Zeitskala besonders groß ist.[151] Diese Meeresregion eignet sich aus meiner Sicht überhaupt nicht, um die Auswirkungen der durch den Menschen verursachten globalen Erwärmung frühzeitig nachzuweisen. Das heißt allerdings in keiner Weise, dass es diese Auswirkungen nicht gäbe. Noch einmal: Auch kleine Änderungen können beträchtliche Folgen für die Meeresökosysteme haben, insbesondere wenn andere Stressfaktoren hinzukommen, was wir schon am Beispiel der tropischen Korallen diskutiert haben.

Der große Wärmespeicher
Die tieferen Meeresschichten

Im Zeitraum von 1998 bis 2013 haben wir keinen nennenswerten Anstieg der globalen Erdoberflächentemperatur gemessen, es gab so etwas wie ein Temperaturplateau, eine Art Atempause, und das auch bezogen auf die Meeresoberflächentemperatur. Dieser Sachverhalt hat ein großes Echo in den Medien gefunden. Bestimmte Kreise frohlockten schon, die globale Klimaerwärmung durch die Menschen habe es nie gegeben oder sie sei nunmehr endgültig vorbei. Das war dummes Zeug. Das Klimasystem erwärmt sich weiter, nur nicht an der Erdoberfläche. Die über größere Tiefenbereiche gemittelten Temperaturen, die wir als Wärmeinhalte bezeichnen, zeigen, dass die Erwärmung der Ozeane ohne Pause weiter fortschritt, obwohl sich die Meeresoberfläche im globalen Durchschnitt kaum änderte. Die Datenlage in den tieferen Meeresschichten ist zwar alles andere als zufriedenstellend, die kontinuierliche und anhaltende Wärmeaufnahme der Meere kann man allerdings nicht bestreiten, wie der Weltklimarat, der IPCC, in seinem letzten Sachstandsbericht feststellt.

So zeigt die Entwicklung des ozeanischen Wärmeinhalts der oberen 2000 Meter einen fast linearen Anstieg seit 1990. Eine Pause in der Erwärmung wie an der Erdoberfläche ist nicht zu erkennen. Der Ozean ist eben ein riesengroßer Wärmespeicher und saugt förmlich die Wärme auf, die das Mehr an Treibhausgasen im Klimasystem zurückhält. Die Wärmemengen, die die Meere inzwischen aufgenommen haben sind unfassbar groß. Der Wärmezuwachs der oberen 2000 Meter während der letzten dreißig Jahre entspricht in etwa einer Energiemenge von 17x10^{22} Joule, eine Zahl, die man sich gar nicht vorstellen kann. Das ist so viel Energie, wie Sie gewinnen würden, wenn Sie während dieser dreißig Jahre jede Sekunde eine Hiroshima-Atombombe zur Explosion bringen würden. Oder eine Energiemenge, die dem 300-fachen des weltweiten Primärenergieverbrauchs des Jahres 2010 entspricht und sogar ein wenig übertrifft.

Die Ozeane vermögen sehr viel Wärme aufzunehmen und dämpfen dadurch die Erwärmung der Erdoberfläche. Neuesten Berechnungen zufolge haben die Ozeane während der letzten vierzig Jahre gut neunzig Prozent der zusätzlichen

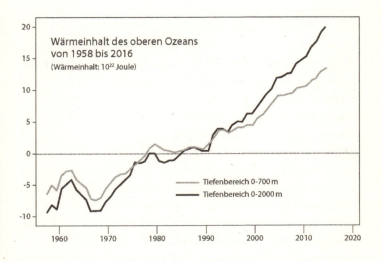

Die zeitliche Entwicklung des mit einem 5-Jahresfilter geglätteten Wärmeinhalts (10^{22} Joule) des oberen Ozeans für den Zeitraum 1958–2016 für die Tiefenbereiche 0–700 m (graue Linie) und 0–2000 m (schwarze Linie).
Quelle: NOAA/NESDIS/NODC Ocean Climate Laboratory.

Energie aufgenommen, die durch den Anstieg der Treibhausgase im Klimasystem zurückgehalten wurde.[152] Die Schichten unterhalb von 2000 Metern Tiefe haben während der Atempause vermehrt Wärme aus den darüberliegenden Schichten aufgenommen, d. h. es hat eine Umverteilung der Wärme von oben nach unten stattgefunden. Das für sich allein würde schon die geringe Erwärmung der Erdoberfläche während der Atempause erklären. So zeigen Messungen im Südlichen Ozean in mehreren Kilometern Tiefe tatsächlich eine außergewöhnliche Erwärmung.[153] Allerdings sind die Temperaturmessungen aus den unteren Regionen der Tiefsee in vielen Gebieten noch so spärlich, dass die Ursache für die Atempause noch nicht abschließend geklärt ist. Eine etwas schwächer strahlende Sonne wie auch eine höhere atmosphärische Aerosolkonzentration durch einige schwache Vulkanausbrüche könnten ebenfalls zur Verlangsamung des Temperaturanstiegs an der Erdoberfläche beigetragen haben. Die meisten wissenschaftlichen Studien lassen die Ursache jedoch im Ozean vermuten. Wie bereits erwähnt steigt die globale Temperatur der Erde seit 2014 wieder schnell an.

Die Atempause in Sachen globale Erwärmung hat mich als Wissenschaftler in keiner Weise überrascht. Ich hatte sie zusammen mit meinen Kollegen aus Hamburg schon im Jahr 2008 in einem Artikel für die Fachzeitschrift *Nature* vorhergesagt.[154] Damals hatte die Vorhersage ein weltweites Medienecho ausgelöst.[155] Selbst die *New York Times* hatte über unsere Studie berichtet[156], nachdem ich sie auf einer internationalen Konferenz vorgestellt hatte. Umso unverständlicher war für mich die öffentliche Aufgeregtheit über das Temperaturplateau. Der Meeresspiegel verhielt sich übrigens ganz anders als die Erdoberflächentemperatur. Die Pegel stiegen unaufhörlich, eine Verlangsamung des Anstiegs war im weltweiten Durchschnitt nicht messbar.

Wie gesagt, die Meere haben während der letzten Jahrzehnte über neunzig Prozent der Wärme aufgenommen, die durch den Anstieg der Treibhausgase und den daraus resultierenden verstärkten Treibhauseffekt im Klimasystem geblieben ist. Nun wissen wir aus dem Physikunterricht, dass sich jeder Körper, der sich erwärmt, ausdehnt. Und das tut auch das Meerwasser, was übrigens ein wichtiger Grund für den Anstieg des Meeresspiegels überhaupt ist. Die Satellitenmessungen zeigen während der letzten Jahrzehnte einen recht stetig steigenden Meeresspiegel: während der letzten Jahre mit einer mittleren Rate von ca. drei Millimeter pro Jahr im weltweiten Durchschnitt, die deutlich über der Rate während der ersten Hälfte des 20. Jahrhunderts liegt. Der fortgesetzte Anstieg des Meeresspiegels ist konsistent mit der Entwicklung des ozeanischen Wärmeinhalts, der ebenfalls keine Atempause gezeigt hatte. Sollten tatsächlich die ganz tiefen Meeresschichten ungewöhnlich viel Wärme aus den oberflächennahen Schichten aufgenommen haben, würde sich das zwar in der Oberflächentemperatur als Abflachung der Kurve äußern, nicht aber notwendigerweise im Meeresspiegel. Diese Betrachtungen verdeutlichen, dass die Klimaerwärmung kontinuierlich fortschreitet und sich vor allem auch in den tieferen Ozeanschichten abspielt.

Die enorme Wärmeaufnahme der Meere verstellt uns in gewisser Weise den Blick für die Realität. Irgendwann aber wird die Bremswirkung der Ozeane nachlassen. Dann wird die im Meer gespeicherte Wärme wieder in die Atmosphäre gelangen. Deswegen ist die Erderwärmung eigentlich schon sehr viel weiter fortgeschritten, als wir es heute anhand der

Oberflächentemperatur des Planeten erkennen können. Dennoch zeigen die Messungen seit Beginn des 20. Jahrhunderts einen deutlichen Temperaturanstieg, der sowohl in Ausmaß als auch Geschwindigkeit im Vergleich zu den Schwankungen in den vorangehenden Jahrhunderten ziemlich außergewöhnlich ist. Nur noch einmal zur Erinnerung: Der Temperaturanstieg nach dem Höhepunkt der letzten Eiszeit vor etwa 20 000 Jahren bis zur gegenwärtigen Warmzeit betrug im globalen Durchschnitt ca. 5 °C und dauerte etwa 10 000 Jahre. Seit 1900 haben wir einen Anstieg von ca. 1 °C gemessen. Das ist eine ungefähr zwanzigmal schnellere Erwärmung. Wer uns angesichts dieser rapiden Erwärmung und des rasant steigenden atmosphärischen CO_2-Gehalts, der übrigens schon heute einmalig in der Geschichte der Menschheit ist, weismachen möchte, dass es sich bei den gegenwärtigen Veränderungen hauptsächlich um natürliche Schwankungen handelt, den kann man einfach nicht mehr ernst nehmen.

Die Meere haben die Erwärmung der Erdoberfläche bisher abgefedert und den Menschen damit einen großen Gefallen getan. Die Wärme ist im Meer in gewisser Weise geparkt und breitet sich langsam in tiefere Schichten aus. Wegen der enormen Wärmeaufnahme der Ozeane entwickelt sich der Temperaturanstieg an der Erdoberfläche nur im Zeitlupentempo. Ein Menschenleben reicht kaum aus, um die bisherige Erwärmung wahrzunehmen. Ich bin jetzt 62 Jahre alt. Das ist alt genug, um die Erwärmung am „eigenen Leib" zu spüren. Ich habe eine klare Erinnerung an die vielen kalten Winter, die ich in meiner Kindheit in Hamburg, wo ich geboren und aufgewachsen bin, erlebt habe. Heute wundert man sich inzwischen über das Auftreten kalter Winter. Noch erfüllen die Meere ihre Pflicht und helfen uns, die vielen Klimasünden zu kaschieren. Aber wie lange werden sie dazu noch imstande sein?

Die Trägheit der Ozeane ist Fluch und Segen zugleich, weil die Meere die Erwärmung der Erdoberfläche und der unteren Luftschichten verzögern und uns in scheinbare Sicherheit wiegen. Das gilt auch hinsichtlich ihrer Möglichkeit, CO_2 aus der Atmosphäre zu entfernen. Die Ozeane nehmen große Mengen des Treibhausgases auf, das die Menschen in die Luft emittieren, und befördern es in die tieferen Meeresschichten. Das ist ein weiterer Grund dafür, dass sich der Klimawandel an der Erdoberfläche so langsam entwickelt. Die Erwärmung der Erdoberfläche wird aber längerfristig weiter Fahrt aufnehmen. Unter anderem auch deswegen, weil die Ozeane nicht beliebig schnell CO_2 aus der Luft aufnehmen können. Wir haben im Moment das Gefühl, das alles in Ordnung ist. Doch der Eindruck trügt. Irgendwann werden es die Meere nicht mehr schaffen, den Service der CO_2-Aufnahme für die Menschen in dem Maße aufrechtzuerhalten, wie es derzeit der Fall ist. Die Effizienz der ozeanischen CO_2-Senke wird sich wegen der Ozeanversauerung und des damit zusammenhängenden Mangels an Karbonat verringern. Und auch, weil wir das Leben im Meer immer mehr schädigen. Denn ein Teil der CO_2-Aufnahme erfolgt nicht chemisch, sondern biologisch. Verringert sich die Effizienz der marinen CO_2-Aufnahme, werden der CO_2-Gehalt der Luft und die Erdoberflächentemperatur umso schneller steigen. Wir werden dem dann nicht mehr viel entgegenzusetzen haben. Der Zug wäre in gewisser Hinsicht abgefahren und es stünden und nur noch drakonische Maßnahmen zur Verfügung. Entweder innerhalb weniger

Jahre den weltweiten CO_2-Ausstoß drastisch zu senken. Das würde vermutlich die Weltwirtschaft kollabieren lassen. Oder zu den sogenannten „Climate Engineering"-Maßnahmen greifen, um auf künstlichem Wege das Klima der Erde zu stabilisieren. Das wäre so etwas wie Russisches Roulette.

Der große Rückzug
Das Arktiseis

Eine buchstäblich nicht zu übersehende Folge der globalen Erwärmung ist der Rückzug des Eises auf der Erde, insbesondere auf der Nordhalbkugel. Die Arktis ist die Region auf der Erde, die sich während der letzten Jahrzehnte am stärksten erwärmt hat. Und die Erwärmung der Arktis hielt auch in den letzten Jahren an, trotz des zwischenzeitlichen Temperaturplateaus in der global gemittelten Erdoberflächentemperatur. Das arktische Meereis hat sich weit zurückgezogen. Allerdings ist die Datenlage vor Beginn der Satellitenmessungen ziemlich dürftig.

Der Rückgang des arktischen Meereises setzte sich auch während der letzten Jahre weiter fort. So war die arktische Sommereisdecke 2012 auf ein erschreckendes Rekordtief von 3,4 Millionen Quadratkilometern (10^6 qkm) geschrumpft. Das sind 44 Prozent weniger gegenüber dem Mittelwert der Jahre 1981 bis 2010. Dass die Arktis die Region ist, die sich am schnellsten erwärmt, kommt für uns Wissenschaftler nicht überraschend. Die Klimamodelle haben die große Empfindlichkeit der Arktis schon seit vielen Jahren vorhergesagt, der Sachverhalt war auch aufgrund theoretischer Überlegungen zu erwarten gewesen, worauf Svante Arrhenius schon

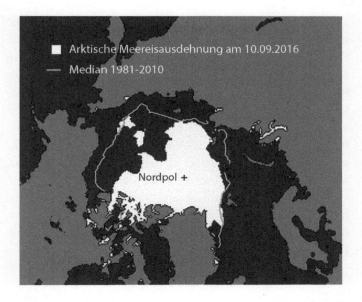

Die arktische Meereisausdehnung am 10. September 2016 (weiße Fläche) im Vergleich zum Median der Jahre 1981–2010 (graue Linie). Der Median teilt einen Datensatz, eine Stichprobe oder eine Verteilung in zwei Hälften, sodass die Werte in der einen Hälfte kleiner als der Medianwert sind, in der anderen größer. Quelle: National Snow and Ice Data Center.

Ende des 19. Jahrhunderts in seiner Arbeit über den Einfluss von Kohlendioxid auf den Treibhauseffekt und die Erdoberflächentemperatur hingewiesen hatte.

Der Rückgang des arktischen Meereises facht überdies die globale Erwärmung weiter an. Zum einen, weil weniger helle Fläche weniger Sonnenlicht in den Weltraum zurückreflektiert, was die Erdoberfläche durch die Absorption von mehr Sonnenstrahlung durch die dunkleren Meere zusätzlich erwärmt. Diesen sogenannten Albedo-Effekt haben wir oben schon kennengelernt. Und zum anderen, weil die isolierende Wirkung des Eises fehlt und damit mehr Wärme aus dem Nordpolarmeer in die Luft entweichen kann und zudem die Verdunstung ansteigt. Der dadurch zusätzlich in die Luft gelangende Wasserdampf verstärkt den Treibhauseffekt in der arktischen Atmosphäre, was insbesondere die starke Erwärmung im arktischen Winter erklärt. Wenn die Sonne während der Polarnacht hinter dem Horizont verschwindet, kann der Albedo-Effekt schließlich nicht wirken.

Das Meereis der Südhalbkugel zeigte allerdings bis vor Kurzem keinen Verlust während der letzten Jahrzehnte, sondern einen leichten, wenngleich insignifikanten Zuwachs. Im März 2017 aber hat man die geringste antarktische

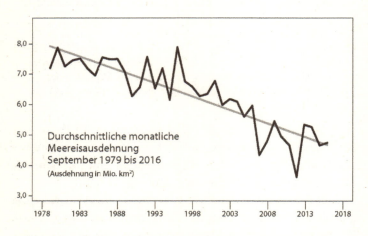

Die zeitliche Entwicklung der arktischen Meereisbedeckung (10^6 km^2) im Monat September für den Zeitraum 1979–2016. Quelle: National Snow and Ice Data Center.

Meereisausdehnung seit Beginn der Satellitenmessung registriert. Im Mittel über beide Halbkugeln ist die Bedeckung mit Meereis währen der letzten Jahrzehnte deutlich zurückgegangen. Die Gründe für den gravierenden Unterschied in der Meereisentwicklung auf den beiden Halbkugeln sind derzeit unklar. Insgesamt hat sich die Südhalbkugel während der letzten Jahrzehnte deutlich weniger erwärmt als die Nordhalbkugel (siehe oben), was nicht überraschend ist und von den Klimamodellen auch so seit vielen Jahren vorhergesagt wurde. Der Unterschied zwischen beiden Halbkugeln zeigt jedoch, dass es infolge der globalen Erwärmung regional sehr unterschiedliche Auswirkungen geben kann, und das wird auch in der Zukunft so sein. Dieser Sachverhalt sorgt oftmals für Verwirrung in der Öffentlichkeit. Globale Mittelwerte sind für einzelne Regionen wenig aussagekräftig, auch das wusste schon Svante Arrhenius. Die regionalen Unterschiede zeigen sich im Übrigen auch in vielen anderen Entwicklungen wie etwa dem Meeresspiegelanstieg oder der Ozeanversauerung. Die physikalischen, chemischen und biologischen Eigenschaften in den Ozeanen sind von Region zu Region so unterschiedlich, dass man sie nicht über einen Kamm scheren kann. Diese räumlichen Unterschiede zu dokumentieren und zu verstehen ist ein wichtiger Schlüssel zum Verständnis der gegenwärtigen und der Vorhersage zukünftiger Änderungen in den Ozeanen auf regionaler Skala.

So könnte beispielsweise eine stärkere Umwälzbewegung und der damit verbundene stärkere Transport von Wärme in den Nordatlantik und die Arktis den Rückzug des arktischen Meereises beschleunigt haben, während die Strömungsänderungen um die Antarktis herum eine Ausdehnung des dortigen Meereises begünstigt haben könnten. Andererseits könnte aber auch das infolge der Erderwärmung in zunehmendem Maße vom Rand des antarktischen Eispanzers ins Südpolarmeer strömende Schmelzwasser die dortige Meereisbildung unterstützt haben. Zum einen, weil sich der Salzgehalt verringert und dadurch die Eisbildung fördert, zum anderen, weil die Wassersäule stabiler geschichtet ist und damit die Konvektion behindert. Der Zuwachs des Meereises auf der Südhalbkugel bis 2016 wäre in diesem Fall ebenfalls eine Folge der globalen Erwärmung, was man nicht so ohne weiteres vermuten würde. Wir konnten diesen Effekt in idealisierten Experimenten mit dem Kieler Klimamodell nachvollziehen. Nach einigen wenigen Jahrzehnten allerdings „gewinnt" die Erwärmung infolge des CO_2-Anstiegs, und das antarktische Meereis beginnt sich dann im Modell schnell zurückzuziehen. Das zeigt erneut, wie verwoben die Prozesse in den verschiedenen Erdsystemkomponenten miteinander sind und dass es eine einfache Beziehung zwischen den menschlichen Aktivitäten und der Reaktion des Erdsystems auf diese im Allgemeinen nicht gibt. Und genau das ist es, was mich mit Besorgnis erfüllt. Insbesondere was die Ozeane betrifft. Denn von denen wissen wir immer noch viel zu wenig.

Ein Beispiel zur Verdeutlichung dieses Unbehagens: Die Bedeutung des Meereises geht weit über seine Klimawirkung hinaus. Das Meereis ist integraler Bestandteil einzigartiger Ökosysteme. So hängen bekanntermaßen die Eisbären von der Existenz des Meereises ab, das sie unbedingt für die Jagd auf Robben benötigen. In einigen Regionen der Arktis wie der Hudson Bay sind inzwischen erschreckende Körpergewichtsverluste bei den Eisbären nachweisbar. Wissenschaftler wie Andrew E. Derocher von der Universität von Alberta (Kanada) fordern einen Aktionsplan für die Eisbären. Nach ihren Beobachtungen und Modellrechnungen würde schon ein weiteres extrem warmes Jahr in der Arktis ausreichen, um empfindliche Rückgänge in der Eisbärpopulation der kanadischen Arktis zu bewirken.[157] Zumindest steht der Eisbär inzwischen auf der Roten Liste der bedrohten Arten. Das ist aber das Wenigste, was man machen kann, um ihn zu schützen.

Im Meereis selbst finden sich auch Lebewesen, Algen und andere Kleinstlebewesen, die ihrerseits den Anfang der Nahrungskette bilden. Das arktische Ökosystem hat ziemlich kurze Nahrungsketten, die in einigen Fällen aus nur wenigen Gliedern bestehen: Im Meer und im Eis lebende Algen werden von Zooplankton und Krill gefressen, worauf ich weiter oben schon hingewiesen hatte. Die dienen wiederum Fischen wie dem Kabeljau oder Hering und auch einigen Walarten als Nahrung. Die Fische ihrerseits stehen den Robben als Mahlzeit zur Verfügung. Und die Robben schließlich stehen auf dem Speisezettel der Eisbären, dem letzten Glied in der Kette und einzigen Arktisbewohner ohne natürliche Fressfeinde. Es steht also ein komplettes und einzigartiges Ökosystem auf dem Spiel mit dem Eisbären an der Spitze, wenn sich das arktische Meereis immer weiter zurückzieht. Obendrein sind gerade die polaren Gewässer im Besonderen von der Ozeanversauerung bedroht, weil kaltes Wasser Gase effektiver aufnimmt als warmes Wasser. Man kann nur darüber spekulieren, was der Klimawandel in der Arktis langfristig für den Speisezettel der Menschen bedeuten wird. Wir führen gerade einen großangelegten Feldversuch durch, um es herauszufinden.

Und zu allem Überfluss noch das: Mit dem Rückgang des Meereises öffnet sich der arktische Ozean zunehmend für die ökonomische Nutzung. Einerseits wird mit einem Anstieg des Schiffsverkehrs gerechnet. Die Strecke New York – Tokio schrumpft über die Nordwestpassage im Vergleich zur Panama-Querung um 4200 Kilometer. Die Nordostpassage verringert die Distanz zwischen Hamburg und Yokohama um ungefähr ein Drittel, die von Hamburg nach Schanghai um ungefähr ein Viertel. Meine Kollegen und ich haben im Jahr 2010 anhand von Modellsimulationen berechnet, dass die Nordostpassage, der Seeweg längs der russischen Küste nach Osten in Richtung des Pazifiks und nach Asien, selbst unter der Annahme nur moderat steigender Treibhausgaskonzentrationen, gegen Ende des 21. Jahrhunderts für drei bis sechs Monate während eines Jahres durchgehend schiffbar sein würde.[158] Die Nordwestpassage, der Seeweg, der nördlich des amerikanischen Kontinents den atlantischen mit dem Pazifischen Ozean verbindet, könnte für etwa zwei bis vier Monate befahrbar sein. Der zunehmende Schiffsverkehr birgt große Risiken, beispielsweise das Risiko von Tankerunglücken und den daraus resultieren Öleinleitungen ins Nordpolarmeer. Mehr Schiffsverkehr würde auch zu einer erheblichen Verschmutzung der arktischen Gewässer insgesamt führen, weil die Winde die Abgase aus den Schornsteinen der Schiffe über große Entfernungen verteilen. Unsere Berechnungen haben außerdem gezeigt, dass in dem angenommenen Szenario die Nordostpassage durchaus profitabel wäre, wenn man sie mit der viel weiteren Route durch den Suez-Kanal vergleicht. Dabei haben wir allerdings die Umweltschäden nicht in die Rechnungen mit einbezogen. Wir wollten nämlich wissen, wie sich der Schiffsverkehr realistischerweise in der Zukunft entwickeln könnte. Leider spielen Umweltschäden in den Kostenrechnungen vieler Unternehmen und Konzerne keine Rolle, weil die Politik es bisher versäumt hat, entsprechende Rahmenbedingungen zu formulieren, geschweige denn durchzusetzen. Ernstzunehmende internationale Vereinbarungen zum Schutz der Arktis gibt es ohnehin nicht.

Zu den ökologischen Belastungen durch den Schiffsverkehr kämen noch die Belastungen durch die Ausbeutung der in der Arktis in großen Mengen vorhandenen Rohstoffe. So vermutet man dort große Reserven an fossilen Brennstoffen. Die sich daraus ergebenden Konflikte, die ökologischen wie auch die kulturellen, kann man am Beispiel Grönlands veranschaulichen. Uran, seltene Erden, Eisen, Kupfer, Gold, Erdöl und Erdgas – man findet dort fast alles, was das Herz einer nicht-nachhaltigen Ökonomie begehrt. Da das Eis so schnell schwindet, ist für die Grönländer, die fast ausschließlich vom Fischfang leben, der ersehnte wirtschaftliche Aufschwung zum Greifen nah. Grönland will endlich wirtschaftlich von seinem Reichtum an Bodenschätzen profitieren. Etwa dreizehn Prozent der noch unentdeckten Erdöl- und sogar dreißig Prozent der unentdeckten Erdgasvorkommen sollen nach Angaben der staatlichen amerikanischen Organisation U.S. Geological Survey (USGS) in der Arktis, d. h. nördlich des Polarkreises, schlummern.[159] Das klingt nach viel. Trotzdem würden die Erdgasvorkommen gerade mal den derzeitigen weltweiten Verbrauch von sieben Jahren abdecken. Die Förderung dieser Reserven ist außerdem unter ökologischen Aspekten mit großen Risiken behaftet und aus Umweltschutzgesichtspunkten als sehr kritisch zu bewerten. Jeder, der einmal die Stille und Schönheit der Arktis bewundern durfte, weiß das. Ich selbst bin mehrmals dort gewesen und kann es einfach nicht fassen, dass in den kommenden Jahren der große Ansturm auf die Arktis beginnen soll. Und was Grönland betrifft: Die kleine, noch nicht einmal 60 000 Menschen zählende grönländische Bevölkerung wäre gar nicht in der Lage, die notwendigen Aufgaben im Zusammenhang mit der Förderung der Rohstoffe selbst zu schultern. Es müsste eine massive Zuwanderung geben. Länder wie China oder die USA und Kanada zeigen inzwischen ein großes Interesse an Grönland. Die Bevölkerungszahl würde sich in kürzester Zeit vervielfachen. Kulturelle Konflikte wären programmiert.

Aber es ist nicht Grönland allein, es gibt viele Buhmänner unter den Arktisanrainerstaaten. Sie alle gieren förmlich nach den Schätzen der Arktis, egal, was es kostet. Und das ist nicht finanziell gemeint. Die Norweger etwa wollen schon ab 2020 in ca. 3000 Metern Tiefe Öl fördern. Natürlich versichern sie pausenlos, man werde größte Vorsicht walten lassen. Es werde schon nichts passieren. Das ist schwer zu glauben. Viel wahrscheinlicher ist es, dass man in der heute noch fast unbefleckten Arktis ein ökologisches Desaster anrichten wird. Hin und wieder kann man sich des Eindrucks nicht erwehren, die Politik habe nur darauf gewartet hat, dass sich das Klima möglichst schnell erwärmt, um endlich mit der Ausbeutung der Arktis beginnen zu können. Das politische Fingerhakeln zwischen einzelnen Ländern um die Nutzungsrechte ist für meine Begriffe entlarvend. Russland hat im Jahr 2007 vorsichtshalber schon einmal seine Flagge auf dem Meeresboden am Nordpol in 4000 Metern Tiefe gehisst. Daraus folgt völkerrechtlich natürlich nicht, dass der Nordpol jetzt zu Russland gehört. Genauso wenig, wie der Mond durch die geglückte Mondlandung der Amerikaner zum NASA-Eigentum geworden wäre.

Die *Frankfurter Allgemeine* hat den Ansturm auf die Rohstoffe in der Arktis so formuliert: „Das Nordpolarmeer wird mit dem Schwinden der Eismassen zur Kampfzone[160]." Besser kann man den Sachverhalt nicht zusammenfassen. Man kann nur Folgendes ergänzen: Die Arktis sollte niemandem gehören. Sie ist ein absolut schützenswertes Gebiet, was natürlich auch für die Antarktis gilt. Das sollten wir uns immer wieder vergegenwärtigen. Die Arktis müsste möglichst zügig zu einer internationalen Schutzzone erklärt werden. Ausbeutung: Nein Danke! Das sind wir der Natur, uns selbst und vor allem den nachfolgenden Generationen einfach schuldig. Ein intaktes Ökosystem in der Arktis ist unverzichtbar, für alle Menschen auf der Welt. Wollen wir wirklich eines der letzten Paradiese der Erde zerstören? Immerhin, Teile des Rossmeers vor der Küste der Antarktis sind inzwischen zu einer Schutzzone erklärt worden.[161] Das antarktische Rossmeer gilt als eines der letzten unberührten maritimen Ökosysteme. Dort leben Wale, Pinguine und Seehunde. Zudem liefert die Region einen beträchtlichen Teil der Nährstoffe für die gesamten Weltmeere.

Aufnahme begrenzt
Der Ozean und das Klima während dieses Jahrtausends

Wir müssen schnell etwas tun und den Ausstoß der Treibhausgase verringern. Das gilt ganz besonders für das CO_2. Selbst die Stabilisierung der weltweiten Kohlendioxidemissionen auf dem heutigen Stand, d. h. ein Einfrieren des CO_2-Ausstoßes auf heutigem Niveau, würde wegen der langen Verweildauer des Kohlendioxids in der Atmosphäre von ca. 100 Jahren nicht zu einer Stabilisierung der CO_2-Konzentration in der Luft führen. Der atmosphärische CO_2-Gehalt würde weiter steigen. Und damit die Belastung für die Ozeane. Die Stabilisierung der CO_2-Konzentration, also des CO_2-Gehalts in der Luft, auf einem bestimmten Wert erfordert die Reduktion der globalen CO_2-Emissionen auf einen Bruchteil des derzeitigen Ausstoßes. Und je tiefer man die gewünschte CO_2-Konzentration ansetzt, umso früher muss die Reduzierung der globalen Emissionen beginnen. Man kann diesen Sachverhalt mit der Staatsverschuldung vergleichen. Selbst wenn die Nettokreditaufnahme konstant bleibt, wächst der Schuldenberg und mit ihm die Zinszahlungen, die wir zu leisten haben. Letztere wären in diesem Beispiel die Klimaänderungen und die negativen Einflüsse auf das Erdsystem und seine Ökosysteme.

Diese Problematik hat mit den Meeren zu tun. Wir wissen aus der Betrachtung der Vergangenheit, dass der Gehalt von Treibhausgasen über die Jahrtausende schwankt. Der CO_2-Gehalt lag beispielsweise während des Höhepunkts der letzten Eiszeit vor 20 000 Jahren deutlich unter dem heutigen bei etwas unter 200 ppm, gegenüber ca. 400 ppm heute[162]. Umgekehrt lag er während Warmzeiten wie der Eem-Warmzeit vor 125 000 Jahren bei typischerweise etwa 300 ppm. Die mit der Schwankung des CO_2-Gehalts verbundene Änderung in der Stärke des Treibhauseffekts stellt eine positive Rückkopplung dar, d. h. einen verstärkenden Prozess, und lieferte einen wichtigen Beitrag zur Temperaturänderung während dieser Klimaepochen. Dabei sind Prozesse auf Land und im Meer relevant. Fossile Energieträger wie Erdöl oder Kohle, die der Mensch heute in großen Mengen zur Energiegewinnung verbrennt, oder die Brandrodung der tropischen Regenwälder sind zwei Beispiele für anthropogene Quellen. Den Quellen stehen die Senken gegenüber. Die Senken, wie zum Beispiel die Ozeane, Böden oder Pflanzen, sind bis zu einem bestimmten Grad in der Lage, aus der Atmosphäre CO_2 aufzunehmen und zu speichern. Beispielsweise binden Wälder während ihrer Wachstumsphase in der Regel CO_2. Wenn man dann zu einem späteren Zeitpunkt das Holz verbrennt oder es langsam verrottet, gelangt das Kohlendioxid wieder in die Atmosphäre. Den Prozess der Freisetzung von CO_2 durch die Zersetzung von Biomasse bezeichnet man als Respiration. Die Landbiosphäre kann jedoch unter Klima-Stress geraten, etwa durch zu hohe Temperaturen oder durch langanhaltende Dürre infolge des Klimawandels. Dadurch kann aus einer Senke im schlimmsten Fall sogar eine Quelle für CO_2 werden. Der Amazonas Regenwald könnte dieses Schicksal längerfristig erleiden[163], wenn sich die Niederschläge in der Region infolge von Änderungen der Meeresoberflächentemperatur des tropischen Pazifiks extrem verringern würden. Die Wahrscheinlichkeit dafür ist zwar eher gering, die Auswirkungen wären aber enorm. Im Englischen spricht man in diesem Zusammenhang von einem „Low probability – high impact"-Ereignis.

Am Beispiel der Ozeane kann man die Begrenztheit der Senken sehr gut veranschaulichen, denn mit zunehmender CO_2-Anreicherung der Meere nimmt ihre Effektivität ab, CO_2 aus der Atmosphäre aufzunehmen. Die Austausch- und Rückkopplungsprozesse zwischen den verschiedenen Klimasystemkomponenten sind teilweise hochkomplex und quantitativ schwer abzuschätzen. Dabei sind im Meer physikalische, chemische und biologische Prozesse beteiligt. Der Ozean ist heute eine wichtige Senke für anthropogenes CO_2: Etwa ein

Viertel des vom Menschen zusätzlich freigesetzten CO_2 bindet er direkt oder indirekt, wie schon oben erwähnt. Ohne die Senkenfunktion der Ozeane wäre der bisherige CO_2-Anstieg in der Atmosphäre seit Beginn der Industrialisierung wesentlich stärker gewesen. Der CO_2-Gehalt läge bei ca. 450 ppm, also etwa 50 ppm über dem heutigen. Aber die Kohlenstoffaufnahme durch die Meere hat auch die uns schon bekannte Kehrseite: Es droht die Versauerung. Der Anstieg der CO_2-Konzentration in den Ozeanen hat bereits begonnen (siehe oben). Die Versauerung führt zum einen zu Veränderungen in den Meeresökosystemen mit möglicherweise dramatischen Folgen für das Leben in den Ozeanen, zum anderen zur Verminderung der Effizienz der CO_2-Aufnahme durch die Meere, was wiederum eine schnellere Erderwärmung zur Folge hätte. Insgesamt steigt zwar die absolute marine CO_2-Aufnahme, der relative Anteil an den CO_2-Emissionen verringert sich allerdings.

Das Kohlendioxid wandelt sich bei der Aufnahme durch die Meere fast vollständig in andere Verbindungen um. Dies unterscheidet das Kohlendioxid im Ozean grundlegend von dem in der Atmosphäre, wo es keine chemischen Reaktionen eingeht. Im Meer dagegen reagiert CO_2 mit Wasser zu Kohlensäure. Insbesondere in den Gebieten mit Tiefenwasserbildung der subpolaren und polaren Ozeane kann das mit CO_2 angereicherte Wasser schnell in die Tiefsee gelangen, wodurch man der Oberfläche CO_2 entzieht. Die chemische CO_2-Aufnahme bezeichnet man als die „Löslichkeitspumpe". Das in der ozeanischen Deckschicht gelöste Kohlendioxid unterliegt jedoch nicht nur chemischen Prozessen. Die Photosynthese des Phytoplanktons fördert ebenfalls die Aufnahme von Kohlendioxid aus der Atmosphäre. Nach dem Absterben des Phytoplanktons gelangt ein Teil des Kohlenstoffs durch Absinken als sogenannter Meeresschnee in die Tiefsee, wobei man in diesem Zusammenhang von der „biologischen Pumpe" spricht.

Bei weiter steigenden atmosphärischen CO_2-Konzentrationen könnte die Stärke der marinen CO_2-Senke zurückgehen: Zum einen erwärmt sich das Oberflächenwasser infolge des zusätzlichen Treibhauseffekts. Warmes Wasser kann aber Kohlendioxid schlechter lösen als kaltes. Zum anderen kommt es zu einem höheren Verbrauch von Karbonat-Ionen, was die CO_2-Aufnahme zusätzlich erschwert. Darüber hinaus schädigen die Erwärmung, die Versauerung und die stete Meeresverschmutzung das marine Leben, was die biologische Kohlendioxid-Pumpe schwächer werden lässt. Und schließlich erwärmt sich das Meerwasser an den Polen am stärksten, was prinzipiell den Austausch von Oberflächen- und Tiefenwasser über eine schwächere Umwälzbewegung behindern könnte. Die zukünftige Entwicklung der ozeanischen CO_2-Senke wird maßgeblich mit darüber bestimmen, wie sich die atmosphärische Kohlendioxidkonzentration und damit die globale Erwärmung entwickeln. Die obigen Betrachtungen lassen vermuten, dass sich die Effizienz der CO_2-Aufnahme durch die Meere in naher Zukunft verringern wird. Vielleicht ist das sogar schon der Fall. Aufgrund der großen Unsicherheiten bei der Bestimmung der globalen Kohlenstoffbilanz ist die erwartete Abnahme allerdings zurzeit nicht nachweisbar. Wenn man allerdings einige Jahrzehnte nach vorne blickt, ist mit sehr hoher Wahrscheinlichkeit von einer Abnahme der Effizienz der Kohlenstoffsenke Meer auszugehen.[164]

Werden wir etwas konkreter, um die Rolle des Ozeans im Kohlenstoffkreislauf und für das zukünftige Klima noch besser zu verstehen. Stellen wir uns das folgende, vom IPCC entworfene, theoretische Szenario vor.[165] Nehmen wir an, dass die weltweiten CO_2-Emissionen in den kommenden Jahrzehnten weiter wachsen werden, so wie es in den letzten Jahrzehnten der Fall gewesen ist – nach meinem Dafürhalten ein durchaus mögliches Szenario. Der Ausstoß würde dann gegen Mitte dieses Jahrhunderts seinen Höhepunkt erreichen und sich bis zum Jahr 2200 auf einen kleinen Bruchteil der heutigen Emissionen verringern. So ein Szenario kann man nicht von der Hand weisen, weil die Kohlevorräte noch weit über hundert Jahre halten werden. Die CO_2-Konzentration würde sich dann auf einem sehr hohen Niveau eingependelt haben, sagen wir auf das Doppelte der heutigen CO_2-Konzentration von etwa 400 ppm, also einem Gehalt von ungefähr 800 ppm im Jahr 2200. Danach bliebe, und das ist das Fatale an der Geschichte, der CO_2-Gehalt noch für viele Jahrhunderte fast unverändert hoch, da die Entfernung des Kohlendioxids durch die Ozeane die einzige langfristige CO_2-Senke ist und diese nur sehr langsam arbeitet. Der Austausch von Stoffen zwischen der mit der Atmosphäre in Kontakt stehenden Deckschicht und der bezüglich CO_2 ungesättigten Tiefsee ist wegen der stabilen Schichtung extrem ineffizient. Man kann diesen Sachverhalt mit einer vollen Badewanne vergleichen, die sich nur langsam leert, wenn man den Stöpsel gezogen hat. Weil der Abfluss sehr begrenzt ist, kann nur wenig Wasser die Wanne pro Zeiteinheit verlassen. Die Aufnahme von CO_2 an der Meeresoberfläche allein kann noch so schnell geschehen; wird das Wasser nicht durch „neues" Tiefenwasser ersetzt, ist die Kapazität des CO_2-Speichers schnell erschöpft. Die globale Umwälzung der Wassermassen geschieht eben ziemlich langsam, wie wir oben gesehen haben.

Im Klartext heißt das: Die Meere helfen uns kurzfristig, weil sie die Erwärmung der Erdoberfläche durch ihre CO_2- und Wärmeaufnahme etwas abfedern. Die Ozeane sind aber keine „Weltmeister", was die CO_2-Aufnahme anbelangt. Und das kann langfristig zu einem Bumerang für die Menschen werden, weil das CO_2 sehr lange, vermutlich Jahrtausende, in der Atmosphäre verweilen würde, wenn der CO_2-Gehalt der Luft erst einmal in schwindelerregende Höhen geklettert wäre. Außerdem steht zu befürchten, dass die in vielerlei Hinsicht belasteten Ozeane, sei es durch die Erwärmung oder die Versauerung, tendenziell einen kleineren Teil der CO_2-Emissionen aufnehmen werden.

Diese Art von Langsamkeit der Ozeane in Form der Ineffizienz bei der CO_2-Aufnahme führt dazu, dass sich in oben angenommenen Szenario die Verhältnisse auf unserem Planeten selbst nach dem kompletten Stopp der CO_2-Emissionen lange Zeit weiter ändern werden. Der Bremsweg ist enorm, und wir wissen nicht, wann der Klimawandel zum Stillstand kommen wird – falls überhaupt. Die oberflächennahe Lufttemperatur wird selbst nach der Stabilisierung des atmosphärischen CO_2-Gehalts über Jahrhunderte weiter steigen. Der Anstieg des Meeresspiegels wird sich über Jahrtausende weiter fortsetzen. Er steigt global, wie schon erwähnt, infolge von zwei Prozessen. Zum einen erwärmt sich das Meerwasser, wodurch es sich ausdehnt. Zum anderen schmilzt Landeis, und das Schmelzwasser gelangt in das Meer. Der für die thermische Expansion des Meerwassers wichtige und sehr langsame Transport von Wärme von den oberen in die tiefen Meeresschichten und die noch langsamere Reaktion der kontinentalen Eisschilde Grönlands und der Antarktis hätten zur Folge, dass es wohl Jahrtausende dauern würde bis der Meeresspiegel einen neuen Gleichgewichtszustand erreicht hätte. Allerdings kann man bei dieser Reise in eine uns fremde Welt nicht ausschließen, dass es infolge möglicher Instabilitäten der großen Eisschilde immer wieder zu sehr schnellen Anstiegen des Meeresspiegels kommt. Das ist auch nach der letzten Eiszeit so gewesen, als sich die riesigen Eismassen wieder zurückzogen. Während des Höhepunkts der letzten Eiszeit vor ca. 20 000 Jahren lag der Meeresspiegel im globalen Durchschnitt mehr als 100 Meter unter dem heutigen. Innerhalb von etwa 10 000 Jahren stieg er auf das heutige Niveau an, allerdings hin und wieder unterbrochen von sehr schnellen Anstiegsereignissen von mehreren Metern pro Jahrhundert, die man als Schmelzwasserereignisse oder -pulse bezeichnet.[166] Ob das auch unter heutigen Klimabedingungen möglich ist, wissen wir nicht. Wir rasen im Blindflug in eine Zukunft, die wir überhaupt nicht einschätzen können.

Tatsache ist: Steigt der CO_2-Gehalt der Luft noch in diesem Jahrhundert um mehrere hundert ppm weiter an, wären dem Ozean in gewisser Weise die Hände gebunden. Die Meere würden es nicht mehr schaffen, das CO_2 schnell aus der Atmosphäre zu entfernen. Die Erwärmung würde vermutlich weit länger als ein Jahrtausend anhalten. Einige Änderungen im Klimasystem wären dann vielleicht sogar irreversibel. So ist es möglich, dass das komplette Abschmelzen des grönländischen Eisschilds bei einer zu schnellen Erwärmung bis zum Ende dieses Jahrhunderts nicht mehr aufzuhalten wäre, selbst wenn sich die Treibhausgasemissionen danach drastisch verringerten. Der Meeresspiegel würde in diesem Fall um ca. sechs Meter im weltweiten Durchschnitt steigen. Ein ähnliches Szenario würde wohl für die Westantarktis Anwendung finden, mit einem Anstieg des Meeresspiegels in der gleichen Größenordnung. Außerdem könnte das Abschmelzen großer Inlandeismassen grundlegende Änderungen in den Mustern der Ozeanzirkulation, beispielsweise der atlantischen Umwälzbewegung verursachen, welche über eine Periode von vielen Menschengenerationen nicht reversibel wären. Dabei kann der kritische Punkt für grundlegende Änderungen der Meeresströmungen bei einer geringeren Erwärmung erreicht werden, falls die Erwärmung eher schnell als allmählich verläuft.

Kollaps der Ökosysteme?
Langfristige Konsequenzen der Ozeanversauerung

Viel wissen wir noch nicht darüber, wie sich die schleichende Versauerung der Weltmeere auf die Meeresökosysteme auswirkt. Man kann sich aber leicht vorstellen, weswegen die Versauerung der Ozeane ein Problem für die Meereslebewelt darstellen könnte. Kalk löst sich im Wasser auf, wenn das Wasser einen bestimmten Säuregrad übersteigt. Das ist Schulbuchwissen. Wir verwenden schließlich Essig, um Kalkflecken bei uns zuhause zu entfernen. Speiseessig hat einen pH-Wert von 3,0, ein Säuregrad, den wir zwar niemals in den Meeren erreichen werden. Aber in den Ozeanen reichen schon sehr kleine Änderungen des pH-Wertes aus, um die Ökosysteme negativ zu beeinflussen. Viele Meerestiere wie Korallen, Krebse, Muscheln oder im Meer lebende Schneckenarten bilden Skelette oder Schalen, die aus Kalk bestehen und ziemlich empfindlich auf Änderungen des pH-Wertes reagieren. Die Kalkstrukturen können sich sogar auflösen, sollte der Säuregrad zu sehr steigen. Das könnte zu einer Art Kettenreaktion führen. Denn viele der betroffenen Organismen stehen am Anfang der Nahrungskette.

Eine zu starke Versauerung könnte dem Leben im Meer im wahrsten Sinne des Wortes den Garaus machen. Dieser Sachverhalt ist in der Öffentlichkeit nur wenig bekannt. Die Wissenschaft führt den Untergang vieler Arten in der Erdgeschichte oft auf Versauerungsprozesse zurück, die geologisch dokumentiert sind. Während die Auslöser solcher Episoden komplex und häufig unverstanden sind, ist man sich aber weitgehend darüber einig, dass es Hunderttausende, oder, nach einem Massensterben, auch Millionen von Jahren dauerte, bis sich die Vielfalt der Arten wieder einstellte.

Von der Versauerung besonders betroffen sind heute bereits die polaren Regionen, denn kaltes Wasser löst, wie oben bereits erwähnt, Gase besonders gut. Und es steht zu befürchten, dass ohne Klimaschutz schon in diesem Jahrzehnt das Meer in Teilen der Arktis so viel CO_2 aufgenommen haben wird, dass sich die Gehäuse kalkbildender Lebewesen aufzulösen beginnen. Die CO_2-Aufnahme reduziert ja auch den Gehalt an Karbonat, einem der Bestandteile des Kalks. Zudem steht der erniedrigte pH-Wert selbst in Verdacht, die Kalkbildung zu behindern. Die kalkbildenden Organismen müssen dann mehr Energie aufbringen, um ihre Skelette, Schalen oder Gehäuse zu bauen.

Das Problem der Versauerung beginnt für viele Tiere schon ganz zu Beginn ihres Lebenszyklus. Das betrifft zum Beispiel auch Krill.[167] Der Biologe So Kawaguchi vom Antarctic Climate and Ecosystems Cooperative Research Centre in Tasmanien erforscht seit gut einem Jahrzehnt Kleinkrebse. Sein international besetztes Team sammelte Antarktischen Krill aus dem Südlichen Ozean, hielt die Tiere in Aquarien und verteilte später natürlich befruchtete und abgelegte Eier auf elf verschiedene Gläser mit Meerwasser. Dann experimentierte das Wissenschaftlerteam mit verschiedenen CO_2-Konzentrationen, um die möglichen Umweltbedingungen im Ozean der Zukunft zu simulieren. Dabei betrachtete man verringerte pH-Werte bis zu 7,4. Acht Tage nach der Eiablage zählten die Forscher, wie viele Kleinkrebse aus den Eiern geschlüpft waren. In den Gläsern, in denen das Wasser nur wenig saurer war, als es heute im Südlichen Ozean der Fall ist, schlüpften etwa gleich viele Kleinkrebse. Aber dort, wo das Wasser ein Vielfaches des Kohlendioxids enthielt und entsprechend sauer war, sank die Rate auf zwanzig Prozent im Vergleich zu den Kontrollgläsern mit „normalem" Meerwasser. Außerdem verzögerte das saurere Wasser die Entwicklung der Embryonen. Das Team präsentierte erstmals Karten, in denen man die am meisten gefährdeten Gebiete erkennen kann. In bestimmten Regionen um die Antarktis wie dem Weddellmeer oder der König-Haakon-VII.-See weiter östlich könnte sich die Schlüpfrate des Krills bereits im Jahr 2100 gegenüber heute halbieren. In dem Worst-Case-Szenario mit einem pH-Wert von nur noch 7,4 würden gegen 2300 die Krillbestände im Südlichen Ozean komplett kollabieren, mit furchtbaren Folgen für das dortige Ökosystem.

Fische reagieren ebenfalls auf niedrigere pH-Werte. Das saurere Wasser beeinflusst ihre Entwicklung insbesondere in den ersten Lebensstadien – also dann, wenn der Fischnachwuchs noch keine Mechanismen entwickelt hat, die ihn vor der Ozeanversauerung schützen können. Ein Beispiel, um das zu verdeutlichen: Ein internationales Forscherteam unter Leitung des Briten Stephen Simpson von der Universität Bristol hat entdeckt, dass saureres Wasser das Gehör von Clown-

Fischen beeinträchtigt.[168] In Laborversuchen untersuchten sie, wie gefährlich die Auswirkungen der Ozeanversauerung auf die in tropischen Korallenriffen lebenden Fische sein können. Knapp drei Wochen ließen die Wissenschaftler junge Clown-Fische in Wasserbecken mit verschiedenen CO_2-Konzentrationen und damit pH-Werten heranwachsen. Danach beschallten sie die Fische mit echten Geräuschen von Krustentieren und Raubfischen, aufgenommen bei Tag in einem Korallenriff. Bei einem CO_2-Gehalt, der den heutigen Lebensbedingungen der Fische entspricht, reagierten die jungen Fische wie erwartet und flüchteten sofort vor der „nahenden Gefahr". Bei höheren CO_2-Konzentrationen verhielten sich die Fische jedoch völlig verändert: Sie verharrten an ihren ursprünglichen Orten, weil sie vermutlich schlechter hörten. Somit wären sie eine leichte Beute für Raubfische gewesen. Dieser Befund ist wahrscheinlich auch auf andere Fischarten übertragbar. Bekannt ist außerdem, dass höhere CO_2-Konzentrationen den Geruchssinn von Fischen stören können.

Die Versauerung macht die Ozeane zudem lauter. Die Unterwasserwelt ist keineswegs völlig lautlos: Besonders tiefe Töne können sich im Wasser weit ausbreiten. Die Geräusche in den Meeren sind vielfältig: Es können die Gesänge der Wale sein, aber auch Geräusche von Wellen, Regen oder Schiffsmotoren und auch von Sonarsystemen zur Orientierung unter Wasser. Bisher tragen bestimmte chemische Substanzen wie Magnesiumsulfat oder Borsäure im Meerwasser dazu bei, die Schallausbreitung um einiges zu dämpfen, indem sie einen Teil der Geräusche absorbieren. Eine Studie von Wissenschaftlern um meine Hamburger Kollegin Tatiana Ilyina, verfasst während ihrer Zeit an der Universität von Hawaii in Honolulu, zeigt, dass sich der Lärmpegel in den Meeren bald deutlich erhöhen könnte.[169] Das Wissenschaftlerteam fand heraus, dass sich die Versauerung des Meerwassers auf die Schallausbreitung im Ozean auswirkt. Ilyina und ihre Kollegen führten Modellsimulationen durch, die die Geräuschausbreitung bei verschiedenen pH-Werten des Wassers lieferten. Das Ergebnis: In den hohen Breiten und in Gebieten, in denen das kalte Tiefenwasser entsteht, sank die Schallabsorption im Frequenzbereich zwischen 100 Hz und 10 kHz um bis zu sechzig Prozent, und dies bei Säuregraden, wie sie im Extremfall noch in diesem Jahrhundert erreicht werden können. Für den bisherigen Abfall des pH-Wertes von 0,1 Einheiten fanden sie bereits eine um zehn bis zwanzig Prozent verringerte Schallabsorption.

Die Zunahme des Lärmpegels hätte für das Leben in den Ozeanen weitreichende Konsequenzen. Es ist bekannt, dass insbesondere Meeressäuger empfindlich auf tiefe Töne reagieren. Die durch die Versauerung steigenden Geräuschpegel unter Wasser würden diese Empfindlichkeit weiter verstärken. So könnten sich bei Walen temporäre Hörschäden einstellen oder auch ihr sensibles Ortungssystem durcheinander geraten und die Meeressäuger vermehrt zum Stranden bringen.

Der Wissenschaftsjournalist Quirin Schiermeier hat 2011 die möglichen Folgen der Ozeanversauerung für die marine Lebewelt in einem Artikel mit dem Titel „Earth's Acid Test", zu Deutsch „Säuretest der Erde", für das Wissenschaftsjournal *Nature* zusammengefasst.[170] Schiermeier hatte die aktuelle wissenschaftliche Literatur studiert und zudem die weltweit führenden Wissenschaftler im Bereich der Ozeanversauerung befragt, darunter auch meinen GEOMAR-Kollegen Ulf Riebesell.

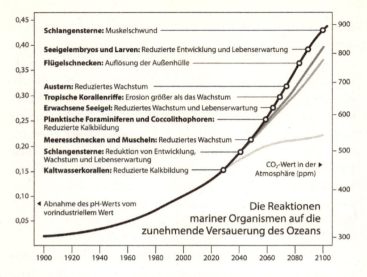

Marine Organismen reagieren sehr unterschiedlich auf die zunehmende Ozeanversauerung. Die Abbildung zeigt, wie verschiedene Spezies auf die Versauerung in Abhängigkeit des CO_2-Gehalts (rechte Skala) und des pH-Wertes (linke Skala) reagieren könnten. Die einzelnen Kurven zeigen vier Szenarien für die CO_2-Entwicklung während des 21. Jahrhunderts. Quelle: Schiermeier (2011).

Es ist jedoch sehr wichtig an dieser Stelle darauf hinzuweisen, dass die Forschung zur Ozeanversauerung erst in den Kinderschuhen steckt. Wie und ob sich marine Organismen und Ökosysteme an die Versauerung anpassen können, ist nicht ausreichend verstanden und Gegenstand aktueller Forschung. Die obige Abbildung zeigt, ab wann und in welcher Hinsicht nach heutigem Kenntnisstand bestimmte Arten bei zunehmender Versauerung des Wassers im Oberflächenozean beeinträchtigt werden würden. Dabei werden vier CO_2-Szenarien bis zum Ende des Jahrhunderts betrachtet. Zunächst wird vermutlich das Wachstum der Kaltwasserkorallen beeinträchtigt. Der Begriff Kaltwasserkorallen steht nicht für eine bestimmte Korallenart. Vielmehr ist er ein Sammelbegriff für ganz verschiedene Korallenarten, die in Wasser mit Temperaturen zwischen vier und zwölf Grad Celsius leben. Kaltwasserkorallen, auch Tiefseekorallen genannt, benötigen zum Leben kein Licht. Sie kommen in allen Ozeanen vor, manche liegen mehr als 3000 Meter tief. Sie bedecken eine ähnlich große Fläche wie die Warmwasserkorallen in den tropischen Gewässern. Die Riffe aus Kaltwasserkorallen gehören zu den artenreichsten Habitaten der Tiefsee und dienen vielen Fischen als Kinderstube. Insgesamt wurden bislang weit mehr als 1300 Tierarten bestimmt, die an und in Kaltwasserkorallenriffen allein im Nordatlantik vorkommen. Die Kaltwasserkorallenriffe sind ebenso faszinierend wie die in wärmeren tropischen Gefilden, nur eben nicht so leicht zugänglich. Die meisten Kaltwasserkorallen finden sich in 200 bis 400 Metern Tiefe. Die Kalkfundamente der Riffe könnten sich bereits ab einem atmosphärischen CO_2-Gehalt von ca. 450 ppm auflösen. Der pH-Wert würde dann noch einmal um 0,05 Einheiten unter dem heutigen Wert von 8,1 liegen. Dieser Fall könnte schon im kommenden Jahrzehnt eintreten. Heute misst der CO_2-Gehalt ja schon etwas über 400 ppm.

Bei weiter steigenden CO_2-Werten würden immer mehr Meerestiere leiden, zum Beispiel die Austern. Jenseits von 2050 wären dann auch die tropischen Korallenriffe bedroht. Das kann aber schon viel früher der Fall sein, wenn man die Erwärmung mit berücksichtigt. Die Warmwasserkorallenriffe in den tropischen Gewässern mit ihrer enormen Artenvielfalt und ihrer Bedeutung für das Ökosystem Meer gelten nicht zu Unrecht als „Regenwälder der Meere". Schätzungen zufolge sind in diesen riesigen Ökosystemen – das Great Barrier Reef vor der Ostküste Australiens erstreckt sich über eine Länge von mehr als 2000 Quadratkilometern – annähernd eine Million Arten zuhause: Pflanzen, Säuger, Reptilien, Fische, Würmer, Krebse, Weichtiere und Mikroorganismen. Korallenriffe schützen zudem die Küsten von Inseln und des Festlandes vor Schäden durch tropische Wirbelstürme wie Hurrikane und Taifune. Sie dienen zudem als Erwerbsquelle für die Tourismusindustrie oder die Fischereiwirtschaft. Man schätzt, dass etwa ein Viertel der asiatischen Fischindustrie direkt oder indirekt von den Korallenriffen abhängig ist, denn zahlreiche Hochsee- und Lagunenfische nutzen die Riffe für die Nahrungsaufnahme oder zum Heranwachsen der Jungtiere. Ohne die Korallenriffe wäre den Tieren praktisch die Lebensgrundlage entzogen.

Die Artenvielfalt, in Fachkreisen als Biodiversität bezeichnet, wird infolge der Ozeanversauerung sehr wahrscheinlich zurückgehen. Das fand ein Forscherteam um Katharina Fabricius vom Australian Institute of Marine Science anhand natürlicher CO_2-Quellen in der Milne Bay Provinz Papua Neuguineas heraus.[171] Diese Quellen sind deshalb so interessant für die Forschung, weil sie „kalt" sind und CO_2 in einem tropischen Korallenriff produzieren. Die dortigen Untersuchungen gaben Wissenschaftlern erstmals die Gelegenheit, die möglichen Effekte von steigenden CO_2-Emissionen auf ein Korallenriff in einem natürlichen Umfeld zu betrachten. Ursache für die an den Quellen am Meeresgrund aufsteigenden CO_2-Blasen ist Vulkanismus. Die Studie liefert Anhaltspunkte darüber, was passieren kann, wenn ein gestiegener Kohlendioxidgehalt für viele Jahrzehnte auf ein Korallenriff einwirkt. Die Forscher beobachteten um die CO_2-Quelle einen räumlichen pH-Unterschied: Je näher man der Quelle kam, desto saurer wurde das Wasser. Große massive Steinkorallen dominierten das Riff nahe der Quelle, wo das Wasser besonders sauer war. Das Vorkommen verzweigter und flechtenförmiger Korallen und von Weichkorallen und Schwämmen verringerte sich dort um zwei Drittel. Unterhalb eines pH-Wertes von 7,7 wuchs das Riff überhaupt nicht mehr. Die Autoren kamen zu dem Schluss, dass die Artenvielfalt eines Korallenriffs mit steigendem CO_2-Gehalt signifikant abnimmt. Korallenriffe, die einem hohen CO_2-Gehalt ausgesetzt sind, wie er gegen Ende des 21. Jahrhunderts bei weiter steigenden CO_2-Emissionen erreicht werden könnte, sind biologisch verarmt, ihnen fehlt die Artenvielfalt intakter Riffe. Diese Veränderungen werden nur durch die Unterschiede im pH-Wert verursacht. Das sind keine guten Vorzeichen für die Zukunft. Die Erwärmung von Teilen der tropischen Meere während der letzten fünfzig Jahre um etwa ein halbes Grad kommt noch hinzu und hat bereits zu mehr Korallenbleichen und abnehmendem Korallenwachstum geführt. Das allein hat den Korallen schon massiv zugesetzt. Die Versauerung könnte ein weiterer Sargnagel für die tropischen Korallen sein, die vielleicht schon bald dem Druck nicht mehr standhalten können.

7. Die Zukunft der Ozeane

Das Klima von morgen
Mögliche Szenarien

Wie könnte das Klima der Zukunft ohne gesunde Meere aussehen? Was geschieht mit den Meeresökosystemen und der Erde insgesamt, wenn wir uns keines Besseren belehren lassen? Wenn wir weiterhin keine „Gnade" mit den Ozeanen kennen? Bei der Suche nach Antworten darauf, habe ich mir keine Denkverbote auferlegt. Denn wir müssen auch das scheinbar Unmögliche denken, selbst wenn es sich dabei um Szenarien handelt, die aus heutiger Sicht eine nur geringe Eintrittswahrscheinlichkeit besitzen. Aber was ist eigentlich eine „realistische" Annahme, wenn es darum geht, unser zukünftiges Verhalten zu beschreiben? Haben wir aus unseren Fehlern der Vergangenheit etwas gelernt? Ich fürchte nicht. Vernunft scheint die Welt nicht zu reagieren. Also, welche Ereignisse können eintreten, wenn wir in die Zukunft blicken? Vielleicht sollten wir das Erdsystem mit einem komplizierten Organismus vergleichen. Die Reaktion des menschlichen Körpers auf äußere Einflüsse ist kaum berechenbar. Jeder Mensch reagiert anders. Warum sollte es bei den Meereslebewesen anders ein? Und bei den Ökosystemen, die aus den einzelnen, sehr unterschiedlichen Arten bestehen? Extremszenarien zu ignorieren wäre hochmütig und würde nicht unsere Unwissenheit hinsichtlich vieler Vorgänge in den Ozeanen widerspiegeln.

Beginnen möchte ich mit ein paar Bemerkungen zum Klimawandel. Denn unser Umgang mit dem Klimaproblem ist symptomatisch für unseren Umgang mit der Natur: Man schert sich praktisch nicht um die Probleme. Die Erdoberflächentemperatur würde sich nach derzeitigem Kenntnisstand ohne Klimaschutz im weltweiten Durchschnitt um weitere drei bis vier Grad Celsius bis zum Ende des Jahrhunderts erwärmen, ein in der Menschheitsgeschichte in Ausmaß und Geschwindigkeit noch nie dagewesener Temperaturanstieg. Der Meeresspiegel könnte im Mittel um bis zu einen Meter bis 2100 steigen. Die Unsicherheit beim Anstieg des Meeresspiegels ist aber groß, insbesondere, weil wir nicht genau wissen, wie sich die kontinentalen Eisschilde auf Grönland und der Antarktis verhalten werden. Noch schnellere Anstiege sind deswegen nicht ausgeschlossen. Der Meeresspiegel würde viele Jahrhunderte lang weiter steigen, selbst nachdem die Menschen die Notbremse gezogen hätten und die Treibhausgasemissionen in kurzer Zeit drastisch sinken würden. Das liegt, wie schon oben erwähnt, daran, dass sich die großen Gletscher auch nach Senkung des Treibhausgasausstoßes weiter zurückziehen würden und die Wärmeausdehnung des Meerwassers wegen des langsamen Transports von Wärme in die Tiefsee nur im Schneckentempo erfolgt.

Aus diesem Grund ist auch das sogenannte 2 °C-Ziel fragwürdig, auf das sich die Weltpolitik verständigt hat und nach dem die Erdoberflächentemperatur bis zum Ende des Jahrhundert um nicht mehr als 2 °C gegenüber der vorindustriellen Zeit steigen soll. Der Klimawandel würde sich weiter fortsetzen. Der Ozean ist, wie wir gesehen haben, eine sehr langsam reagierende Erdsystemkomponente, und das ist auch einer der wesentlichen Gründe für die Trägheit des Klimas insgesamt. Das ist weiter oben ausführlich dargelegt. Viele Auswirkungen der anthropogenen Klimaänderung werden nur sehr langsam in Erscheinung treten, weswegen das 2 °C-Ziel nicht ambitioniert genug ist, sondern lediglich eine politische Zielmarke. Aus streng wissenschaftlicher Sicht gleicht es einer Kapitulation vor den Herausforderungen des Klimaschutzes. Zu groß war bisher das Versagen der Weltpolitik. Der Anstieg der weltweiten CO_2-Emissionen um über sechzig Prozent in dem Zeitraum von 1990 bis einschließlich 2016 ist, man kann es nicht anderes ausdrücken, eine Bankrotterklärung der internationalen Klimaschutzpolitik. Und selbst das Erreichen des 2 °C-Ziels ist kaum mehr zu schaffen, auch wenn man in Paris „beschlossen" hat, deutlich unter der 2 °C-Marke zu bleiben. Übrigens, regional wie in der Arktis hat man diesen Wert bereits überschritten.

Die Zeichen stehen also auf Wandel, vor allem auch auf Ozeanwandel. Der Klimawandel wird den Meeren zusetzen. Und nicht nur er. Die Erde ist der blaue Planet in unserem Sonnensystem, eben wegen des Blaus der Meere. Die Ozeane bedecken gut zwei Drittel der Oberfläche der Erde und machen unseren Planeten zu einem unverwechselbaren Gestirn. Die Ozeane sind aber auch der Inbegriff des Lebens, der Artenvielfalt und eines hoch komplexen, aber fein abgestimmten Systems. Höchstwahrscheinlich ist das Leben vor drei bis vier Milliarden Jahren irgendwo im Meer entstanden, mit den Einzellern, den einfachsten aller Lebensformen. Das heutige hochentwickelte Leben auf den Landregionen hängt immer noch genauso vom Wohlergehen der Meere ab, nur nicht so direkt wie die ersten Lebensformen damals. Insbesondere wir Menschen benötigen die Wasserwelt: Die

Ozeane regulieren unser Klima, sie decken für uns den Tisch und versorgen uns mit ausreichend Sauerstoff zum Atmen. Wir gewinnen Rohstoffe aus den Meeren, die uns das Leben in vielerlei Hinsicht angenehmer gestalten. Wirkstoffe aus dem Meer werden heute bereits als Krebsmedikamente oder Schmerzmittel eingesetzt. Die Ozeane sind ein Riesenglück für uns!

Man mag sich gar nicht ausmalen, was für ein Planet die Erde wäre, wenn es keine intakten Meere mehr gäbe. Wir haben heute noch die Wahl, die Ozeane in einem Zustand zu erhalten, der vermutlich noch „akzeptabel" für die nachfolgenden Generationen ist. Akzeptabel in dem Sinne, dass unsere Kinder, Enkel und deren Nachkommen auch noch in den Genuss der unschätzbaren Leistungen kommen, die die Meere tagtäglich für den Menschen erbringen. Wobei die Definition von akzeptabel in der Wissenschaft überhaupt nicht geklärt ist. Was weiß man schon über die langfristigen Auswirkungen unseres Handelns auf die Ozeane und darüber, wie die verschiedenen Stressfaktoren in ihrer Gesamtheit auf das Leben im Meer einwirken. Viel ist es jedenfalls nicht. Die Wissenschaft beginnt erst jetzt, diese Fragen zu untersuchen. Lassen Sie uns an dieser Stelle ein paar Szenarien durchspielen. Szenarien, die entweder rein hypothetisch sind oder vielleicht nur mit einer extrem kleinen Wahrscheinlichkeit eintreten werden. Und dennoch sind sie sehr informativ.

Eine Erde ohne Meere
Ein Gedankenexperiment

Am Anfang dieses Kapitels wollen wir aber etwas ganz Verrücktes tun. Nehmen wir einfach mal an, dass die Meere von der Erde verschwunden wären, von einer Sekunde auf die andere. Anstelle der Meere würden Landmassen treten. Die Erde würde also von einem Wasserplaneten zu einem Landplaneten. Das ist natürlich völlig aus der Luft gegriffen. Lassen Sie uns aber trotzdem das Gedankenexperiment durchführen und die möglichen Folgen grob skizzieren. Dann wird uns nämlich sofort klar werden, was für eine wichtige Rolle die Meere im Erdsystem und vor allem für das Leben im Allgemeinen und den Menschen im Speziellen spielen. Viele Details haben wir schon weiter oben besprochen. Man sieht aber oft den Wald vor lauter Bäumen nicht.

Die Meere erfüllen neben den vielen biologischen auch sehr wichtige physikalische und chemische Funktionen. Und die kann man am besten beschreiben, wenn man sich die Meere einfach mal ganz wegdenkt. Wie würde also eine Erde ohne die Ozeane aussehen? Zunächst einmal würde die Erde ohne die Meere vom Weltraum aus buchstäblich ziemlich blass aussehen, das schöne Blau wäre schließlich nicht mehr da. Das ist klar! Eine weitere Konsequenz: Unser Klima wäre erheblich wärmer, denn unsere wichtigste Klimaanlage, die kühlende Verdunstung über den Meeren, fiele komplett aus. Außerdem würden sich ohne den Wassernachschub aus den Ozeanen keine Wolken bilden, die das Sonnenlicht zu reflektieren vermögen. Es würde auf unserem Planeten immer heißer werden. Die Sonne würde förmlich die Erdoberfläche verbrennen. Ein Massenaussterben wäre die Folge, viele Lebewesen würden das nicht überstehen können. Im Nu wären die meisten Pflanzen und Tiere von unserem Planeten verschwunden. Das wäre dann tatsächlich eine Klimakatastrophe, obwohl ich selbst den Ausdruck Katastrophe, wenn es um die von den Menschen verursachte globale Erwärmung geht, nicht verwende. Noch einmal: Dieses Szenario ist rein hypothetisch!

Canfield-Ozeane
Der Kollaps der Meere

Was ich mit dem obigen Beispiel eigentlich nur sagen möchte ist das Folgende: Übertreiben wir es bitte nicht mit der Erderwärmung. Käme es nämlich durch unser Zutun zu einem galoppierenden, d. h. zu einem sich immer weiter verstärkenden Treibhauseffekt, wäre die Konsequenz verheerend. Wir müssten uns in diesem Fall gar nicht mehr die Ozeane wegdenken. Unter diesen extremen Umständen würde das gesamte Wasser der Meere verdunsten. Ihre einstige Existenz könnte man später dann nur noch anhand der ausgetrockneten Ozeanbecken nachvollziehen. Wir würden das Schicksal der Venus teilen: Unser Klima würde außer Rand und Band geraten. Ein Planet, der ungeeignet für komplexe Lebensformen ist. Vielleicht würden noch einige Bakterienarten überleben und irgendwann einen neuen Startschuss für die Entwicklung höherer Lebensformen geben. Bakterien sind sehr anpassungsfähig, auch das wissen wir aus den Ozeanen, zum Beispiel von den schwarzen Rauchern am Meeresboden.

So ein Superheißzeit-Szenario ist zugegebenermaßen sehr unwahrscheinlich und wird wohl nicht eintreten. Die Erde hat bereits viele Katastrophen überstanden und konnte stets, seit mindestens zwei Milliarden Jahren, ein relativ mildes Klima und hochentwickeltes Leben in der einen oder anderen Form behaupten. Wir sollten aber nicht vergessen, dass die Menschen im Begriff sind, eine unglaublich schnelle Entwicklung anzustoßen. So gibt es zum schnellen CO_2-Anstieg der letzten Jahrzehnte vermutlich kein Analogon in der Erdgeschichte. Eine Entwicklung, die man, was die Geschwindigkeit anbelangt, vielleicht nur mit einem Meteoriteneinschlag vergleichen könnte. Ein Wimpernschlag in der langen Erdgeschichte. Wenn wir über Eiszeiten oder Warmzeiten sprechen, meinen wir Ereignisse, die sich über viele Jahrtausende entwickelt haben oder über noch längere Zeiträume. Wenn die Menschen aber weiterhin keine Rücksicht auf die Natur nehmen und beispielsweise die Luft immer weiter mit Spurengasen wie CO_2 anfüllen, könnte es vielleicht noch in diesem Jahrhundert zu einer völlig unerwarteten Reaktion kommen. Wir sollten niemals vergessen, dass wir das System Erde und insbesondere die Meere nicht sehr gut verstehen. Unsere Modelle sind weit davon entfernt, perfekt zu sein. Wir sollten nicht den Technokraten folgen, die glauben, alles richten zu können. Wie sollten zum Beispiel nicht der Forderung nachgeben, die Meere als Mülldeponie für CO_2 zu verwenden. „Carbon Capture and Storage" (CCS) nennt man das in der Fachsprache. Das klingt doch schon viel besser. Man scheidet das CO_2 ab und verbringt es ins Meer, wo es unter hohem Druck und bei niedrigen Temperaturen in chemischen „Käfigen" gehalten werden kann. Aus meiner Sicht wäre CCS einfach nur technologischer Größenwahn. Der Wirkungsgrad der Kraftwerke würde erheblich sinken und man müsste eine völlig neue Transportinfrastruktur aufbauen. Eine Riesengeldverschwendung! Atommüll haben wir schon auf den Meeresgrund verfrachtet. Und auch das hätte niemals passieren dürfen. Der Ozean ist nicht das ultimative Endlager.

Auch wird der Ruf nach mehr menschlichen Eingriffen in die Natur immer lauter, um dem Klimaproblem Herr zu werden. Solche Maßnahmen zur „Rettung" des Klimas bezeichnet man als „Climate Engineering" oder „Geo-Engineering". Ein Vorschlag zielt darauf ab, jede Menge Eisen ins Meer zu kippen, um Algenblüten zu verursachen, die dann angeblich das CO_2 aus der Luft aufnehmen. Jeder Meeresbiologe würde die Hände über dem Kopf zusammenschlagen, sollte man tatsächlich solche Aktionen im großen Maßstab ins Auge fassen und irgendwann in die Tat umsetzen. Ich selber bezeichne so etwas schlicht als Sterbehilfe für die marinen Ökosysteme. Die Eingriffe würden sehr viel Geld kosten, der Nutzen im Sinne einer deutlichen CO_2-Aufnahme ist wissenschaftlich nicht belegt, man müsste die Maßnahmen für sehr lange Zeit anwenden, vermutlich für viele Jahrhunderte, und die Risiken für die Meeresökosysteme sind unkalkulierbar.

Immer wieder wurde die Erde von extremen Ereignissen heimgesucht. So gab es in der langen Erdgeschichte mehrfach das Phänomen des Massenaussterbens. Von solchen Ereignissen spricht man, wenn in geologisch relativ kurzen Zeiträumen ein überproportional großes Aussterben stattfindet, sodass man die nachfolgenden geologischen Schichten durch das Fehlen bestimmter Arten klassifizieren kann. Die Adjektive „relativ" und „kurz" sind hier erklärungsbedürftig. Das Massenaussterben kann sich nämlich durchaus über Zeiträume von einigen Jahrhunderttausenden, vielleicht sogar Jahrmillionen hinziehen. Aber wie kommen wir jetzt auf einmal vom Klima zu Ereignissen von Massenaussterben? Der Geologe Don Canfield[172] von der Universität von Süddänemark in Odense hat eine interessante Theorie zur Erklärung von Massenaussterbeereignissen in der Erdgeschichte entwickelt, die u. a. auf Änderungen des Systems der Meeresströmungen in einem Super-Treibhausklima basiert. Infolge geologischer Vorgänge, möglicherweise auf Grund eines verstärkten Vulkanismus, könnten sich in der Atmosphäre die Gase Kohlendioxid und Methan sehr schnell angereichert haben, also zwei der wichtigsten Treibhausgase. Es kam in der Folge zu einer starken Erderwärmung, einem Klima mit Temperaturen, die mehrere Grad Celsius über den heutigen lagen. Das ist für einige der Massenaussterbeereignisse belegt. In diesem Zusammenhang sollten wir beachten, dass die momentane Anreicherung der Atmosphäre mit Treibhausgasen durch den Menschen ungefähr hundertmal schneller vonstattengeht, als es während der letzten Jahrhundertmillionen der Fall gewesen ist. Ich möchte Canfields Szenario weiterspinnen und auf die Zukunft anwenden.

Wir wissen nämlich auch, dass eine globale Erwärmung den Sauerstoff in den Ozeanen schwinden lässt. Der Anstieg der Erdoberflächentemperatur von rund fünf Grad, der sich zwischen dem Höhepunkt und Ende der letzten Eiszeit ereignete, also in der Zeit ungefähr zwischen 20 000 und 10 000 Jahren vor unserer Gegenwart, wirkte sich massiv auf den Sauerstoffgehalt der Meere aus: Als Folge des Temperaturanstiegs sank der Sauerstoffgehalt vieler Meere dramatisch, und sauerstoffarme oder -lose Todeszonen dehnten sich im Vergleich zur vorangehenden Kaltzeit aus. Das haben meine Kollegen Samuel Jaccard von der Eidgenössischen Technischen Hochschule (ETH) Zürich und Eric Galbraith von der kanadischen McGill-University herausgefunden.[173] Dazu haben sie die Sauerstoffdaten aus Sedimentbohrkernen ausgewertet. Der Sauerstoff im Ozean stammt einerseits aus der Atmosphäre. Weiter produzieren Algen über die Photosynthese das lebenswichtige Gas im Meerwasser. Sauerstoff wird aber auf der anderen Seite verbraucht, wenn tote Organismen in die Tiefe sinken und dabei abgebaut werden. Wärmere Temperaturen in den oberen Schichten stören dieses fragile Gleichgewicht. Denn warmes Wasser nimmt aus physikalischen Gründen weniger Sauerstoff auf als kaltes. Wird das Oberflächenwasser wärmer, bildet sich zudem eine stabilere Schichtung aus: Warmes Wasser mit geringerer Dichte liegt über kaltem, dichterem Wasser. Diese Schichten durchmischen sich kaum, sodass sowohl der Austausch mit der Atmosphäre als auch der zwischen den verschiedenen Wassermassen weniger effizient ist. Das lässt insbesondere den Sauerstoffgehalt in den tieferen Schichten sinken. Die Autoren der Studie heben außerdem hervor, dass Änderungen in der Ozeanzirkulation und Meeresökologie ebenfalls einen Einfluss gehabt haben.

Die letzte Bemerkung bringt uns zurück zu Don Canfield. In Canfields Theorie bricht als Folge einer globalen Erwärmung die Thermohaline Zirkulation, die Globale Umwälzbewegung zusammen. Und das, weil zum einen die stärkere Erwärmung der polaren Meere im Vergleich zu den tropischen Ozeanen das globale Förderband verlangsamt. Und zum anderen der mit den schmelzenden Eismassen einhergehende riesige Eintrag von Süßwasser in die polaren Ozeane die Tiefenwasserbildung in den höheren Breiten behindert. Die Folge der Verlangsamung der globalen Umwälzbewegung und der damit schlechteren Belüftung ist eine zunehmende

Sauerstoffarmut in den tiefsten Meeresschichten. Es entwickelt sich mit der Zeit ein Ozean, bestehend aus praktisch nur noch zwei Schichten: der obere Ozean mit reichlich Sauerstoff und der tiefe Ozean mit kaum noch oder überhaupt keinem Sauerstoff mehr. Es herrschen in der Tiefe anoxische Verhältnisse, wie man in der Wissenschaft sagt, und das sind im Allgemeinen ziemlich lebensfeindliche Bedingungen. Außer für die im Sediment lebenden Schwefelbakterien, die Sauerstoff meiden wie der Teufel das Weihwasser. Die Schwefelbakterien gewinnen jetzt die Oberhand. Sie bauen die im Schlamm enthaltene Biomasse – also abgestorbene Tier- und Pflanzenreste – ab und verdauen sie. Dabei entsteht Schwefelwasserstoff (H_2S) als Abfallprodukt, das für fast alle anderen Lebewesen tödlich ist. Der Schwefelwasserstoff riecht übrigens nach faulen Eiern.

Den Geruch kennen Sie alle. Die giftige Schicht dehnt sich immer weiter nach oben aus, bis sie schließlich selbst zur lichtdurchfluteten Zone in der Nähe der Meeresoberfläche vordringt. Am Ende ist der ganze Ozean angefüllt mit dem stinkenden Schwefelwasserstoff, was den im Meer verbliebenen Organismen den Todesstoß versetzt. So einen Ozean ohne Sauerstoff und viel Schwefelwasserstoff bezeichnet man nach dem Begründer der Theorie als Canfield-Ozean. Für die Schwefelbakterien sind das wahrlich paradiesische Verhältnisse, und sie vermehren sich immer weiter. Noch mehr Schwefelwasserstoff entsteht, der schließlich in die Luft gelangt und nach und nach auch die Atmosphäre mit dem lebensfeindlichen Gas füllt. Außerdem wird der Schwefelwasserstoff die stratosphärische Ozonschicht zerstören, unsere Sonnenbrille, die uns vor den aggressiven UV-Strahlen schützt. Somit wären die Bedingungen für ein Massenaussterben ebenfalls auf

Land gegeben, was den Menschen selbstverständlich mit einbeziehen würde.

Eine solche Welt würde wohl auch farblich ganz anders aussehen. Das beschreibt der US-amerikanische Paläontologe und Astrobiologe Peter Douglas Ward von der Universität von Washington in Seattle in seinem Buch *Unter einem grünen Himmel. Globale Erwärmung, die Massenaussterben der Vergangenheit und was sie uns über unsere Zukunft sagen können.*[174] Ward zeichnet in seinem Szenario eine Welt mit lila Ozeanen und einem grünen Himmel als Resultat von Meeren voller Schwefelwasserstoff. Kein lebender Mensch hat das jemals gesehen. Man kann diese Färbungen allerdings aufgrund einfacher Überlegungen vermuten. Die Meere hätten deswegen eine tief purpurrote Farbe, weil die Bakterien, die in dieser Umgebung noch leben können, purpurfarben sind. Man nennt sie aus diesem Grunde auch Purpurschwefelbakterien, und sie behalten im Wasser ihre Farbe. Tatsächlich gibt es Bereiche im Schwarzen Meer, die dem Canfield-Ozean ähnliche Verhältnisse aufweisen und wo das Wasser lilafarben ist. Der Schwefelwasserstoff, der in die Atmosphäre entweicht, gibt der Luft eine gelbe Tönung. Wenn man gelbe und blaue Farbe mischt, ergibt das bekanntermaßen Grün, was die Grünfärbung der Atmosphäre erklärt.

Das wäre also unsere Welt von morgen – purpurrote Ozeane und ein grüner Himmel. Der Canfield-Ozean wäre ein Klimakollaps der ganz besonderen Art, der seinen Beginn in der Tiefe der Meere nimmt. Kann man so ein schreckliches Szenario in Form des Canfield-Ozeans als Folge der globalen Erwärmung ausschließen? Ich bin mir nicht sicher, ob wir mit unseren heutigen Modellen wirklich alles berechnen können, was infolge der menschlichen Einflüsse auf die Ozeane mit dem Erdsystem passieren könnte. Unsere Modelle sind ja in gewisser Weise an der jüngeren Vergangenheit geeicht, an den letzten Jahrzehntausenden, und berücksichtigen nur die in diesem Zeitraum wichtigen Prozesse. Wir leben aber heute in einem neuen Erdzeitalter, dem Anthropozän, wie es Paul Crutzen ausdrückt. Die Karten sind neu gemischt, und wir wissen nicht wie.

Das Entscheidende bei der Canfield-Theorie ist die Reaktion des weltumspannenden Netzes von Meeresströmungen auf eine sehr schnelle und sehr starke Störung der Bedingungen an der Meeresoberfläche in Form einer sich rasch entwickelnden globalen Erwärmung: Der komplette Zusammenbruch der Thermohalinen Zirkulation, des Globalen Förderbands. Eine Situation, die wir vielleicht im Begriff sind einzuleiten, denn je schneller die Erwärmung vonstattengeht, umso größer ist die Gefahr eines plötzlichen Zusammenbruchs des Förderbands, insbesondere wenn zusätzlich große Mengen von Schmelzwasser ins Meer fließen. In der Folge würde die Versorgung der Tiefsee mit Sauerstoff abnehmen. Aber auch die Erwärmung selbst würde, wie oben beschrieben, den Sauerstoffmangel in den Ozeanen unterstützen. Ob das einen Canfield-Ozean nach sich ziehen kann, ist höchst umstritten, vielleicht sogar extrem unwahrscheinlich, wie viele Wissenschaftler behaupten. Auch hier muss man aber immer wieder betonen, dass Vorsicht die Mutter der Porzellankiste ist. Kleine Risiken bedeuten nicht, dass sie gar nicht eintreten können. Fukushima lässt grüßen. Der Militärexperte Gwynne Dyer drückt es in seinem Buch *Schlachtfeld Erde. Klimakriege im 21. Jahrhundert*[175] so aus, als er über die Möglichkeit eines Canfield-Ozeans spekulierte: „Man nimmt intuitiv an, dass es selbst bei einem maximalen Temperaturanstieg in diesem Jahrhundert schon nicht so weit kommen wird – allerdings befinden wir uns ... auf einem Terrain, wo Intuition kein guter Ratgeber ist. Wir können kein Feeling für derartige Fragen entwickeln, denn es handelt sich um komplett unerschlossenes Terrain." Das ist die richtige Sicht der Dinge. Wir sollten uns nicht zu sicher fühlen, die Ozeane sind immer für unliebsame Überraschungen gut, wie auch alle anderen Komponenten des Erdsystems.

Triumph der Mikroben
Die Medea-Hypothese

Peter Douglas Ward formulierte außerdem die Medea-Hypothese, eine Art Gegenhypothese zu der Gaia-Hypothese. Letztere wurde von dem englischen Chemiker und Biologen James Ephraim Lovelock entwickelt. Sie besagt, dass die Erde ein sich selbst regulierendes, auf ein Gleichgewicht ausgerichtetes System ist. Dieses hat es bislang verstanden, die dem Leben zuträglichen Umweltverhältnisse zum Beispiel hinsichtlich der Temperatur, der Sonneneinstrahlung und so weiter stabil zu halten. Gaia ist in der griechischen Mythologie der Inbegriff des Guten, so etwas wie die Mutter Natur. Sie ernährt alles Leben auf der Welt. Die Medea-Hypothese ist das glatte Gegenteil der Gaia-Hypothese. Ward postuliert, dass mehrzelliges Leben inhärent selbstzerstörerisch und nicht selbsterhaltend sei, wie in der Gaia-Hypothese behauptet. Mehrzelliges Leben lösche sich daher sehr wahrscheinlich selbst aus, und das Leben auf der Erde würde in einen Zustand mikrobiellen Lebens zurückfallen, wie es für den größten Teil der Erdgeschichte der Fall gewesen war. Auf *spektrum.de* heißt es hierzu: „Die Erde gleicht nicht der mythischen Gaia, der behütenden Mutter allen Lebens, sondern vielmehr der mörderischen Medea."[176] Medea verkörpert in der griechischen Mythologie das Böse und tötete sogar ihre eigenen Kinder. Die Menschen, die „Krone der Schöpfung", sind auf dem besten Wege, die Medea-Hypothese zu bestätigen.

Das scheint inzwischen selbst Lovelock zu dämmern, der einst die Gaia-Hypothese formuliert hatte. Lovelock greift das Problem der Erderwärmung auf, das aus seiner Sicht die Menschheit stark dezimieren könne, wie er in seinem jüngsten Buch *Gaias Rache – Warum die Erde sich wehrt* schreibt. Jetzt drohe seiner Ansicht nach Gaias Gleichgewicht durch die anthropogene Klimaerwärmung zu kippen – mit katastrophalen Folgen. Stiegen die Temperaturen auf der Erde um mehrere Grad bis zum Ende des Jahrhunderts, wie vom IPCC unter Annahme eines „Business as Usual"-Szenarios dargelegt, würden die Ozeane so sehr aufgeheizt, dass fast alles Leben aus ihnen verschwände. Die Lebensbedingungen auf der Erde würden sich dramatisch verschlechtern. Eventuell würden im Jahr 2100 noch nicht einmal mehr eine Milliarde Menschen auf der Erde leben. Lovelock schlägt zur Lösung des Klimaproblems u. a. den radikalen Ausbau der Kernkraft vor, deren Gefahren er in einer nicht zu überbietenden Einfältigkeit verharmlost. Der weitere Ausbau der Atomkraft ist eine nach meinem Dafürhalten völlig abstruse Idee, die dem Gedanken der Nachhaltigkeit in jeder Hinsicht wiederspricht. Die Atommüllfässer auf dem Meeresgrund sprechen eine eindeutige Sprache und sollten uns eine Mahnung sein. Es ist nur eine Frage der Zeit, wann die radioaktive Hinterlassenschaft ins Meerwasser gelangt.

Außerdem redet Lovelock den Ingenieurslösungen das Wort, also dem uns schon bekannten „Climate Engineering" oder „Geo-Engineering". Dazu zählen neben den Eingriffen in die Ozeane beispielsweise auch riesige Spiegel im All oder das Ausbringen von Schwefelsubstanzen in die Luft, um die auf die Erde fallende Sonnenstrahlung zu vermindern. Damit würde aus meiner Sicht der Wahnsinn erst richtig beginnen. Auch Lovelock scheint dem Irrtum zu unterliegen, dass der Mensch die komplexen Vorgänge im Erdsystem so gut versteht, dass man das Klima nach unseren Wünschen regeln kann. Ich widerspreche ihm ausdrücklich auch in diesem Punkt. Man sollte das Übel immer erst an der Wurzel packen. Der Mensch sollte also zu allererst die Ursachen der globalen Erwärmung so schnell wie möglich beseitigen: Wenn wir ein Problem mit dem CO_2 haben, dann sollten wir auch kein CO_2 ausstoßen! Anstatt hinterher, wenn das Kind in den Brunnen gefallen ist, an der Erde herumzudoktern. Die technischen Möglichkeiten für eine nachhaltige Lebensweise hätten wir, und Geld sollte bei der Wahrung der so günstigen Lebensverhältnisse auf der Erde ohnehin keine Rolle spielen. Eine Energieversorgung ohne den Ausstoß großer Mengen CO_2 wäre in kurzer Zeit technisch absolut möglich. Aber auch das ist keine hundertprozentige Garantie dafür, dass die Erde noch einigermaßen im Gleichgewicht bleibt. Was das betrifft, bin ich aber doch optimistisch. Ich glaube, wir haben es noch in der Hand, einen Umweltgau zu vermeiden.

Schlafende Klimakiller?
Methanhydrate

Diverse Naturgefahren lauern in den Ozeanen, deren Eintrittswahrscheinlichkeit sich durch die von uns Menschen angestoßene globale Erwärmung erhöhen könnte. Eine hat mit den sogenannten Methanhydraten zu tun hat. Allgemein bezeichnet man als Gashydrate eisähnliche, feste Verbindungen aus Wasser und Gas. Die Gashydrate bilden sich nur bei niedrigen Temperaturen und unter hohem Druck. Neben Kohlendioxid ist Methan (CH_4) ein starkes Treibhausgas und pro Molekül sogar über zwanzigmal treibhauswirksamer als Kohlendioxid. Daneben kann man Methan als Energiequelle nutzen. Methan ist nämlich der Hauptbestandteil des Erdgases. Einer der weltweit bedeutendsten Methanspeicher sind die Hydrate, die in großen Mengen an den Kontinentalrändern und in arktischen Permafrostgebieten auftreten und je nach Temperatur und Druck ab 300 bis 700 Meter Wassertiefe vorkommen. Zur Bildung von Gashydrat sind neben der Verfügbarkeit einer ausreichenden Menge von Gas und Wasser die Druck- und Temperaturbedingungen die entscheidenden Faktoren. Gashydrate sind nur bei hohen Drücken und relativ niedrigen Temperaturen stabil. Man diskutiert daher in der Klimaforschung, ob sich die Methanhydrate infolge der Erderwärmung auflösen können. Mit dem Auftauen der Methanhydrate sind zwei Befürchtungen verbunden: Erstens, dass große Mengen des starken Treibhausgases in die Atmosphäre gelangen, und zweitens, dass die Kontinentalhänge instabil werden.

Der Kohlenstoff-Speicher der Atmosphäre ist mit etwa 760 Gt (10^{19} Tonnen) zwar von beträchtlicher Größe, kann aber durch Freisetzung von Methan aus den Gashydratvorkommen nach deren Destabilisierung erheblich vergrößert werden. Man schätzt die Größenordnung der in den Gashydraten gebundenen Menge Kohlenstoff auf 1000 bis 10 000 Gt. Die Kohlenstoffmenge der bekannten Vorkommen fossiler Brennstoffe ist von der gleichen Größenordnung. Eine mögliche Freisetzung großer Mengen Methan aus Gashydraten in diesem Jahrhundert oder Jahrtausend ist deswegen absolut klimarelevant. Dieser Prozess hat in der Vergangenheit das Klima der Erde in geologischen Zeiträumen wesentlich mitbeeinflusst, wobei Permafrost-Gashydrate auf Land auf Grund ihrer großen Temperaturempfindlichkeit eine positive Rückkopplung darstellten, also verstärkend wirkten, und die ozeanischen Gashydrate, vorwiegend durch Meeresspiegeländerungen hervorgerufen, infolge von Druckänderungen als negative Rückkopplung und damit abschwächend wirkten. Demnach können bei rascher Destabilisierung die Methanhydrate in den Ozeanen zu einer schnelleren Erwärmung führen. Detaillierte Kenntnisse über die Bildung, Verbreitung und Zersetzung von Gashydraten fehlen jedoch, um realistische Prognosen über den Klimaeinfluss, das Gefahrenpotenzial und die mögliche Nutzung von Methanhydraten als Energieträger in den kommenden Jahrhunderten machen zu können.

Gashydrate wirken in Meeressedimenten wie eine Art Zement und rufen dadurch eine hohe Festigkeit und Stabilität des Meeresbodens hervor. Werden durch Druck- oder Temperaturschwankungen Gashydrate zersetzt, kommt es zu einer enormen Abnahme der Stabilität des Meeresbodens, Rutschungen können die Folge sein. Letztere wiederum können riesige Flutwellen, die Tsunamis, auslösen, mit Wellenhöhen an den betroffenen Küsten von bis zu einhundert Metern. Gashydratfreisetzung am oberen Kontinentalrand kann nicht nur durch eine Erwärmung, sondern auch im Zuge einer Druckverminderung durch eine Meeresspiegelabsenkung erfolgen. So lag der Meeresspiegel vor ca. 20 000 Jahren während des Höhepunkts der letzten Eiszeit global um mehr als 100 Meter tiefer als heute. In der Tat sind viele Rutschungen in dieser Zeit und danach erfolgt. Ein weiterer Grund könnte in den eiszeitlichen Gletscher-Ablagerungen im Meer gelegen haben. Dieser sogenannte Geschiebemergel oder Till besteht vor allem aus Ton und enthält in seinen Poren so viel Wasser, dass darüberliegende Gesteinsschichten darauf „schwimmen". Möglicherweise brachten leichte Erschütterungen durch Seebeben die stabile Gesteinsschicht über dem Till ins Rutschen.

Ein Beispiel hierfür könnte die Storegga-Rutschung am Kontinentalhang vor Südnorwegen vor etwa 7300 Jahren sein, mit über 800 Kilometer Länge und einem Volumen von ca. 5600 Kubikkilometern eine der größten weltweit bekannten Rutschungen. Von der Storegga-Rutschung ist eine Flutwelle bekannt, die verheerende Auswirkungen an den Küsten des Atlantiks gehabt hatte. An den Küsten Norwegens besaß die Flutwelle eine Mindesthöhe von zehn Metern über dem damaligen Meeresspiegel. Eine Wellenhöhe von mehr als zwanzig Metern hat man anhand von Ablagerungen auf den Shetland-Inseln nachgewiesen. Die heutige Brisanz liegt in der Frage, ob es auch infolge der durch den Menschen verursachten Erderwärmung und der damit einhergehenden Destabilisierung der Methanhydrate zu Hangrutschungen in den Meeren mit der Folge von meterhohen Tsunamis kommen kann.

Die Zukunft ist ungerecht
Regionale Klimaänderungen und ihre Folgen

Die Verhältnisse auf der Erde scheinen insgesamt ziemlich stabil zu sein. So hat die Erde zum Glück nicht den Weg unserer beiden Nachbarplaneten genommen. Weder hat sie das Schicksal der extrem heißen Venus noch des eiskalten Mars erleiden müssen. Unser Planet konnte immer recht moderate Bedingungen behaupten. Trotzdem schwankten die Verhältnisse innerhalb bestimmter Grenzen ganz erheblich. Die Ereignisse von Massenaussterben sind ein Beispiel dafür. Aber dabei handelt es sich zugegebenermaßen um sehr einschneidende Geschehnisse, die nicht sehr oft in der knapp 4,6 Milliarden Jahre langen Erdgeschichte vorgekommen sind. Müssen wir denn immer gleich den klimatischen Hammer herausholen, so wie den Canfield-Ozean, um die Gefahren der menschlichen Aktivitäten für die Ozeane deutlich zu machen? Nein, ganz und gar nicht. Schalten wir also einen Gang zurück. Selbst moderate und regional begrenzte Erwärmungen in bestimmten Meeresregionen können gewaltige Auswirkungen nach sich ziehen, die viele Millionen Menschen ernsthaft in die Bredouille bringen können.

Was wäre etwa, wenn die Erwärmung vor der Küste Namibias immer weiter voranschreitet? Die obige Weltkarte des Anstiegs der Meeresoberflächentemperatur zeigt, dass sich die Gewässer vor der Küste des südwestlichen Afrika während der letzten Jahrzehnte schon um etwa ein halbes Grad erwärmt haben. Die Küstengewässer Namibias sind in vielerlei Hinsicht außergewöhnlich. Sie zählen zu den weltweit produktivsten Meeresregionen, den sogenannten Auftriebsgebieten. Dort sind die Winde küstenparallel, was zusammen mit der Erddrehung dafür sorgt, dass das Wasser von der Küste wegströmt und kühles nährstoffreiches Wasser aus den Tiefen des Ozeans bis an die Meeresoberfläche kommt. Die Gewässer vor der Küste Namibias sind bekannt für Schwefelwasserstoffausbrüche aus dem Meer, die gelegentlich auch die Fischerei vor große Probleme stellt. Der übelriechende Schwefelwasserstoff ist, wie wir inzwischen wissen, für viele Tiere tödlich, auch für die Fische. In diesem Zusammenhang darf man aber die Überfischung nicht außer Acht lassen, was vermutlich den augenfälligen Anstieg der dortigen Quallenzahlen erklärt. Der hohe Biomasseeintrag aus den oberen Meeresschichten und die sauerstofffreien Schelfsedimente begünstigen die Schwefelwasserstoffproduktion in den Gewässern vor Namibia.

Wenn sich nun auch noch das Wasser durch den stärkeren Treibhauseffekt erwärmt, nimmt es automatisch weniger Sauerstoff aus der Luft auf. Wir kennen das Spiel jetzt schon. Wärmeres Wasser löst ja Gase schlechter als kaltes Wasser. Dazu kommt noch die Überdüngung der Küstengewässer, was den Sauerstoffgehalt des Wassers durch vermehrte Algenproduktion ebenfalls verringert, weil der Abbau der Algen Sauerstoff erfordert. Wir wissen auch, dass eine oberflächennahe Erwärmung den vertikalen Austausch von Sauerstoff behindert, weil die Stabilität der Wassersäule zunimmt, wie wir Wissenschaftler sagen. Mit Sauerstoff kann sich Schwefelwasserstoff zu ungiftigem Sulfat verbinden. Schwindet der Sauerstoff jedoch, kann das alleine schon den Gehalt von Schwefelwasserstoff in der Wassersäule steigen lassen, was zu einer Art regional begrenztem Canfield-Ozean führen kann. Damit werden Schwefelwasserstoffausbrüche bei weiter steigenden Wassertemperaturen wahrscheinlicher, und die Gefahren für das dortige Ökosystem und den Fischfang vergrößern sich. So eine Entwicklung könnte man vielleicht am besten mit den Worten kleine Ursache, große Wirkung umschreiben. In den Küstengewässern Namibias kommen mehrere Faktoren zusammen, natürliche wie anthropogene. Ein recht geringer Temperaturanstieg von möglicherweise weniger als einem Grad könnte diese sensible Region schon zum Kippen bringen.

Eine moderate Erwärmung in einzelnen Ozeanregionen kann darüber hinaus für das Klima auf den Landregionen von erheblicher Bedeutung sein. Der Regen könnte in einzelnen Landregionen selbst im Falle einer räumlich begrenzten Meereserwärmung von „nur" einem bis zwei Grad ausbleiben und diesen ein komplett neues Antlitz verleihen, mit unabsehbaren Folgen für viele Hundert Millionen Menschen. Dieses Schicksal könnte vielleicht dem Indischen Sommermonsun widerfahren. Der Anstieg der über die ganze Erde gemittelten Temperatur sagt nur wenig über die möglichen Konsequenzen in bestimmten Regionen aus. Einige Meeresregionen erwärmen sich schneller als andere. Einige könnten sich in Folge der globalen Erwärmung sogar abkühlen. Das klingt zunächst etwas sonderbar. Das Beispiel der atlantischen Umwälzbewegung haben wir aber schon kennengelernt: Kippt das atlantische Förderband, würde sich der Nordatlantik tendenziell abkühlen. Die Regionalität der anthropogenen Klimaänderung könnte schon in einigen Jahrzehnten ein großes Chaos auf den Landflächen anrichten, denn die Regengebiete können sich alleine durch eine unterschiedlich starke Erwärmung der Ozeane verlagern, selbst wenn der global gemittelte Anstieg der Meerestemperatur noch ziemlich klein ist.

Das könnte eben auch die Monsunregen betreffen, jene Regengebiete unglaublichen Ausmaßes. Ihre Existenz verdanken sie letzten Endes den Ozeanen. Genauer gesagt existieren die Monsune nur deswegen, weil es zu bestimmten Jahreszeiten große Unterschiede zwischen den Land- und den Meerestemperaturen gibt. Diese treiben gigantische Windsysteme an, die wir als die Monsunwinde bezeichnen. Wir kennen so etwas Ähnliches an Nord- und Ostsee als Land-Seewind-Zirkulation. An heißen Tagen macht uns die vom Meer kommende leichte Brise den Strandaufenthalt erträglich, was man an den sich hin und wieder bildenden Schönwetterwolken ablesen kann. Monsune spüren aber im Gegensatz zum Land-Seewind die Erdrotation, weswegen sie nicht direkt vom Meer zum Land wehen. Sie gibt es übrigens nicht nur auf dem Indischen Subkontinent sondern auch in Afrika und Amerika. In diesem Zusammenhang sei der Westafrikanische Monsun erwähnt, der die Stärke der Regenfälle in der Sahelzone bestimmt und im Besonderen von der Meeresoberflächentemperatur des tropischen Atlantiks abhängt, die wiederum unter dem Einfluss der Stärke der atlantischen Umwälzbewegung steht. Die Oberflächentemperatur im tropischen Atlantik schwankte während des letzten Jahrhunderts beträchtlich, auch ohne unser Zutun, und führte immer wieder zu Hungersnöten in der Sahelzone. Wir wissen nicht genau, wie sich der Klimawandel auf den tropischen Atlantik und den Regen in der Sahelzone auswirken wird. Zu komplex sind die Zusammenhänge, denn es gibt auch Einflüsse, die ihren Ursprung Tausende Kilometer entfernt von der Sahelzone haben, etwa im Indischen Ozean.[177] Die Modelle liefern ganz unterschiedliche Ergebnisse: Einige Modelle simulieren mehr Niederschläge in der Sahelzone, andere weniger. Die Bestimmung der regionalen Auswirkungen des Klimawandels zählt immer noch zu den großen Herausforderungen in der Wissenschaft. Entwarnung bedeutet das aber keineswegs, auch wenn Unsicherheit in den Vorhersagen oft als solche interpretiert wird.

Bleiben wir aber beim Indischen Sommermonsun. Sein Regen speist sich aus dem warmen tropischen Indischen Ozean, der mit seinen Temperaturen von fast 30 °C enorme Wassermengen verdunsten lässt, die sich schließlich im Sommer über Umwege in Richtung des noch wärmeren indischen Subkontinents in Bewegung setzen und sich dort ergießen. Was würde passieren, wenn sich der weit entfernte tropische Ostpazifik dauerhaft stärker erwärmte als der tropische Indische Ozean? Sagen wir um 2 °C an der Meeresoberfläche. Das würde einer Art von Dauer-El-Niño entsprechen. Mit dem El Niño hatten wir uns schon beschäftigt. Die tropischen Windsysteme würden sich in diesem Szenario radikal verändern, und die Karten für die tropischen Niederschläge wären komplett neu gemischt. Das würde auch den Indischen Sommermonsun miteinschließen. Er könnte sich dauerhaft abschwächen. Dabei handelt es sich um ein absolut denkbares Szenario, wie es einige Klimamodelle für den Fall einer globalen Erwärmung um mehrere Grad bis zum Ende des Jahrhunderts nahelegen, einem Temperaturanstieg, der durchaus im Rahmen des Möglichen liegt, sollte der weltweite Ausstoß von CO_2 weiter unvermindert steigen.

Ein anderes Szenario wäre ebenfalls denkbar. Auch hier spielt El Niño eine zentrale Rolle. Die Geschichte hält Beispiele für Hungersnöte und politische Wirren in Indien parat, die sich als Folge sehr starker und außergewöhnlich lang anhaltender El-Niño-Episoden ereigneten. Zuletzt war das 1876 bis 1878 in Südindien der Fall, als sich der tropische Ostpazifik für fast zwei Jahre lang außergewöhnlich stark erwärmt hatte. Die schiffsbasierten Messungen der Meeresoberflächentemperatur waren damals noch ziemlich spärlich. Anhand von Korallen im Indischen Ozean (siehe oben) kann man allerdings die extreme Erwärmung sehr gut nachvollziehen, denn während El-Niño-Episoden erwärmt sich auch der Nachbarozean großflächig, wenngleich deutlich schwächer. Die Folge des Super-El-Niño war eine Hungersnot unermesslichen Ausmaßes, bei der vermutlich mehrere Millionen Menschen starben und die als „Great Famine" in die Geschichtsbücher eingegangen ist. In sehr abgeschwächter Form war das auch während anderer El-Niño-Episoden während des 20. Jahrhunderts zu beobachten. Einige Klimamodelle zeigen als Folge der globalen Erwärmung stärkere und länger anhaltende El-Niño-Ereignisse, was die Wahrscheinlichkeit zumindest für das temporäre Ausbleiben des Indischen Sommermonsuns erhöhen würde. Unser Kieler Klimamodell gehört zu diesen Modellen.

Die Meeresströmungen mildern die Temperaturunterschiede zwischen den Tropen und den Polarregionen, denn die Wassermassen transportieren enorme Mengen Wärme aus den Tropen in die höheren Breiten. Denken wir uns für einen Moment nur einmal die atlantische Umwälzbewegung weg, also den atlantischen Teil der Thermohalinen Zirkulation. Völlig abwegig ist so ein Szenario nicht, wenn wir die Zeit gegen Ende des Jahrhunderts ins Auge fassen. Eine Konsequenz des fehlenden Wärmetransports nach Norden wäre, dass bei uns in Deutschland die Temperaturen tendenziell fielen, um einige wenige Grad im Jahresmittel. Um die genaue Temperaturänderung zu berechnen, müsste man aber die regionale Erwärmung durch den Anstieg der Treibhausgase gegenrechnen. Wir in Nordeuropa wissen um die wichtige Klimarolle der Ozeane, machen es uns aber meistens nicht bewusst. Auch in anderen Regionen der Erde wären die Auswirkungen des Abbruchs der atlantischen Umwälzbewegung durchaus signifikant. Sie würden sogar bis nach Afrika und Asien reichen. Der Regen in der Sahelzone würde sich als Folge dessen dauerhaft verringern und der indische Sommermonsun sich ebenfalls abschwächen.

Wie alle Meeresströmungen besitzt die Umwälzbewegung einen erheblichen Einfluss auf den Meeresspiegel, allerdings nicht auf den weltweiten Durchschnittswert. Der Meeresspiegel in Bereichen des Nordatlantiks würde im Falle eines Zusammenbruchs der atlantischen Umwälzbewegung um mehrere Dezimeter steigen, dafür würde er anderswo fallen. Diese regionalen Änderungen überlagern den globalen Meeresspiegelanstieg, hervorgerufen durch die thermische Expansion wie auch das Schmelzen der Gebirgsgletscher und der kontinentalen Eisschilde. Für den Bereich des Nordatlantiks, zu dem auch die Nordsee gehört, könnten das ungefähr fünfzig Zentimeter bedeuten. Noch einmal: Dazu käme noch der globale Anstieg. Wir hätten also vor den deutschen Küsten im Extremfall mit einem Meeresspiegelanstieg von mehr als einem Meter zu rechnen. Und das vielleicht, wenn es schlecht läuft, schon gegen Ende des Jahrhunderts. Den Einfluss der Umwälzbewegung auf den Meeresspiegel hatte der Physiker Anders Levermann vom Potsdam Institut für Klimafolgenforschung vor einigen Jahren mit einem Ozeanmodell berechnet und thematisiert.[178] Man streitet in der Wissenschaft aber heute immer noch darüber, wie die räumliche Änderung des Meeresspiegels im Detail aussehen wird.

Der Meeresspiegelanstieg bedroht viele Millionen Menschen direkt in ihrer Existenz, wird aber auch die Küstenökosysteme komplett umkrempeln. Und vielleicht entwickelt sich der Anstieg in einer unsozialen Art und Weise. Nehmen wir einmal an, die großen kontinentalen Eisschilde verlieren infolge der globalen Erwärmung tatsächlich einen beträchtlichen Teil ihrer Masse. Jede Masse besitzt eine Anziehungskraft, das wissen wir aus der Physik. Was passiert also, wenn sich die polaren Landeismassen zurückziehen. Das Meerwasser weicht wegen der geringeren Anziehungskraft zurück, und das auf beiden Halbkugeln. Das Wasser muss aber irgendwohin. Es zieht sich in Richtung der Tropen zurück. Und es kommt zu einer himmelschreienden Ungerechtigkeit. Diejenigen, wie die Menschen in Bangladesch oder auf den Inseln in der Südsee oder im tropischen Indischen Ozean, die so gut wie nichts zur Klimaerwärmung beigetragen haben, müssen es im wahrsten Sinne des Wortes ausbaden. Denn dort stiege der Meeresspiegel durch den Rückzug der kontinentalen Eisschilde umso schneller. Das wird nicht ohne Folgen bleiben, für alle Menschen auf der Welt, egal wo sie leben. Denn dieses Beispiel wie auch all die anderen wie die potenziellen Auswirkungen des Klimawandels auf den Indischen Sommermonsun zeigen uns nur zu deutlich: Wenn wir die Ozeane nicht schützen, wird sich die Sicherheitslage auf der Welt komplett ändern, und das ist auch der Grund dafür, dass sich bereits viele Militärs intensiv mit Fragen des Klima- und Ozeanwandels beschäftigen. Immense Ungerechtigkeiten werden sich Bahn brechen, in welcher Form auch immer.

Sauerstoffproduktion am Ende?
Die Zusammensetzung der Luft

Denken wir das Szenario ohne intakte Ozeane etwas anders, jetzt aber wieder mehr in chemischer Hinsicht. Ohne das Leben in den Meeren würde uns buchstäblich die Luft zum Atmen genommen, der Gehalt an Sauerstoff in der Luft würde drastisch sinken. Sauerstoff hat derzeit einen Anteil in der Atmosphäre von ca. 21 Prozent, während Stickstoff mit 78 Prozent den größten Teil beisteuert. Was kaum jemanden gegenwärtig ist: Die Ozeane sind mit einem Anteil von etwa 50 Prozent ein Hauptlieferant für den Sauerstoff in unserer Lufthülle. Photosynthese findet auch in den Meeren, dem artenreichsten und größten Lebensraum unseres Planeten, statt. In den Meeren gedeiht eine bunte Vielfalt von Tieren und Pflanzen. Das Plankton, die winzig kleinen im Wasser dahintreibenden Lebewesen, ist die Grundlage allen Lebens im Meer, es dient als Nahrung für die größeren Lebewesen wie Fische, Robben, Wale und viele andere Tiere. Ohne Plankton wären unsere Ozeane verwaist, was höherentwickeltes Leben angeht. Die Meere wären dann so etwas wie „Wüstenregionen".

Der Großteil des Planktons ist „pflanzlicher" Natur, den man als Phytoplankton bezeichnet. Streng biologisch gesehen gehören die Mitglieder des Phytoplanktons aber nur teilweise zum Reich der Pflanzen, es finden sich unter ihnen zum Beispiel auch zur Photosynthese fähige Bakterien. Das Phytoplankton dient nicht nur als Nahrung für die größeren Lebewesen. Wie wir bereits wissen, stellen die als Primärproduzenten bezeichneten Kleinstlebewesen Sekunde für Sekunde über die Photosynthese die Hälfte des in der Atmosphäre verfügbaren Sauerstoffs her. Dazu spalten sie mithilfe des Sonnenlichts die in den Ozeanen enthaltenen Mineralsalze und das Kohlendioxid auf. Übrig bleiben, gewissermaßen als „Abfallprodukt", der Sauerstoff und einige organische Stoffe, die dann vielen anderen Lebewesen zum Atmen und als Nahrung dienen. Diese doppelte Fähigkeit macht das Phytoplankton einzigartig. Es ist Lebensspender, nicht nur für die Lebewesen im Meer, sondern auch für die Tiere an Land und selbstverständlich auch für den Menschen. Und noch eines: Das Leben im Meer ist extrem produktiv. Pro Jahr erzeugen die Primärproduzenten in den Ozeanen etwa genauso viel Sauerstoff und binden dabei genauso viel Kohlenstoff wie sämtliche Landpflanzen zusammen. Die lebende Biomasse im Ozean beträgt allerdings nur etwa ein Zweihundertstel der in den Landpflanzen enthaltenen Biomasse. Die Primärproduzenten im Meer leisten also, bezogen auf ihre Masse, fast das Zweihundertfache der Landpflanzen. Hierin spiegelt sich insbesondere die hohe Produktivität einzelliger Algen wider. Zum Vergleich: Bäume besitzen ziemlich viel inaktive Biomasse wie das Kernholz in ihren Stämmen.

Als Sauerstoffproduzent ist das Phytoplankton also unersetzlich. Mit Sorge muss man den Sachverhalt betrachten, dass Phytoplankton seit 1950 global zurückgegangen ist. Das haben kanadische Wissenschaftler berichtet, unter ihnen mein ehemaliger Kieler Kollege Boris Worm. Sie errechneten einen Rückgang um etwa vierzig Prozent während der letzten Jahrzehnte.[179] Auch wenn diese Studie in der Wissenschaft höchst umstritten ist, zeigt sie doch ein mögliches Gefahrenpotenzial auf. Der Sauerstoff in der Luft könnte sich als Folge des anthropogenen Klimawandels erheblich verringern. Als Hauptursache hinter dem beobachteten

Schwund des Phytoplanktons gilt nach Angaben der Autoren die vom Menschen verursachte globale Erwärmung. Das Phytoplankton befindet sich nahe der Oberfläche, es benötigt ja Licht für die Photosynthese. Es bekommt seine Nahrung, wenn kälteres und nährstoffreiches Wasser aus der Tiefe in die oberen Schichten gelangt. Wenn sich das Wasser an der Oberfläche im Zuge des Klimawandels erwärmt, nimmt die Stabilität der Wassersäule zu und erschwert die vertikale Durchmischung der Wassermassen mit der Folge, dass das Phytoplankton gewissermßen „hungert", also nicht mehr ausreichend mit Nährstoffen versorgt wird. Weniger Sauerstoff in der Atemluft würde bedeuten, dass wir dauerhaft eine Art von Höhentraining in der dann „dünnen" Luft absolvieren müssten. Aber auch andere Faktoren wie der stete Eintrag von Umweltgiften in die Ozeane werden dem Phytoplankton langfristig zu schaffen machen.

Man misst übrigens während der letzten Jahrzehnte in der Tat einen minimalen Rückgang des Sauerstoffgehalts der Luft. Der Grund hierfür ist ein anderer und liegt vor allem in der Verbrennung der fossilen Brennstoffe zur Energiegewinnung. Dabei verbindet sich Kohlenstoff (C) mit Sauerstoff (O_2) zu dem Gas Kohlendioxid (CO_2), das uns die Erderwärmung beschert. Der bisherige Rückgang des Sauerstoffs ist allerdings in keiner Weise gefährlich. Wenn sich aber der Rückgang des Phytoplanktons in der Zukunft manifestieren sollte, muss man mit einem beschleunigten Sauerstoffrückgang rechnen. Ausschließen können wir ein solches Szenario jedenfalls nicht. Noch einmal: Bisher ist der Rückgang des Sauerstoffs nicht besorgniserregend. Aber wir sehen erneut das gleiche Muster wie bei der Diskussion über die Klimawirkung der Meere: Ohne die Meere geht auch biologisch betrachtet auf

Land nicht viel, zumindest wenn es sich um sauerstoffbasiertes Leben handelt.

Spinnen wir das Szenario ohne intakte Meere noch etwas weiter. Und kommen wir zu einer weiteren verblüffenden und verheerenden Auswirkung, fiele das Meer als Sauerstoffproduzent aus. Ohne den Sauerstoff aus den Ozeanen hätten wir nämlich auch eine viel dünnere Ozonschicht. Uns ginge bildlich gesprochen zu einem gewissen Grad die Sonnenbrille verloren, sie hätte eine geringere Filterwirkung. Das Ozon (O_3) befindet sich hoch oben in der Stratosphäre, dem zweiten Stockwerk der Atmosphäre in Höhen von etwa 15 bis 30 Kilometern. Das unterste Stockwerk ist die Troposphäre, in der sich das Wetter abspielt. Diese Ozonschicht ist nicht einfach so da, das Ozon wird pausenlos zerstört und neu gebildet. Für dessen Neubildung bedarf es aber eines genügend großen Angebots von Sauerstoff (O_2). Letzterer wäre ohne die Produktion in den Meeren nicht mehr in der notwendigen Menge vorhanden, und die Dicke der Ozonschicht würde abnehmen. Die die Erdoberfläche erreichende ultraviolette (UV-) Strahlung würde intensiver werden, eine weitere Gefährdung für das Leben auf Land. Jedes Kind weiß, warum das so ist. Denn die aggressive UV-Strahlung schädigt Zellen von Organismen und kann sogar Krebs bei Menschen verursachen. Im Meer dagegen wird die UV-Strahlung schon in geringen Tiefen absorbiert.

Maritime Massentierhaltung
Nahrungsquelle Ozean

Eine weitere Folge unseres unbedachten Umgangs mit den Meeren, die wir vielleicht nicht ganz vergessen haben, aber oftmals gar nicht ins Auge fassen, wenn es um die Auswirkungen des Ozeanwandels geht: Die Ozeane würden uns nicht mehr in dem Maße als Nahrungsquelle zur Verfügung stehen wie bisher. Wenn wir an die Herstellung von Nahrungsmitteln denken, stellen wir uns meistens nur die Landwirtschaft vor. Im Prinzip ist das auch richtig. Denn die *Produktion* von Nahrungsmitteln im engeren Sinne erfolgt im Wesentlichen auf dem Land. Doch auch die Ozeane sind eine immens wichtige Nahrungsquelle, nur stellen sie weitgehend selbst und ohne uns Menschen die Nahrungsmittel her. Zumindest war das bis vor kurzem noch so. Hätten wir keine gesunden Ozeane, müssten wir ohne Fische, Krabben und Muscheln auskommen. Und auch ohne all die anderen Leckereien aus dem Meer, die wir so lieben. Denken Sie an Sushi und den Seetang, der in machen Rezepten einfach dazugehört. Fisch ist für viele Menschen die Lebensgrundlage. Der zweite Teil des „World Ocean Review" widmet sich eingehend dem Thema Fisch und Fischerei.[180] Nach Schätzungen der Welternährungsorganisation (FAO) sind heute insgesamt 660 bis 820 Millionen Menschen direkt oder indirekt von der Fischerei abhängig.[181] Bis zu zwölf Prozent der Weltbevölkerung leben demnach von diesem Wirtschaftszweig.

Was würde das Fehlen der Nahrung aus dem Meer bedeuten? Schon heute deckt Fisch knapp siebzehn Prozent der globalen Proteinzufuhr aus Tierprodukten für die Menschen ab – an Küsten und in Inselgegenden sind es bisweilen bis zu siebzig Prozent. Der Hunger auf der Erde würde dramatisch zunehmen, wenn die Ozeane zu Schmutzwasser und die Meeresökosysteme kippen würden. Erdöl, Radioaktivität, Plastikmüll, Ozeanerwärmung und -versauerung – sie alle schädigen das Leben im Meer und beeinflussen somit auch längerfristig die Welternährung. Das ist eine weitere Zeitbombe, die in den Ozeanen tickt.

In den letzten Jahren haben sich die Verhältnisse grundlegend geändert, was die Versorgung mit Nahrungsmitteln aus dem Meer angeht. Der sogenannten Aquakultur fällt eine immer größere Rolle zu. Unter Aquakultur versteht man die Produktion von Nahrungsmitteln im Wasser. Sie ist das Ozean-Analogon zur Landwirtschaft. Den achtzig Millionen Tonnen „Wildfang" aus dem Jahr 2012 stehen laut einer Studie der FAO gut 66 Millionen Tonnen aus Aquakulturen gegenüber[182], d. h. aus Zuchtfarmen. Darunter fallen auch Krebs- und Weichtiere. Darüber hinaus liefern Aquakulturen 24 Millionen Tonnen essbarer Wasserpflanzen wie etwa Meeresalgen und Seetang. Im Klartext: Viele Flüsse und Randmeere sind heute zu einer Art Nahrungsmittelfabrik verkommen. Der Wirtschaftszweig der Aquakultur entwickelt sich sehr dynamisch. Seit 1970 wächst der Sektor der Aquakultur um durchschnittlich 8,8 Prozent pro Jahr und ist damit der am schnellsten wachsende Sektor tierischer Nahrungsmittel. Fasst man den Wildfang und den Ertrag aus Aquakulturen zusammen, verzehrt statistisch gesehen jeder einzelne Erdenbewohner pro Jahr ungefähr zwanzig Kilogramm Fisch oder Meeresfrüchte, das ist fast doppelt so viel wie noch vor etwa einem halben Jahrhundert. Ungefähr die Hälfte des Pro-Kopf-Verbrauchs kommt heute schon aus Aquakulturen.

Zuchtfarmen können im Prinzip helfen, den Druck auf Wildbestände zu senken. Laut FAO-Report kommen nämlich immer noch knapp dreißig Prozent der Fische aus Wildbeständen, die als überfischt gelten. Aber auch Aquakulturen sind nicht automatisch die Lösung aller Probleme, auch sie ziehen massive Umweltprobleme nach sich. Zudem sind Produkte aus Aquakultur weniger schmackhaft als Wildprodukte und auch weniger nahrhaft, sie sind zum Beispiel meistens viel fetter als die natürlichen „Produkte". Außerdem sind die Aquakulturen mit ähnlichen Problemen konfrontiert wie die Massentierhaltung an Land. Zum Beispiel können Aquakulturen Ökosysteme verschmutzen, wenn aus ihnen Chemikalien, Fischfäkalien oder Medikamente wie Antibiotika in Flüsse und Meere gelangen. Zum Teil sind die Gewässer regelrecht verseucht. Sie alle kennen wahrscheinlich die einschlägigen Presseberichte insbesondere aus den asiatischen Farmen.[183] Auf viel zu engem Raum werden die Tiere nicht artgerecht gehalten. Das Wasser scheint regelrecht zu „kochen". Die Tiere werden zudem gemästet, zum Teil mit Fischmehl. Und Antibiotika werden völlig skrupellos kiloweise ins Wasser geworfen. Die zunehmende Antibiotikaresistenz bei uns Menschen erfährt auch durch die Aquakultur weiteren Rückenwind. Die Weltgesundheitsorganisation (WHO) warnt eindringlich vor der abnehmenden Wirksamkeit der Medikamente und betont, dass bakterielle Infektionskrankheiten künftig wieder mehr Menschen den Tod bringen könnten, wie zu Zeiten vor der Entdeckung des Penizillins.[184] Die Welt steuere in eine Post-Antibiotika-Ära, in der erneut übliche Infektionskrankheiten nicht mehr behandelbar sein und kleine Verletzungen zum Tode führen können.

Obendrein hat es die nachhaltige Erzeugung von Lebensmitteln in der Aquakultur schwer, sich gegen die nicht nachhaltige Massenproduktion durchzusetzen. Die Landwirtschaft lässt grüßen. Zudem kann die Vorliebe besonders der Wohlstandsnationen für große Raubfische wie Lachs oder Thunfisch dem Schutz der Meere einen Bärendienst erweisen. Denn um einen Lachs mit einem Kilogramm Gewicht heranzuziehen, benötigen die Farmbetreiber zwischen zwei bis vier Kilo Wildfisch als Futter. Und schließlich: Fischfarmen sind Paradiese für Parasiten und Krankheitserreger. So hält man an der Westküste Kanadas vor den Mündungen der Flüsse in den Pazifik in großen Netzen Lachse. Auf engem Raum können sich hier Parasiten wie die Karpfenlaus, die nicht nur Karpfen befällt, prächtig vermehren und sich auf Wildfischen einnisten. Auch Krankheiten können sich von den in Netzen im offenen Meer gehaltenen Zuchtfischen auf wild lebende Verwandte übertragen. Häufig genug entkommen Fische aus den Farmen und verdrängen dann manchmal sogar die einheimischen Arten. Einige Wissenschaftler behaupten, dass die Aquakulturen eher neue Probleme schaffen und das Problem der Überfischung nicht lösen werden.

Eine Prognose der Weltbank, des International Food Policy Research Institute (IFPRI) und der FAO schätzt, dass Zuchtfarmen bis 2030 vermutlich knapp zwei Drittel (sechzig Prozent) des weltweiten Fisch- und Meeresfrüchtekonsums produzieren werden, während der Wildfang weiter abnehmen wird.[185] Allein auf China werden im Jahr 2030 über die Hälfte (57 Prozent) der weltweiten Aquakulturproduktion entfallen. Obwohl China auch ein großer Fischkonsument ist, wird das Land seine Rolle als Nettoexporteur beibehalten. Der Aquakultursektor lebt vor allem von Exporten – schon heute werden mehr als ein Drittel der weltweit produzierten Nahrungsmittel exportiert und rund zwei Drittel der Exporte aus den Entwicklungsländern in die Industrieländer verkauft. Wollen wir denn wirklich diesen Weg gehen? Die massiven Probleme der Massentierhaltung in der Landwirtschaft sollten uns eine Mahnung sein. So wie sie heute betrieben wird, ist sie alles andere als nachhaltig und vor allem auch lebensverachtend. Die großindustrielle Nahrungsmittelerzeugung stellt ein enormes Risiko für die Umwelt dar, egal ob sie auf Land oder in den Ozeanen stattfindet. Wir sollten aus unseren Fehlern lernen und die Ozeane nicht zu gigantischen Fischfabriken umfunktionieren.

8. Wo stehen wir heute?

Die Ozeane sind die Grundlage schlechthin für das Leben auf der Erde. Unser Umgang mit den Meeren ist allerdings nicht nachhaltig. Und nicht nur das, wir treten die Meere gewissermaßen mit Füßen. Benutzen sie als Müllhalde, um unsere Abfälle loszuwerden. Nutzen sie als Nahrungsmittelfabriken. Und merken bei all dem Treiben gar nicht, dass wir dabei nicht nur die Meere zerstören, sondern uns auch ins eigene Fleisch schneiden. Wir gefährden die Zukunft unserer Kinder und Enkel, wenn wir die Ozeane nicht achten und schützen. Schon im Jahr 1972, vor über vierzig Jahren, hat der Club of Rome in seinem Bericht *Die Grenzen des Wachstums* darauf hingewiesen, dass wir uns auf Kollisionskurs mit der Erde befinden.[186] Die zentrale Schlussfolgerung des Berichts war: Wenn die Zunahme der Weltbevölkerung, der Industrialisierung, der Umweltverschmutzung, der Nahrungsmittelproduktion und der Ausbeutung von natürlichen Rohstoffen unverändert anhält, werden die absoluten Wachstumsgrenzen auf der Erde im Laufe der nächsten hundert Jahre erreicht. Also noch während dieses Jahrhunderts.

Das ist aus meiner Sicht eigentlich eine Binsenweisheit, ohne dass ich den Autoren der Studie zu nahe treten möchte. Ganz im Gegenteil, der Club of Rome hat damals den Nagel auf den Kopf getroffen, auch wenn nicht alle Prognosen eingetroffen sind. Die Wissenschaftler haben sich um unseren Planeten verdient gemacht. Wir sind tatsächlich dabei, die Grenzen der Belastbarkeit der Erde auszuloten. Auch die der Meere. Das vorliegende Buch hätte in Anlehnung an *Die Grenzen des Wachstums* auch *Die Grenzen der Ozeane* heißen können. Alleine der unbändige Ressourcenverbrauch der Menschen bringt uns an diese Grenzen. Wenn man nämlich die Schätze der Ozeane zu schnell verbraucht, werden sie auch sehr schnell zur Neige gehen. Und dann? Die gnadenlose Überfischung der Weltmeere ist nur eines von vielen Beispielen für diesen Sachverhalt. Unser Ressourcenverbrauch ist inzwischen so groß, dass wir mindestens zwei Planeten bräuchten, damit wir nicht gegen die Wand fahren. Diese zwei Erden stehen uns aber nicht zur Verfügung. Wir haben nur diese eine, und die Meere können wir auch nicht vergrößern. Die Menschen sind also dabei, den Ast abzusägen, auf dem sie sitzen.

Während der über vierzig Jahre, die seit dem Erscheinen des ersten Berichts des Club of Rome verstrichen sind, haben wir nichts dazugelernt. Wir haben *Die Grenzen des Wachstums* einfach ignoriert. Vierzig Jahre später, im Jahr 2012, hat das Forscherteam einen neuen Bericht vorgelegt, der die globalen Entwicklungen für die nächsten vierzig Jahre bis 2052 beschreibt. Der Folgereport mit dem knappen Titel *2052*[187] sagt größte Schäden für Mensch und Planet voraus – selbst bei Unterstellung eines gebremsten Wachstums. Das Fatale ist, dass die schlimmsten Auswirkungen höchstwahrscheinlich nicht unsere Generation treffen werden, sondern unsere Kinder und Enkel und deren Nachkommen. Und deswegen sieht sich die heutige Generation nicht in der Pflicht. Wie oft bekomme ich das zu hören, nicht direkt, aber zwischen den Zeilen. Der Satz „Wir können nichts mehr machen, das müssen die nachfolgenden Generation in die Hand nehmen" ist ziemlich entlarvend. Noch schlimmer ist für mich der Satz „Das lohnt sich für mich nicht mehr", wenn es um Investitionen in umweltfreundlichere Technologie geht. Solch ein Denken ärgert mich sehr.

Ökosysteme sind sehr widerstandsfähig, vor allem, wenn sie aus vielen Arten bestehen. Sie können sich zu einem gewissen Grad an die menschlichen Einflüsse anpassen. Die Verhältnisse ändern sich deswegen zunächst nur allmählich, so wie es derzeit fast überall in den Meeren zu beobachten ist. Allerdings zeigte sich in den damaligen Modellrechnungen des Club of Rome auch, dass Ökosysteme schließlich innerhalb kürzester Zeit und so gut wie ohne Vorwarnung kippen können, mit dramatischen Folgen für die Menschheit. Dass es diese kritischen Punkte in komplexen Systemen gibt, bei deren Überschreiten sich ein völlig anderes Systemverhalten einstellt, hat uns längst die Chaosforschung gelehrt. In gleicher Weise gilt das übrigens für Wirtschaftssysteme. Die gegenwärtige, schon viele Jahre dauernde Finanzkrise ist ein gutes Beispiel. Seien wir mal ehrlich. Niemand versteht doch mehr, wie die Finanzmärkte überhaupt funktionieren. Noch kommen wir in Deutschland einigermaßen mit der Finanzkrise zurecht. Niemand weiß, ob das in den kommenden Jahren so bleiben wird oder ob es nicht schon bald einen weltweiten Finanzcrash geben wird. Das gilt im übertragenen Sinne auch für die Ozeane. So hat die Dezimierung der großen Raubfische in den Weltmeeren schon spürbare Folgen in den Meeresökosystemen hinterlassen, Auswirkungen, mit denen man nicht unbedingt rechnen konnte. Und weitere Überraschungen werden folgen. Die Belastbarkeit der Meere hat eben doch Grenzen. Wir werden sie bald erkennen, nur könnte es dann zu spät sein. Handeln müssen wir jetzt. Wir müssen der Vergiftung der Ozeane Einhalt gebieten. Und das betrifft fast alle Bereiche unseres Lebens. Sei es die Erzeugung von Energie oder von Nahrungsmitteln. Sei es unser leichtfertiger Umgang mit Plastik oder unsere Gier nach mehr Geld. Geiz ist nicht geil. Die Umwelt trägt die Kosten, allen voran die Meere. Letztlich wir alle.

Kippen Ökosysteme, egal ob auf Land oder in den Meeren, wird das verhängnisvolle Folgen für die Zivilisation haben. In seinem 2005 erschienenen Buch *Kollaps. Warum Gesellschaften überleben oder untergehen*[188] beschreibt der US-amerikanische Geographieprofessor Jared M. Diamond von der University of California, Los Angeles (UCLA) hausgemachte Umweltkatastrophen als einen Hauptgrund für den Zusammenbruch mehrerer untersuchter historischer Gesellschaften, darunter die hochentwickelte Maya-Kultur in Mittelamerika, und er erläutert die Parallelen zu unserem heutigen Umgang mit der Natur und die Lehren, die wir daraus ziehen können. Wir können davon ausgehen, dass es auch Parallelen zu unserem Umgang mit den Ökosystemen im Meer gibt. Ich weiß nicht, welche Region es zuerst treffen wird. Ich bin aber sicher, dass uns so manche böse Überraschung ist Haus steht. Unser mieser Umgang mit den Ozeanen wird nicht ohne Folgen bleiben. Der kanadische Militärexperte Gwynne Dyer erklärt in seinem Buch *Schlachtfeld Erde*, wie schnell als Folge des Klimawandels auftretende, selbst regional begrenzte ökologische Katastrophen Kriege heraufbeschwören können, die sogar mit Nuklearwaffen geführt werden könnten. Dieses Szenario kann man getrost auf ökologische Desaster in den Ozeanen erweitern.

Wir sollten also nicht so tun, als würden wir uns auf einem guten Weg befinden. Die Umwelt ändert sich durch die menschlichen Eingriffe zusehends, und das gilt vor allem für die Meere. Alleine der Meeresspiegelanstieg birgt ein enormes Konfliktpotenzial. Wo sollen die Menschen hin, deren Heimat langsam im Meer versinkt? Doch es gibt noch viel gravierende Probleme. Wie sieht die Zukunft der Welternährungssituation aus? Wenn wir die Meere weiter vergiften und das durch die Aquakultur, wie wir sie heute betreiben, auch noch fördern? Wer ernährt die Menschen, wenn ihre angestammten Gewässer nichts mehr abwerfen, weil sie zu Kloaken verkommen sind? Wenn man dort keinen Fisch und keine Krabbe mehr findet? Wie wollen wir eigentlich leben, wenn man nicht mehr mit Meerwasser in Berührung kommen kann, ohne gesundheitliche Schäden zu riskieren? Wollen wir wirklich dem Schleim an den Küsten zum Sieg verhelfen, der allein sich in der Brühe wohlfühlen würde? Der Verlust intakter Ozeane wird alle Menschen treffen, auch wenn die größten Meeresschäden in weit entfernten Gegenden der Welt liegen sollten, etwa in Südostasien. Auch die Menschen in den Industrieländern werden das zu spüren bekommen, denn der Ozeanwandel kennt keine Sieger, er kennt nur Verlierer. Und der Ozeanwandel kennt keine Grenzen.

Die Erderwärmung kommt noch hinzu. Allein der Temperaturanstieg der Ozeane als Folge der globalen Klimaerwärmung setzt die Meeresökosysteme unter einen enormen Anpassungsdruck. Viele Meeresorganismen besitzen keine große Temperaturtoleranz, selbst moderate Erwärmungen können sie nicht verkraften, wenn sie von Dauer sind. Zu ihnen gehören die meisten tropischen Korallenarten, die nach heutigem Kenntnisstand im Falle einer Erwärmung von deutlich mehr als einem Grad innerhalb dieses Jahrhunderts dem Tode geweiht wären und mit ihnen das einzigartige sie umgebende und von ihnen abhängige marine Ökosystem. Wollen wir das wirklich geschehen lassen? Wollen wir tatsächlich auf die Faszination der Korallenriffe verzichten? Wir sind dabei, sie auszurotten. Man muss es so deutlich sagen. Ohne einen weltweiten Klimaschutz würden sich nach Modellrechnungen die tropischen Ozeane bis zum Ende des Jahrhunderts sogar um mehr als zwei Grad erwärmen – das Aus für vermutlich alle tropischen Korallen. In diesem Zusammenhang sollte man nicht vergessen, dass die Korallen durch die Meeresverschmutzung und die Ozeanversauerung zusätzlich gestresst sind. Der Zusammenbruch der Korallenriffe könnte deswegen vielleicht schon früher einsetzen, als wir Wissenschaftler denken. Vielleicht hat er schon längst eingesetzt. Trotzdem steigt der weltweite Treibhausgasausstoß immer weiter.

Wollen wir alles zerstören, was die Erde so einmalig macht? Vieles davon finden wir in den Ozeanen. So wie den Blauwal, das größte Meeressäugetier. Die größten Blauwale sind über dreißig Meter lang und bis zu 200 Tonnen (200 000 Kilogramm) schwer. Damit ist der Blauwal das wohl größte und schwerste Tier, das jemals auf der Erde gelebt hat. Bevor die Jagd nach ihnen begann, schwammen noch knapp 300 000 Blauwale in den Meeren. Heute ist es nur noch ein Bruchteil, gerade einmal einige tausend Tiere. Vieles, was wir den Meeren anrichten, betrifft auch die Wale. Wie alle Bartenwale ernährt sich der Blauwal von Plankton, das er mithilfe seiner Barten aus dem Meerwasser filtert. In der Antarktis bevorzugen Blauwale Krill. Die Kleinkrebse sind aber alleine wegen der Ozeanversauerung ernsthaft bedroht. Eine weitere Gefahr für die Wale ist der enorme Lärm, den die Menschen in den Ozeanen verursachen. Für Wale ist gutes Hören überlebenswichtig. Der Krach im Meer nimmt beständig zu. Einerseits, weil wir insgesamt mehr Geräusche produzieren, die des Öfteren im wahrsten Sinne des Wortes ohrenbetäubend sein können. Und andererseits steigt der Lärmpegel auch, weil sich die chemischen Eigenschaften des Meerwassers durch die von uns verursachte Versauerung ändern, was die Schallausbreitung fördert.

Die Versauerung der Ozeane ist weltweit messbar und betrifft derzeit hauptsächlich die polaren Gewässer. Den Grund kennen wir: Die Löslichkeit für Kohlendioxid ist umso höher, je kälter das Wasser ist. Neben der Erwärmung ist die Meeresversauerung ein weiterer Stressfaktor für die Meere im Zusammenhang mit dem globalen Klimawandel. Die Versauerung kann bis zum Ende des Jahrhunderts ein Ausmaß erreichen, das es seit Millionen Jahren nicht mehr gegeben hat. Die Folgen sind bisher kaum erforscht. Aber nehmen wir wieder die tropischen Korallen als Beispiel. Die leiden ja schon unter der Erwärmung, und die Versauerung setzt ihnen ebenfalls kräftig zu. Wie lange werden sie das aushalten? Diese Frage gilt übrigens auch für die Tiefwasserkorallen, jene Verwandten der tropischen Korallen, die wir aus unseren Breiten kennen und in mehreren hundert Metern Tiefe ihre Heimat haben. Auch sie sind wunderschön und ein Hort der Artenvielfalt. Zu den beiden klimawandelbedingten Stressfaktoren kommen noch weitere hinzu, die die Meere „sauer" machen. Etwa die schleichende Vergiftung der Meere durch die zahlreichen von uns in Kauf genommenen Einleitungen. Noch einmal sei hier an die spektakulären Ölunfälle wie den im Golf von Mexiko im Jahr 2010 oder den Reaktorunfall im japanischen Fukushima aus dem Jahr 2011 erinnert. Diese Umweltkatastrophen scheinen uns gar nicht mehr zu interessieren. So gelangen wahrscheinlich tagtäglich immer noch große Mengen radioaktiv verstrahlten Kühlwassers in den Pazifischen Ozean. Eine Nachricht sind diese Ereignisse schon lange nicht mehr.

Wie genau die Meere auf den globalen Wandel reagieren, weiß niemand. Nach heutigem Ermessen werden sie nicht in der Lage sein, sich ohne schwere Schäden an die allzu vielen Belastungen durch die Menschen anzupassen. Die Folgen, die ich alle schon genannt habe, sind zwar nur schwer zu berechnen, können aber durchaus katastrophal sein. Die Effizienz der ozeanischen Kohlendioxidsenke könnte sich verringern, was eine Beschleunigung der globalen Erwärmung zur Folge hätte. Denn wenn das Meer in der Zukunft einen kleineren Teil des CO_2 aufnimmt, den die Menschen in die Luft blasen, verbleibt entsprechend mehr in der Atmosphäre. Eine noch stärkere Verringerung des Kohlendioxidausstoßes wäre in diesem Fall notwendig, um ein bestimmtes Klimaschutzziel zu erreichen. Damit wären wir mit Sicherheit endgültig überfordert. Die Erwärmung scheint außerdem das Plankton zu schädigen, was die Messungen während der letzten Jahrzehnte nahelegen. Die ohnehin nicht nachhaltig genutzte ozeanische Nahrungsquelle – das Problem der Überfischung ist hinlänglich bekannt – könnte schweren Schaden nehmen, was den Hunger auf der Welt dramatisch verschärfen würde. Und genau deswegen sollten wir unser Experiment mit der Erde und vor allem den Meeren nicht zu lange fortsetzen, auch wenn wir nicht im Besitz sicherer Erkenntnisse darüber sind, bis zu welchem Grad die Meere noch „mitspielen". Die absolute Wahrheit gibt es in der Wissenschaft nicht. Allen Vorhersagen wohnt eine gewisse Unsicherheit inne. Die begründete Annahme, dass wir uns auf einem schlechten Weg befinden, sollte aus meiner Sicht aber Grund genug dafür sein, ihn so schnell wie möglich zu verlassen, die Meere mit höchstem Respekt zu behandeln und das Experiment, das wir mit ihnen derzeit anstellen, schnellstmöglich zu beenden.

Die Möglichkeiten, die Meere zu nutzen und sie dennoch zu schützen sind vielfältig. Meeresschutzzonen etwa. Die USA sind dabei, ihre Schutzzonen im tropischen Pazifik auszuweiten. Das Rossmeer vor der Küste der Antarktis soll jetzt auch eine Schutzzone werden. Die internationale Politik tut sich allerdings schwer. Meistens sind es private Organisationen, die etwas in dieser Richtung versuchen. So gibt es beispielsweise kleine Schutzzonen in küstennahen tropischen Meeresgebieten, die eine große Artenvielfalt an Korallen und Riffbewohnern aufweisen, deren Fischbestände jedoch durch zunehmende Fischerei bedroht sind. Die Schutzorganisationen mieten die jeweiligen Gebiete an oder vereinbaren mit den zuständigen Gemeinden einen bestimmten Schutzstatus des Areals. Innerhalb des riffnahen geschützten Bereichs wird ein Fangverbot verhängt. So bekommen Jungfische überhaupt erst die Möglichkeit, ihr fortpflanzungsfähiges Alter zu erreichen. Dieses Konzept hat sich in vielen Regionen der Welt bereits als erfolgreich erwiesen, und in einigen Fallbeispielen hat sich gezeigt, dass bereits nach zwei Jahren mit einer maximalen Zunahme der Fischbestände gerechnet werden kann. Das erfolgversprechendste an dem Konzept ist jedoch die Tatsache, dass auch die lokale Bevölkerung, die häufig vom Fischfang abhängig ist, nicht unter der Schutzzone leidet. Und tatsächlich: Da die Fortpflanzungsraten der Fische stark zunehmen und die einzelnen Tiere auch wieder größer werden, kann man außerhalb der Schutzzone deutlich höhere Fangerträge erreichen. Schutzzonen sind daher nicht, wie lange geglaubt, unausgegorene Werkzeuge der Naturschützer, die die Lebensqualität und das Überleben der lokalen Bevölkerung völlig außer Acht lassen. Ganz im Gegenteil: Inzwischen hat sich deutlich gezeigt, dass die Schaffung von Meeresschutzgebieten eine Win-Win-Situation für Fischer und Fische darstellt. Warum sollte nicht, was im Kleinen funktioniert, auch im großen Maßstab gelingen? Meeresschutz stellt einen Gewinn an Lebensqualität dar, das kann man gar nicht oft genug wiederholen. Wir müssen endlich weg von der Verzichtsdebatte und die Chancen des Meeresschutzes besser herausstellen.

Sonne und Wind beispielsweise sind praktisch unbegrenzte Energiequellen. Ihre Energie reicht schließlich aus, den Ozean mit seinem unfassbar großen Wasserkörper spielend in Bewegung zu setzen. Und das Meer selbst könnte auch ein Energielieferant sein. Denn die Gezeiten und die Wellen kann man zu diesem Zwecke nutzen. Die Beweise dafür sind längst erbracht. Die erneuerbaren Energien können die Grundlage unserer zukünftigen Energieversorgung bilden und bieten uns eine langfristige Perspektive, alle Menschen mit bezahlbarer und vor allem sauberer Energie zu versorgen. Obendrein verringerten sich der weltweite CO_2-Ausstoß und damit auch die Versauerung der Meere, und auch die globale Erwärmung verlangsamte sich spürbar. Die Luftqualität würde sich in vielen Ballungszentren erheblich verbessern, weil der bei der Verbrennung der fossilen Brennstoffe, etwa von Kohle, entstehende Dreck vermieden würde. Und wir würden selbst die entlegenen und besonders empfindlichen Polargebiete schützen, die dann nicht mehr mit einer dreckigen Schmutzschicht überzogen werden, die das Eis noch schneller zum Schmelzen bringen.

Wir Menschen sollten von der Natur lernen. Die Photosynthese zum Beispiel zeigt uns, wie man aus der Sonnenenergie Wachstum generiert. Warum sollte dieses Prinzip nicht auch auf die Ökonomie übertragbar sein? Der Chemiker, Naturphilosoph und Nobelpreisträger Wilhelm Ostwald schrieb vor etwa einem Jahrhundert den folgenden, für mich wirklich bemerkenswerten Satz: „Wir sind gerade dabei, von einem unverhofften Erbe zu leben, das wir in Form fossiler Brennmaterialien unter der Erde gefunden haben. Dieses Material wird sich aufbrauchen. Dauerndes Wirtschaften ist allein über die laufende Energiezufuhr der Sonne möglich."[189] Er war es auch, der den energetischen Imperativ formulierte: „Vergeude keine Energie, nutze sie!" Der Mann war seiner Zeit weit voraus. Man kann den energetischen Imperativ noch erweitern, indem man ihn auf alle Ressourcen anwendet. Wir sollten uns also fragen, wie wir die Ressourcen der Erde nutzen können, ohne sie zu vergeuden. Diese Frage sollte im Zentrum unserer Überlegungen zum Meeresschutz stehen.

Umweltschutz bietet eben auch eine gute ökonomische Perspektive, das wusste Ostwald schon lange vor uns. Wir werden neue Wege einschlagen müssen, auch in der Wissenschaft. Wir müssen integrierte Konzepte erarbeiten, die sowohl aus ökologischer als auch wirtschaftlicher Sicht sinnvoll sind. Ich möchte am Ende dieses Buchs nur ein Beispiel für ein solches Konzept nennen, das Mut macht. Es stammt aus dem Bereich des nachhaltigen Fischereimanagements. Das Motto lautet: „Weniger kann mehr bedeuten." Dieses Sprichwort gilt auch für den Fischfang. Eine bestandsschonendere Fischerei kann in der Tat eine wirtschaftlich lohnenswerte Strategie sein. Eine Investition in die Zukunft. Das haben meine Kieler Kollegen um Martin F. Quaas in einer Studie gezeigt.[190] Nach ihren Ausführungen kann eine Verringerung der Fangquoten für ein paar Jahre längerfristig gesehen die Erträge deutlich steigern. Nachhaltiges Wirtschaften wird die

Meere schützten und vor allem uns Menschen zum Vorteil gereichen. Wir müssen nur offen für neue Ideen sein. Bereit sein, die eingefahrenen Wege zu verlassen. Auch mal quer zu denken. Warum brauchen wir eigentlich die Aquakultur? Warum lassen wir nicht einfach die Meere genesen? Behandeln wir die Ozeane so, wie wir uns selbst behandelt wissen wollen. Die Ozeane werden es uns danken, indem sie uns reichlich belohnen. Das hat auch die UNO inzwischen erkannt. Im September 2015 wurde auf dem UN-Nachhaltigkeitsgipfel in New York die Agenda 2030 für Nachhaltige Entwicklung verabschiedet. Sie ist mit ihren 17 Entwicklungszielen und 169 Unterzielen ein sehr ehrgeiziges Vorhaben. Mit dem nachhaltigen Entwicklungsziel (Sustainable Development Goal, SDG) 14 „Ozeane, Meere und Meeresressourcen im Sinne einer nachhaltigen Entwicklung erhalten und nachhaltig nutzen" bekommen zum ersten Mal die Ozeane das Gewicht, das ihnen zukommt.[191]

Dank

Zu allererst möchte ich meiner Ehefrau Elisabeth dafür danken, dass sie (fast) klaglos die vielen Stunden an Wochenenden, Feiertagen und während meiner übrigen Freizeit hingenommen hat, in denen ich an meinem Laptop gesessen habe. Ohne ihre Unterstützung und Liebe hätte das Buch niemals entstehen können. Danken möchte ich meinen vielen Kolleginnen und Kollegen am GEOMAR Helmholtz-Zentrum für Ozeanforschung Kiel und vom Kieler Exzellenzcluster *Ozean der Zukunft*, von denen ich unendlich viel gelernt habe, insbesondere über die Forschungsfelder, auf denen ich nicht selbst wissenschaftlich arbeite. Ich möchte ganz besonders Herrn Christoph Kersten danken, der die Grafiken in einer Qualität erstellt hat, die ich bei Schwarz-Weiß-Abbildungen für nicht möglich gehalten hätte. Und schließlich möchte ich Herrn Dr. German Neundorfer danken, der das Lektorat übernommen und mir mit Rat und Tat zur Seite gestanden hat, insbesondere als die Zeit gegen Ende immer knapper wurde.

Anmerkungen

[1] World Ocean Review 2, Die Zukunft der Fische – die Fischerei der Zukunft, http://worldoceanreview.com/wor-2/

[2] Pauly, D. and Zeller, D. 2016: „Catch reconstructions reveal that global marine fisheries catches are higher than reported and declining". Nature Communications 7, Article number: 10244 (2016) doi:10.1038/ncomms 10244

[3] Deutsche Umwelthilfe 2012

[4] Sechste Allgemeine Verwaltungsvorschrift zum Bundes-Immissionsschutzgesetz (Technische Anleitung zum Schutz gegen Lärm – TA Lärm)

[5] Umweltbundesamt (2013): http://www.umweltbundesamt.de/themen/nachhaltigkeit-strategien-internationales/antarktis/das-umweltbundesamt-die-antarktis/unterwasserlaerm

[6] Bundesamt für Naturschutz (2014), Rote Liste gefährdeter Tiere, Pflanzen und Pilze Deutschlands, Band 2: Meeresorganismen. Naturschutz und Biologische Vielfalt, Heft 70 (2)

[7] Halpern, B.S. et al. (2008), Science, doi:10.1126/science.1149345

[8] Der Titel der Studie erinnert an den Titel des James Bond Films „Licence to Kill" aus dem Jahr 1989.

[9] Bukold, S. (2014), License to Spill. Ölverschmutzungen in der Nordsee. Kurzstudie im Auftrag der Bundestagsfraktion Bündnis 90/Die Grünen. Energy Comment, Hamburg

[10] Wissenschaftlicher Beirat der Bundesregierung Globale Umweltveränderungen (2006), ISBN 3-936191-13-1

[11] Steffen, W. et al. (2011), The Anthropocene: conceptual and historical perspectives. Phil. Trans. R. Soc. A 369, 842–867

[12] Jackson, J.-B.C. (2008), Evolution and extinction in the brave new ocean. Proceedings of the National Academy of Sciences USA, 105, suppl. 1: 11458–11465

[13] https://scripps.ucsd.edu/news/2450

[14] www.fr-online.de/wissenschaft/quallen-boom-gefaehrlicher-glibber,1472788,22189298.html

[15] Allgemeine Zeitung vom 7.1.2014, http://az.com.na/natur-umwelt/quallenflut-am-strand.415244

[16] www.welt.de/newsticker/news2/article129146273/Kerry-eroeffnet-zweitaegige-Ozean-Konferenz-in-Washington.html

[17] www.n-tv.de/politik/USA-planen-gigantisches-Schutzgebiet-article13043721.html

[18] www.fpir.noaa.gov/MNM/mnm_index.html

[19] Die Schreibweise in Zehnerpotenzen ist platzsparend. Der Exponent gibt an, wie viele Nullen nach der Eins folgen. In dem Fall einer Billiarde wären das 15 Nullen. Eine Million wäre in dieser Nomenklatur 10^6.

[20] www.ifm.zmaw.de/en/research/remote-sensing-assimilation/sea-ice/amsr-e-sea-ice-concentration/

[21] www.nationalgeographic.de/reportagen/entdecker/fridtjof-nansen

[22] http://nsidc.org/cryosphere/quickfacts/icesheets.html

[23] www.awi.de/de/aktuelles_und_presse/hintergrund/art_des_monats/juli/

[24] Atkinson, A. et al. (2004), Long-term decline in krill stock and increase in salps within the Southern Ocean. Nature 432, doi: 10.1038/nature02996

[25] Croxall, J.P. and Nicol, S. (2004), Management of Southern Ocean fisheries: global forces and future sustainability. Antarctic Science 16, doi: 10.1017/S0954102004002330

[26] Trivelpiece, W.Z. et al. (2011), Variability in krill biomass links harvesting and climate warming to penguin population changes in Antarctica. PNAS 108, doi: 10.1073/pnas.1016560108

[27] www.columbia.edu/~irs2113/8_baroclinic.pdf

[28] http://beachcombersalert.org/index.html

[29] http://oceanmotion.org/html/research/ebbesmeyer.htm

[30] www.awi.de/de/entdecken/klicken_lernen/lesebuch/meeresstroemungen/

[31] www.sfb754.de/

[32] Latif, M. (2009), Klimawandel und Klimadynamik. Ulmer UTB

[33] http://wiki.bildungsserver.de/klimawandel/index.php/Meeresstr%C3%B6mungen

[34] Mantua, N.J. et al. (1997), A Pacific Interdecadal Climate Oscillation with Impacts on Salmon Production. BAMS 78, 1069–1079

[35] Broecker, W.S. (1987), The biggest chill. Natural History Magazine 97, 74–82

[36] Broecker, W.S. (1991), The Great Ocean conveyor. Oceanography 4, 79–89

[37] www.pik-potsdam.de/~stefan/tdat_review.html

[38] Box, J.E. et al. (2012), Greenland ice sheet albedo feedback: thermodynamics and atmospheric drivers. The Cryosphere, 6, 821–839

[39] Joughin, I. et al. (2014), Further summer speedup of Jakobshavn Isbræ. The Cryosphere 8, 209–214, doi:10.5194/tc-8-209-2014

[40] Berger, W.H. (1990), The younger dryas cold spell-a quest for causes. Global and Planetary Change, doi: org/10.1016/0921-8181 (90)90018-8

[41] IPCC (2007), Climate Change 2007, Working Group I: The Science of Climate Change

[42] Ward, P., Myers, R.A. (2005), Shifts in open-ocean fish communities coinciding with the commencement of commercial fishing. Ecology 86, 835–847, doi: org/10.1890/03-0746

[43] Myers, R.A. et al. (2007), Cascading Effects of the Loss of Apex Predatory Sharks from a Coastal Ocean. Science 315, doi: 10.1126/science.1138657

[44] NOAA Ocean Observing Program, http://www.oco.noaa.gov/xBTsSOOPS.html

[45] Hetzinger et al. (2008), Caribbean coral tracks Atlantic Multidecadal Oscillation and past hurricane activity. Geology, 36, doi: 10.1130/G24321A.1

[46] Für jedes Atom, definiert durch die Zahl der Protonen im Atomkern, gibt es Isotope, die sich durch die Zahl der Neutronen im Atomkern unterscheiden.

[47] www.aoml.noaa.gov/phod/goos.php

[48] www.aoml.noaa.gov/phod/dac/index.php

[49] University of California San Diego, http://www.argo.ucsd.edu/index.html

[50] www.geomar.de/forschen/fb1/fb1-po/beobachtungssysteme/verankerungen/

[51] www. geomar.de/forschen/fb1/fb1-po/beobachtungssysteme/verankerungen/#c1683

[52] www. spektrum.de/alias/ozeanografie/wirbel-in-der-tiefsee/837754

[53] Dengler, M. et al. (2004), Break-up of the Atlantic deep western boundary current into eddies at 8° S. Nature 432, doi:10.1038/ nature03134

[54] www.geomar.de/zentrum/einrichtungen/tlz/unter-wasser/

[55] www.sk-zag.de/11.1_Satelliten_zur_Erdbeobachtung.html

[56] www.star.nesdis.noaa.gov/sod/lsa/AltBathy/

[57] www. dlr.de/eoc/de/desktopdefault.aspx/tabid- 8297/14218_read-38921/

[58] Riebesell, U. et al. (2013), Technical Note: A mobile sea-going mesocosm system – new opportunities for ocean change research. Biogeosciences 10, doi:10.5194/bg-10-1835-2013

[59] Max Planck Forschung (2012), Das Gedächtnis des Klimas. 1,12, 73–77

[60] www.geomar.de/forschen/fb2/fb2-bm/ueberblick/

[61] www.dkrz.de/Klimarechner

[62] Baltazar-Soares, M. et al. (2014), Recruitment collapse and population structure of the European eel shaped by local ocean current dynamics. Current Biology, doi:org/10.1016/j.cub.2013.11.031

[63] www.coml.org/

[64] www.comlsecretariat.org/about/partners-and-sponsors/

[65] Jorgensen, S.J. et al. (2009), Philopatry and migration of Pacific white sharks. Proc. R. Soc. B, doi:10.1098/rspb.2009.1155

[66] www.montereybayaquarium.org/

[67] Humphries, N.E. et al. (2010), Environmental context explains Lévy and Brownian movement patterns of marine predators. Nature, doi: 10.1038/nature09116

[68] www. montereybayaquarium.org/conservation/research/tagging-of-pacific-predators-topp

[69] http://leatherbacktrust.org/

[70] http://deepseanews.com/tag/great-turtle-race/

[71] Scott, R. (2013), Found in NEMO. Sea turtle ocean highways tracked through satellite telemetry and the NEMO ocean model. Current Conservation 6:18–22

[72] https://scripps.ucsd.edu/news/3245

[73] Glud, R.N. et al. (2013), High rates of benthic microbial activity at 10.900 meters depth: Results from the Challenger Deep (Mariana Trench). Nature Geoscience 6, 284–288

[74] www.mpi-bremen.de/Klimageheimnis_im_Marianengraben. html

[75] Yancey, P.H. et al. (2014), Marine fish may be biochemically constrained from inhabiting the deepest ocean depths. PNAS, doi/10.1073/pnas.1322003111

[76] www.fishbase.org/summary/Holcomycteronus-profundissimus.html

[77] Bailey, D.M. et al. (2009), Long-term changes in deep-water fish populations in the North East Atlantic: a deeper-reaching effect of fisheries? Proceedings of the Royal Society B, doi:10.1098/rspb. 2009.0098

[78] www.geomar.tv/gvi/gvi-raucher

[79] www.geomar.tv/gtv5-00/gtv5-05

[80] www.spiegel.de/spiegel/print/d-14018555.html

[81] Crespo-Medina, M. et al. (2014), The rise and fall of methanotrophy following a deepwater oil-well blowout. Nature Geoscience 7, doi:org/10.1038/ngeo2156

[82] www.welt.de/wirtschaft/article13855688/BP-macht-hoeheren-Gewinn-als-vor-der-Oelpest.html

[83] Brette, F. (2014), Crude Oil Impairs Cardiac Excitation-Contraction Coupling in Fish. Science 344, doi: 10.1126/science. 1242747

[84] Incardona, J.P. et al. (2014), Deepwater Horizon crude oil impacts the developing hearts of large predatory pelagic fish. PNAS, www.pnas.org/cgi/doi/10.1073/pnas.1320950111

[85] http:// ccrm.berkeley.edu/pdfs_papers/bea_pdfs/dhsgfinalreport-march2011-tag.pdf

[86] www.stern.de/wissen/natur/oelverseuchung-im-nigerdelta-die-vergessene-katastrophe-1594871.html

[87] UNEP (2011), Environmental Assessment of Ogoniland, Nairobi, Kenya

[88] www.epw.senate.gov/opa90.pdf

[89] Bundesamt für Seeschifffahrt und Hydrographie (2010), Öl im Meer – Risiken, Vorsorge und Bekämpfung (Tagungsband), www. bsh.de

[90] Feddern, J. (2011), Auf Spurensuche. Ein Jahr nach Deepwater Horizon. www.greenpeace.de

[91] www.dw.de/golf-von-mexiko-wo-ist-das-öl-geblieben/a-16614549

[92] www.dw.de/golf-von-mexiko-wo-ist-das-öl-geblieben/a-16614549

[93] Rico-Martínez, R. et al. (2013), Synergistic toxicity of Macondo crude oil and dispersant Corexit 9500A\r to the Brachionus plicatilis species complex (Rotifera). Environmental Pollution 173, 5–10

[94] www.zeit.de/2013/17/bp-oelkatastrophe-golf-von-mexiko-corexit/seite-3

[95] www.uni-rostock.de/detailseite/news-artikel/uni-rostock-stellt-neue-loesung-bei-oelhavarien-au/

[96] www. materialscience.bayer.com/de/media/special/backgrounders/plastic%20production

[97] www.unep.org/regionalseas/marinelitter/about/distribution/

[98] Cózar, A. et al. (2014), Plastic debris in the open ocean. PNAS, doi/10.1073/pnas.1314705111

[99] http://worldoceanreview.com/wor-1/verschmutzung/muell/

[100] www.unep.org/regionalseas/marinelitter/publications/docs/Marine_Litter_A_Global_Challenge.pdf

[101] www.ebd.csic.es/website1/Principal.aspx

[102] de Stephanis, R. (2013), As main meal for sperm whales: Plastics debris. Mar. Pollut. Bull. 9, doi:org/10.1016/j.marpolbul.2013. 01.033

[103] www.awi.de/de/forschung/tiefsee/tiefsee_oekologie/langzeituntersuchungen_im_tiefsee_observatorium_hausgarten/

[104] Bergmann, M., Klages, M. (2012), Increase of litter at the Arctic deep-sea observatory HAUSGARTEN. Marine Pollution Bulletin 64, doi:org/10.1016/j.marpolbul.2012.09.018

[105] Pham, C.K. et al. (2014) Marine Litter Distribution and Density in European Seas, from the Shelves to Deep Basins. PLOS one, doi: 10.1371/journal.pone.0095839

[106] www.3sat.de/page/?source=/ard/wissenaktuell/170292/index. html

[107] www.duh.de/4767.html

[108] http://timeforchange.org/plastic-bags-and-plastic-bottles-CO_2-emissions

[109] www.europarl.europa.eu/news/en/news-room/content/20140411IPR43461/html/MEPs-clamp-down-on-wasteful-use-of-plastic-carrier-bags

[110] www.bikiniatoll.com/facts.html

[111] www.pressetext.com/news/20060731016

[112] www.iaea.org/Publications/Booklets/mururoabook.html

[113] www.arte.tv/guide/de/046923–000/versenkt-und-vergessen

[114] http://dipbt.bundestag.de/dip21/btd/12/065/1206506.pdf

[115] Gardner, M.J. et al. (1990), Results of case-control study of leukaemia and lymphoma among young people near Sellafield nuclear plant in West Cumbria. BMJ 300(6722): 423–429

[116] www.s piegel.de/panorama/schmutziges-mafia-geschaeft-120-behaelter-atommuell-im-mittelmeer-versenkt-a-648978.html

[117] Behrens, E. et al. (2012), Model simulations on the long-term dispersal of ^{137}Cs released into the Pacific Ocean off Fukushima. Environmental Research Letters 7, doi:org/10.1088/1748-9326/7/3/034004

[118] www.iaea.org/newscenter/news/2011/fukushimafull.html

[119] www.globalcarbonproject.org/

[120] www.uncsd2012.org/

[121] www.geomar.de/fileadmin/content/entdecken/EntdeckenArtikel/OA.2012.German.web.pdf

[122] Latif, M. (2009), Klimawandel und Klimadynamik. Ulmer UTB

[123] www.goes-r.gov/users/comet/tropical/textbook_2nd_edition/

[124] Martínez-García, A. et al. (2014), Iron fertilization of the subantarctic ocean during the last Ice Age. Science, doi: 10.1126/science.1246848

[125] ppm: parts per million (Teile pro einer Million)

[126] www.metheo.ethz.ch/klimalexikon/milankovic_zyklen.html

[127] Rickels, W. et al. (2011), Gezielte Eingriffe in das Klima? Eine Bestandsaufnahme der Debatte zu Climate Engineering. Sondierungsstudie für das Bundesministerium für Bildung und Forschung

[128] Charlson, R. et al. (1987), Oceanic phytoplankton, atmospheric sulphur, cloud albedo and climate. Nature 326, 655–661

[129] Six, K.D. et al. (2013), Amplified global warming by altered marine sulfur emissions induced by ocean acidification. Nature Climate Change, doi: 10.1038/NCLIMATE1981

[130] Gray, W.M. et al. (1997), Climate trends associated with multi-decadal variability of atlantic hurricane activity. Hurricanes: Climate and Socioeconomic Impacts. Springer, New York

[131] Philander, S.G.H. (1990), El Niño, La Niña, and the Southern Oscillation, Volume 46 (International Geophysics). Academic Press

[132] www.wbgu.de/fileadmin/templates/dateien/veroeffentlichungen/sondergutachten/sn2006/wbgu_sn2006.pdf

[133] www.ipcc.ch

[134] www.de-ipcc.de/_media/IPCC-WGI-Headlines-deutsch.pdf

[135] http://de.wikipedia.org/wiki/Ina_Deter

[136] http://wiki.bildungsserver.de/klimawandel/index.php/Stratosph%C3%A4risches_Ozon_und_Klimawandel

[137] www.agenda21-treffpunkt.de/daten/Kohle.htm

[138] www.esrl.noaa.gov/gmd/ccgg/flask.php

[139] Revelle, R., Suess, H.E. (1957), Carbon Dioxide Exchange Between Atmosphere and Ocean and the Question of an Increase of Atmospheric CO, during the Past Decades. Tellus 9, 18–27

[140] Brook, E. (2008), Windows on the greenhouse. Nature 453, doi: 10.1038/453291a

[141] BMUB (2016): Die Klimakonferenz in Paris, online abrufbar unter: http://www.bmub.bund.de/themen/klima-energie/klimaschutz/internationale-klimapolitik/pariser-abkommen/#c33180 [Zugriff 05.12.2016]

[142] Arrhenius, S. (1896), On the influence of carbonic acid in the air upon the temperature of the ground. The London, Edinburgh and Dublin Philosophical Magazine and Journal of Science 5, 237–276

[143] http://berkeleyearth.org/summary-of-findings

[144] www.wissenschaft-im-dialog.de/aus-der-forschung/wieso/naturwissenschaften-mathematik/browse/8.html

[145] www.synoptische-meteorologie.de/zyklonen/medicane-tlc-wc/

[146] Mariotti, A., Dell'Aquila, A. (2012), Decadal climate variability in the Mediterranean region: roles of large-scale forcings and regional processes. Climate Dynamics 38, doi: 10.1007/s00382-011-1056-7

[147] www.spektrum.de/lexikon/biologie/zooxanthellen/71936

[148] De'ath, G. (2012), The 27-year decline of coral cover on the Great Barrier Reef and its causes. PNAS 109, doi/10.1073/pnas. 1208909109

[149] Umweltbundesamt (2012), Korallenriffe durch Klimaerwärmung stark gefährdet

[150] Álvarez-García, F. et al. (2007), On Multidecadal and Quasi-Decadal North Atlantic Variability. J. Climate 21, doi: 10.1175/ 2007JCLI1800.1

[151] Latif, M. et al. (2013), Southern Ocean Sector Centennial Climate Variability and Recent Decadal Trends. J. Climate, 26, doi:http://dx.doi:org/10.1175/JCLI-D-12–00281.1

[152] www.climatechange2013.org/images/report/WG1AR5_Chapter13_FINAL.pdf

[153] Purkey, S.G., Johnson, G.C. (2012), Global contraction of Antarctic Bottom Water between the 1980s and 2000s. J. Climate 25, doi:org/10.1175/JCLI-D-11-00612.1

[154] Keenlyside, N.S. et al. (2008), Advancing decadal-scale climate prediction in the North Atlantic sector. Nature 453, doi:10.1038/nature06921

[155] www.spektrum.de/alias/klimawandel/eine-atempause-mehr-nicht/1012873

[156] www.nytimes.com/2009/09/23/science/earth/23cool.html?_r=0

[157] http://news.ualberta.ca/newsarticles/2013/february/preparenowtosavepolarbears

[158] Khon, V.C. et al. (2010), Perspectives of Northern Sea Route and Northwest Passage in the twenty-first century Climatic Change 100, doi: 10.1007/s10584-009-9683-2

[159] Gautier, D.L. et al. (2009), Assessment of Undiscovered Oil and Gas in the Arctic. Science 324, doi: 10.1126/science.1169467

[160] www.faz.net/aktuell/wissen/groenland-und-die-neue-arktis-unter-dem-eis-12783753.html

[161] http://www.zeit.de/wissen/umwelt/2016-10/antarktis-rossmeer-meeresschutzgebiet

[162] www.esrl.noaa.gov/gmd/ccgg/trends/

[163] www.metoffice.gov.uk/research/news/amazon-dieback

[164] Ciais, P. et al. (2013), Carbon and Other Biogeochemical Cycles. In: Climate Change 2013: The Physical Science Basis. Contribution of Working Group I to the Fifth Assessment Report of the Intergovernmental Panel on Climate Change. Cambridge University Press

[165] IPCC (2001), Climate Change 2001: Synthesis Report. www.ipcc.ch

[166] www.giss.nasa.gov/research/briefs/gornitz_09/

[167] Kawaguchi, S. et al. (2013), Risk maps for Antarctic krill under projected Southern Ocean acidification. Nature Climate Change 3,843-847, doi: 10.1038/nclimate1937

[168] Simpson, S.D. et al. (2011), Ocean acidification erodes crucial auditory behaviour in a marine fish. Biol. Lett., doi:10.1098/ rsbl.2011.0293

[169] Ilyina, T. et al. (2010), Future ocean increasingly transparent to low-frequency sound owing to carbon dioxide emissions. Nature Geoscience 3, 18–22, doi: 10.1038/ngeo719

[170] Schiermeier, Q. (2011), Environment: Earth's acid test. Nature 471, 154–156

[171] Fabricius, K.E. et al. (2011), Nature Climate Change 1,165–169

[172] www.pnas.org/content/108/8/3105.full

[173] Jaccard, S.L., Galbraith, E.D. (2012), Large climate-driven changes of oceanic oxygen concentrations during the last deglaciation. Nature Geoscience 5, 151–156, doi: 10.1038/ngeo1352

[174] www.powells.com/review/2007_06_09.html

[175] http://gwynnedyer.com/radio/

[176] www.spektrum.de/alias/essay-zukunft-des-lebens/gaias-boese-schwester/1006323

[177] Bader, J., Latif, M. (2003), The impact of decadal-scale Indian Ocean sea surface temperature anomalies on Sahelian rainfall and the North Atlantic Oscillation. Geophys. Res. Lett. 30, doi: 10.1029/2003GL018426

[178] Levermann, A. et al. (2005), Dynamic sea level changes following changes in the thermohaline circulation. Climate Dynamics 24, 347–354

[179] Boyce, D.G. et al. (2010), Global phytoplankton decline over the past century. Nature 466, 591–596

[180] http://worldoceanreview.com/wor-2/

[181] www.fao.org/news/story/en/item/213175/icode/

[182] www.fao.org/news/story/en/item/231522/icode/

[183] www.zdf.de/ZDF/zdfportal/blob/34076552/1/data.pdf

[184] www.who.int/mediacentre/factsheets/fs194/en/

[185] www.fao.org/docrep/019/i3640e/i3640e.pdf

[186] Meadows, D.H. et al. (1972), The Limits to Growth. New York: Universe Books

[187] www.clubofrome.org/?p=703

[188] Diamond, J.M. (2005), Kollaps. Warum Gesellschaften überleben oder untergehen. S. Fischer Verlag, Frankfurt am Main

[189] Ostwald, W. (1912), Der energetische Imperativ. Akademische Verlagsgesellschaft, Leipzig

[190] Quaas, M.F. et al. (2012), Fishing industry borrows from natural capital at high shadow interest rates. Ecological Economics, doi:org/10.1016/j.ecolecon.2012.08.002

[191] http://www.bmz.de/de/ministerium/ziele/2030_agenda/17_ziele/index.html